方立教授
（1942～2010）

数理逻辑之美

——方立教授纪念文集

王路江　主　　编
司富珍　执行主编

北京语言大学出版社
BEIJING LANGUAGE AND CULTURE
UNIVERSITY PRESS

图书在版编目（CIP）数据

数理逻辑之美：方立教授纪念文集 / 王路江主编.
—北京：北京语言大学出版社，2012. 8
ISBN 978-7-5619-3340-4

Ⅰ. ①数… Ⅱ. ①王… Ⅲ. ①方立（1942～2010）—纪念文集 ②数理语言学—文集 Ⅳ. ①K825.5-53 ②H087-53

中国版本图书馆CIP数据核字（2012）第187218号

书　　名：数理逻辑之美——方立教授纪念文集
责任印制：陈　辉

出版发行：北京语言大学出版社
社　　址：北京市海淀区学院路15号　　邮政编码：100083
网　　址：www.blcup.com
电　　话：发行部　010-82303650 / 3591 / 3651
编辑部　010-82303700 / 3592
读者服务部　010-82303653 / 3908
网上订购电话　010-82303668
客户服务信箱　service@blcup.net
印　　刷：北京东海印刷有限公司
经　　销：全国新华书店

版　　次：2012年8月第1版　　2012年8月第1次印刷
开　　本：787毫米×1092毫米　1/16　　印张：20
字　　数：407千字
书　　号：ISBN 978-7-5619-3340-4 / H·12133
定　　价：55.00元

凡有印装质量问题，本社负责调换。电话：82303590

序

王路江

北京语言大学外国语学院博士生导师方立教授不幸辞世已经一年多了。在此期间，学界同行以及方立教授的生前好友和弟子们纷纷撰写纪念文章，追思方立教授的良好道德风貌和杰出的学术成就。现在，方立教授培养的第一个博士生、外国语学院教授司富珍组织编写方立教授纪念文集，并邀请我担任文集主编。方立教授生前为北京语言大学的学科建设、人才培养特别是理论语言学和整个外国语学院的发展做出了有目共睹的成绩，也在为人处事上为广大后学竖立了良好风范。我因此欣然接受并愿意为这本纪念文集写上几句话，聊以表达我本人对方立教授的悼念之情。

方立教授1942年1月17日出生于浙江省嘉善县，是中国共产党党员，著名语言学家。1965年至1966年期间，他曾跟后来任欧盟驻华大使的英国专家魏根森(Engdymon Wilkinson) 先生学习英语；1982年至1991年期间，他两度赴美留学，其中1982年10月至1983年10月在俄亥俄州立大学语言学系和东亚语系访学；1990年11月，应俄亥俄州立大学邀请并受其资助再度前往该校语言学系访问；在此期间，他还应时任斯坦福大学语言学系系主任、前美国语言学会主席、美国文理科学院院士、著名语言学家Arnold M. Zwicky的邀请在斯坦福大学语言学系作短期访问研究。

方立教授是北京语言大学语言学及应用语言学专业理论语言学方向的奠基

人，他所培养的研究生多达数十人。在研究生培养方面，他十分重视帮助学生努力建构完整的知识结构，仅他本人为博士研究生开设的课程就多达十几门，这些课程大多涉及形式语言学领域的前沿理论，不少课程在国内都是“独此一家”。由于在教育教学等方面做出的突出贡献，他于1992年获得国务院颁发的政府特殊津贴，同年还被评选为“国家有突出贡献的中青年专家”；1995年，他又获得了香港柏宁顿(中国)教育基金会首届孺子牛金球奖。

方立教授笃学好问，慎思力行，是中国大陆最早引介和研究形式语言学理论的先驱人物之一，在国内形式语言学界享有很高的声望。他一生出版和发表语言学论文、论著及译著近百种，内容涉及逻辑语义学、数理语言学、生成语法理论、中心语驱动短语结构语法、广义短语结构语法、范畴语法等多个相关领域。他所撰写的《数理语言学》是国家八五重点课题的重要研究成果之一，该项研究填补了我国理论语言学领域的空白。作为该项研究的后续研究成果，《逻辑语义学》同为国内形式语言学研究领域一部不可多得的优秀教材。

《数理逻辑之美——方立教授纪念文集》这部由“纪念文章”和“学术论文”两部分组成的纪念文集从不同侧面总结了方立先生的学术成就以及同行学者和他的弟子们对方立先生的缅怀、纪念以及对他学术思想的传承。展开书稿，方立教授的音容笑貌立刻又浮现在我的眼前，仿佛他并没有离开大家，也没有走远，而是和北语人在一起谈笑风生。这让我不由得想起，方立教授生前与我的接触中，除谈论治学之道、为治校建言献策之外，还曾以大儒之风与我谈及人生，谈他的世界观和价值观，谈如何做人、做事和如何培养人，这些真谛在纪念文章中也均有深刻体现。

1999年，教育部党组任命我为北京语言大学党委书记，曲德林同志为校长。我们刚上任不久，方立教授就主动找到我们，详细地向我们介绍了北京语言大学的历史沿革和当时所面临的机遇、挑战以及今后一段时期党委应该瞄准的工作重心，其中包括北语新专业的设置和如何加强对学科建设的重视程度，等等。一位见证了北语成立和成长并始终在北语教学科研一线工作的老同志、老教授对我们如此信任、推心置腹，令我非常感动。自那以后，每遇北语发展的机遇期和关键当口，我都会向方立教授请教或咨询，而方立教授每次提出的建议和意见都具有重要的建设性，非常中肯，非常切合北语的实际，如，现在的国际商学院就是在方立教授主创的外语学院金融系的基础上发展起来的。与方立教授的工作来往，使我们之间的交流与沟通变得非常自然随和，他从来没有知名学者的清高，但是却有知识分子的傲骨，我很敬重他。有一次，我夸赞方立教授说：“中西合璧在您身上得到了充分体现。您是学西学的，却有儒家风度。”方教授听到我说儒家，就兴致勃勃地给我谈起了他对儒学的看法。

他说：“儒家思想的确是我们中国的优秀文化传统，其价值观中的精华应该得到继承和发扬。比如，关于怎样做人，《论语》中就有很多名言，像‘居处恭，执事敬，与人忠’一句，简单的九个字，就把我们在生活、工作、交友等方面应该持有的态度说清楚了。还有见贤思齐、和而不同等思想，都还是今天我们做人和做事的标准。”我非常赞同他的观点，因为平常我也经常对学校的中层干部强调：做人要诚、要敬、要谦虚，要先做人，再做官等。

方立教授接着说：“再如，关于生与死的看法，孔子《论语》中就有‘未知生，焉知死’、‘朝闻道夕死可矣’的表述；孟子也有更为直接的概括，即‘舍生取义’。这样的价值观在世世代代的中国人血液中流淌，成为一种民族精神和文化精髓。”

我说：“我们大家都耳熟能详的毛泽东主席《为人民服务》中对司马迁‘人固有一死，或重于泰山，或轻于鸿毛’的引用体现的同样是这种民族精神。”方立教授高兴地说：“对，真是异曲同工。西方人讲天堂和地狱。在我看来，如果一个人死了，但他天天被人想念，被人纪念，人们每每想起都会赞美他的嘉言懿行，都如同他还在身边一样，那这样的人就虽死犹生，就永远活在活着的人心目当中，他就是进了‘天堂’”。

今天，当我想起方立教授与我的这番对话，我深深感受到，方立教授可谓当今之大儒，他对做人做事、人的生死等如此高尚的理解和看法，说明其早已深谙人生之要义。在我看来，方立教授的去世是到了他的“天堂”，他将永远被北语师生所纪念，将永远活在北语人的心中。

正如本书的“纪念文章”中所载，方立先生曾任北京语言大学外国语学院领导职务，历任外语系系主任、外国语学院院长等职。在任领导职务期间，他始终团结同志、平易近人、顾全大局、严于律己，始终关爱和扶持青年同志，赢得了同事的高度好评。同时，他还兼任多种社会职务，曾任全国工商企业界出国遴选人员考试英语专家委员会主任、全国职称外语等级考试英语组组长 (国家级考试；国家人事部主办)、北京市应用语言学研究会常务副会长、北京市民讲英语组委会顾问等。

在四十多年的工作生涯中，方立先生始终光明磊落，作风正派，谦虚谨慎，他的学识、人品和风范受到领导、同事、同行、朋友和学生的广泛赞誉。前不久我在澳门理工学院参加一个学术会议时，和现任圣若瑟大学副校长的原北语党委副书记孔繁清以及在澳门理工学院工作的北语教师张慧芬聊起方立教授，回忆起他几年前去澳门讲学时的情景，大家无不感叹。孔繁清和张慧芬回忆说，有一年方立教授到澳门理工学院讲课，期间有一天正好是澳门公众假日，学校食堂不开门，张慧芬她们就把方老师请到宿舍给他做饭吃。因为是手工包饺子，所以用的时间稍微长些，方立教授就起身告辞，说他要先回去准备第二天的课，其实那些内容他已经讲过很多年，非常熟悉，但他对于教学就是那样认真，生怕准备不够充分第二天教学质量会受影响。结果，那顿饺子他没有吃。司富珍也提到他和方立教授第一次见面的情形。她刚来北语学习时，方立教授向她介绍学校和学院的历史沿革，每涉及一个数字，他都务求精确，有时会为了一个数字的准确性而停止谈话长达半分钟去回忆和思考，直到弄准确那个数字为止。类似的故事在北京语言大学外国语学院乃至整个北语的同事中随便一聊就可以聊出很多很多来。所有这些故事都记录着方立教授严谨、认真的学者风范。

方立教授的逝世不仅是北语的重大损失，也是中国学术界特别是语言学界的重大损失。所幸的是，北京语言大学外国语言学及应用语言学专业在方立教授等老一辈学者开创的基业的基础上已经有了新的生机，而我校的“外国语言文学”也已成功增列博士学位授权一级学科，相信这些可以告慰先逝之士。现在我们编辑方立教授纪念文章，一方面寄托大家的哀思；另一方面也激励年轻一代的学者，继续继承方立教授等老一辈学者优良的传统，像他那样胸怀全局，淡泊名利，像他那样严谨治学，孜孜不倦，像他那样兢兢业业，勤奋工作，将北京语言大学的学科建设和学术研究推向新的高度。

是为序。

2011年冬

目　录

第一部分　纪念文章

第二部分　学术论文(上)

（下）

第一部分
纪念文章

怀念方立教授

崔希亮

我在西班牙的时候，半夜里接到三个短信。那是4月12号的凌晨，司富珍、宁一中和陈卫恒，几乎同时给我发来短信，告余方立老师于12日凌晨永远地离开了我们。出国之前，司富珍曾告诉我说方立老师最近情况不太好，已经住进了海淀医院，本打算等我回来的时候去看他，没想到却再也没有机会了。

方立教授是我国著名的语言学家，在数理语言学的研究方面成绩斐然。1987年，我从北京大学来到北语，曾有机会跟方立教授密切接触，他曾送我他的大作。那时候我在系里负责研究生的教学工作，发现我们的研究生跟方立教授关系很密切，那是因为方立教授对学生特别好，很多学生都很愿意和他讨论问题。真正跟方立教授来往密切是20世纪80年代末，方老师开始带博士生，指导小组一共有三个人，我是其中之一。方老师希望他的学生不仅在西方语言学理论方面要打好基础，他还希望他的弟子们能够熟悉汉语研究并结合汉语进行选题，所以我跟方老师一起参加过学生的面试，方老师的学生也来听我的课。从他的学生那里，我了解到方老师是一个纯粹的学者，他一生以做学问为乐，真正保持了书生本色，不急功近利、不哗众取宠，默默耕耘不问收获。每有著作问世，他都会谦虚地送给自己的同事和学生，虽然很多人觉得他的著作像天书一样难懂，但是仔细研读你会发现他是一个非常严肃的学者。由于工作的关系，在后来的日子里跟方立教授有了更多的接触，我做了学术委员会主席之后，赵金铭教授和方立教授是学术委员会的副主席，在学术委员会各种各样的会议上，我都能感到方立教授提携青年人的热忱。他总是热心地推荐年轻的学者，希望他们尽快地成长。他的心里有一个梦想：他希望在北语建立起一支形式语言学的团队，为此他付出了巨大的努力，培养学生，把优秀的毕业生留在自己身边。直到他去世的前两天，他还在为自己学生答辩的事操心。这个世界纷纷扰扰，各种各样的恩恩怨怨纠结不清，而方立教授在一个单位工作了一辈子，却从来没有跟任何人发生个人的恩怨，这真是一个奇迹。那是因为他从来都为别人着想，从来也没有把个人的利益放在心上。在他从外国语学院院长的岗位上退下来之后，他终于有了比较自由的时间可以全心全意地沉浸于学术研究。但是当外国语学院需要他重新出来代理院长职务的时候，他二话不说重新担起了这副重担。他的与人为善和公平公正获得了同事们的尊敬。

方立教授是一位非常勤奋的学者，这一点给很多人留下深刻的印象，他的办公室总是烟雾缭绕，为了能够凝神、专注地研究问题，他几乎一支接一支地吸烟，也许就是这些香烟损害了他的健康。我因为香烟过敏，所以对吸烟者总是敬而远之，因此方立教授的办公室我只去过一次，但是却给我留下了极其深刻的印象。方立教授和几位资深教授退休的时候，学校领导专门为他们举行了一个特别的仪式，开了一个座谈会。在那个座谈会上，方立教授曾经非常感慨地说："我感谢学校为我所做的一切，让我有机会做我喜欢做的，我没有遗憾。"在他的心里只有感激。那天晚上，我曾和方立教授做过一次长谈，谈学术，谈人生，谈生老病死，方老师告诉我他已经戒了烟，因为最近一段时间一直咳嗽，后背痛，感觉身体状况不佳，我建议他去做一次体检。没想到他很快就确诊得了癌症！我再一次见到他的时候是在医院的病床上，他很羸弱，但是脸上依然挂着微笑，对自己的治疗方案充满信心。方立老师的夫人蔡老师每天陪伴在他身边，在病人面前她努力克制自己的感情，但是当她送我们离开的时候却忍不住哽咽，说起老伴的病情潸然泪下。今年的春天姗姗来迟，冰岛火山爆发，中断了欧洲和世界各地的所有航路，代表团二十多名成员都被困在马德里，原计划18号参加方立老师的遗体告别，没想到天不遂人愿，连最后送方老师一程的机会也没有。17号的早晨，我给蔡老师打了一个越洋电话，听到蔡老师在电话中哭了，我想好的几句安慰的话再也说不出来，悲痛让我泪流满面。我只希望活着的人能够好好活着。斯人已去，往者不可谏，来者犹可追。方立教授是我的师长、同事，也是我心目中的谦谦君子。储诚志从美国写信来，想让我转达对方立先生的悼念。毕业那么多年了，学生们都没有忘记他。方立教授和他的精神永远活在我们心中。

2010年4月25日病中

哲人其萎，风范长存

宁一中、姚秀英

为德高望重的学者出纪念文集，中外皆然，英语中借用德语一词，叫"festschrift"。我校方立教授2009年从教40周年之际，北京语言大学外国语学院为其组织庆祝会议，参加者有学校领导、方先生之学界好友及其弟子共数十人。先生之为人，温文尔雅，与人为善，公允正直，豁达乐观。从教40年，教研结合，成就卓著。泽被学子，桃李芬芳，其道德文章，有口皆碑。为彰显先生之精神，光大先生之学术，遂决定为先生出纪念文集。此议一出，众皆响应。学校领导为文集作序，藉以敬前贤，励后辈；先生挚友欣欣撰文，或叙朋友情谊，或谈学术轶事，或续究天人，或启迪后学。或诗或文，寄慨遥深。于后辈学者，多有教益。先生之弟子，无论昆仲，皆为惠连，颖脱于学界，饮誉于海内。各擅其长，高论纷陈，大有乃师博大、谨严、深邃之风。学界有此群秀，亦先生之大德也。

后学早仰先生大名，复有幸忝为同事，得以亲炙。先生之学问人品，高山仰止，虽不能至，心向往之。2009年，先生不幸罹患绝症，溘然辞世。苍山肃立，长河呜咽。学界痛失益友，学院恸悼良师。先生高风亮节，身虽谢而道存。其精神学问，为我院宝贵遗产。先生纪念文集付梓之际，兹不揣浅陋，恭书数言，谨表敬意，亦为恒久之怀念。

2011年12月23日

怀念虚怀若谷的方立教授

陆俭明

方立教授离开我们已经快两年了，但我心里一直怀念着他。

方立教授是我国著名的语言学家，他在形式语言学，包括形式语法学和形式语义学方面，研究成果卓著。正如前任美国语言学会主席、现任美国文学与科学院院士、美国国家科学院院士、美国马萨诸塞大学语言学系教授 B. H. Partee 所说，“方立教授是目前中国形式语言学研究的代表人物之一。通过方立教授，我们知道了在中国、在北语还有这样优秀、规模不小的语言学阵地”。也可能是因为我跟方立教授是在不同的教学研究领域，又是在不同的学校任职，所以我跟方立教授虽然早在20世纪90年代《当代语言学》编辑部举行的学术讨论会上就认识了，但也只是认识，没有交往。我们俩开始熟悉起来并开始交往，那是在我先后读了他的著作《数理语言学》和《逻辑语义学》之后。他《数理语言学》里有关语言学理论的一段话说得很深刻。书中说，语言研究的一个发展方向就是，在保证描写和解释充分性的基础上维护语言理论的一致性、独立性和完备性。所谓一致性就是指理论体系前后一致，没有矛盾的地方；所谓独立性是指理论中没有多余的公理，每条公理的存在都有独立的动因；而完备性是指所有符合一定要求的定理都能从公理推出。这段话说得非常好，进一步促使我要加强对语言理论的思考。2002年8月，北京语言大学建校40周年，我应邀出席了北京语言大学建校40周年庆祝大会，在会上正好与方立教授坐在一起。说实在，我读他的《数理语言学》和《逻辑语义学》，很有启发，获益良多，但不懂的地方也很多。在那次庆祝会上，我就抓住机会向他请教有关全称量词和汉语里“都”的使用问题。他耐心地给我解释，时而他也问我一些有关汉语语法的问题。他是形式语言学方面的大家，可他那虚怀若谷的谦逊态度令我敬佩。我们俩谈得很投机。之后，交往就逐渐多起来，主要是讨论学术问题，我向他请教形式语法学和形式语义学方面的问题，他也常常问我一些汉语语法方面的问题。常常电话一通，我们会交谈个把钟头。也是从那时起，他叫他的研究生、博士生都来北大听我给研究生开设的必修课“语法分析”，而且要求他们都要随课做练习，最后要参加考试拿成绩。从2003年下半年开始，我应他之邀，几乎参加了他所指导的历届博士生的资格考试和学位论文的开题报告、论文答辩。

从参加他所指导的历届博士生的资格考试、学位论文的开题报告和论文答辩中，我了解到，他对学生不但严格要求，而且总是强调这样两点：你们学的侧重在形式语言学理论方面的知识，但你们也要了解功能派、认知派的理论方法，同时一定要去考察、了解、分析汉语的实际问题。这可能就是他要我参加他的博士生的资格考试、博士生学位论文的开题报告和论文答辩的原因。他所指导的博士生所做的课题都不是空谈理论的，都是紧密联系汉语实际的。正是在他那种严格要求和科学指导下，北京语言大学十多年来培养了一批从事形式语言学方面教学与研究的人才，像司富珍、高明乐、熊仲儒、史宝辉、吴平、文卫平等，他们成果累累，在学界都已经有了一定的知名度。

方立教授要他的学生在侧重学习形式语言学方面的知识的同时，要了解、学习认知派、功能派的理论观点；在从事理论研究时，必须紧密联系汉语实际。这是方立教授十分可贵的学术思想。众所周知，在20世纪中叶之前，美国结构主义语言学理论一统天下。N. Chomsky 在1957年出版 *Syntactic Structures*（《句法结构》)一书，在整个语言学界兴起了所谓“乔姆斯基革命”。“乔姆斯基革命”可以说改变了语言研究的航向，开始改变单纯将语言作为工具来进行描写的研究思路。这具体体现在乔姆斯基所提出的三大假设，以及乔姆斯基为了证实他的假设所作的不间断的探索。那三大假设是：(一) 人生来就有个语言装置；(二) 人类语言千差万别，但遵循共同的组合原则，差异只是参数 (parameters) 的不同；(三) 人类语言共同遵循的组合原则应该是极为简明的。“乔姆斯基革命”也开创了敞开言路、自由争论的民主学风。于是，在整个语言研究领域出现了形式语言学、功能语言学、认知语言学三足鼎立、百家争鸣、百花齐放的新局面，出现了重考察、重描写、重解释，进行多层面、多视角、多方位研究的新的研究思路。“乔姆斯基革命”和随之兴起的认知语言学，使人们对语言有了新的重要的认识。人们现在认识到，首先应该将语言看作是人脑心智的重要组成部分；语言乃是人因遗传而生来具有的信息表达、接收系统，其重要性类似于人的呼吸系统、消化系统。根据上面的认识，语言应该分为“内在语言”(internal language) 和“外在语言”(external language)。内在语言指存在于人脑心智的信息表达、接收系统；“外在语言”指声音和意义相结合的符号系统。这一新认识极大推动了语言研究。拿这十多年来的汉语语法研究来说，一方面加强了理论思考；另一方面对各种语法现象都要追究“为什么?”“该怎么看?”“该怎么解释?”这无疑大大深化了汉语语法研究。

在我们国内，谈及乔氏生成语法理论的学者分别属于两个不同的领域。一是英语学界的学者，他们对生成语法学理论的发展了解比较及时，但以介绍为主，所引用、解释的例子主要是英语，而且这些例子大多是从国外学者的文献中转引来的，分析、解释汉语的实例极少。二是汉语学界的学者，包括原先是英语科班出身后转向汉语研究的学者，真能跟上、真能理解乔姆斯基学说的人很少，运用乔氏理论来深入分析汉语的人更少，全国只有数得出的几位；好多，说得不好听一点，只是贴标签而已，有的甚至严重误解。我曾经说过，科学研究是以已知求未知，科学研究贵在探索与创新，科学研究类似传说中的盲人摸象，各自所得结论事实上都只能说是一种假设性的结论，谁也不敢说自己的科研成果、自己的研究所得的结论就是定论。不同学派的研究成果实际是存在着互补性。当今语言学科，形式派、功能派、认知派看似三足鼎立，其研究目的、研究手段、研究的期望值都不尽相同，但彼此是一种互补关系。在科学领域里，任何一种有价值的理论方法，都有它可取之处，都有它“建功立业”之处，但也都各自有一定的局限性，即各自都只能解决一定范围里的问题，解释一定范围里的现象，都不能包打天下。因此在科学研究上必须提倡多元论，必须坚持多元论，应善于吸取各家各派、各种理论方法中之合理成分，为我所用。语言研究也不例外。只有这样才能不断创新，才能将语言学科、将我们的汉语研究，不断推向前进。

方立教授走了，他那可贵的学术思想、他的研究精神则永存；他那虚怀若谷的治学态度永远是我们学习的榜样。我们会将他的学术思想、研究精神发扬光大，为了我国语言学事业，不断开拓、创新与发展。

鞠躬尽瘁，一代英才

——怀念语言学家、教育家方立先生

胡壮麟

2010年春寒料峭，我因心律严重失常，被送往北京安贞医院急救，病情转危为安，出院后在家静养，这时从方立爱徒——北京林业大学史宝辉教授处获得信息，方立先生因病危住进海淀医院了，便与老伴文绮赶忙前往探望。午休后的方立先生仍然极度虚弱，双眼时睁时闭，我站在病床前，和他说不上几句话，只能与他在心灵上互相慰勉。就这样，这成了我俩最后一次晤面，他先我走了一步。作为方立先生三十多年来的莫逆之交，他的音容笑貌难以释怀。方立先生小我九岁，大学比我晚毕业十一年，在世时，他称我“老胡”，我直呼他“方立”，他从不介意，因此下面我不再改口，因为我觉得这个呼声更能唤醒长眠中的方立。

1977年，改革开放甫始，教育部通过英国文化委员会，聘请了英国专家里奇教授 (Geoffrey N. Leech) 和纳特尔女士 (Christie E. Nuttal) 来华讲学，在当时的北京语言学院举办为时一个月的讲习班。学员来自北京各高校的英语老师，分成两个组。经贸大学的黄震华老师是班长，我是副班长，两人各兼一个小组的组长。方立同我一组，初次相识，情投意合，从此建立了长达三十多年的深厚友谊。就我个人来说，刚从中央机关下放到北京大学当了英语教师，自感英语有些生疏，语法基础也不好，参加培训班只是希望通过两位专家提高英语技能，了解英语语法的最新变化。待开课后，里奇教授一再向学员明确，要了解当代语法学，首先要了解当代语言学理论的发展，因为语言学是领先科学。纳特尔女士讲外语教学法，但她也始终把各种教学法与各种语言学理论联系起来，如句型教学法与结构主义语言学和行为主义心理学的关系，交际教学法与功能语言学的关系，等等。正当我和其他学员在思想上还很模糊之际，小组中唯一能与两位专家对话的便是方立。原来方立早于1974年在北京语言学院外语系的资料室里读过英文原版《转换—生成语法导论》，对乔姆斯基的理论有所了解，比我们先行了一步。我虽是组长，自愧不如。就里奇教授来说，在乔姆斯基语言学革命震动世界之后，他和英国一些语言学家一样，都想了解其来龙去脉，去美国听过乔姆斯基的讲学，但他更赞同植根于欧洲的功能主义理论，于是里奇教授和方立常在堂上展开讨论，热闹非凡。这时我和其他学员才树立了外语教师要具有语言学的知识，并开始接触结构主义语法、功能语法和转换—生成语法等新理论的概念。如果说50年代全国高校院系调整是学习苏联的模式，英语语言文学专业包含两个方向，一个文学方向，一个语言方向，后者指听说读写技能的训练，那么改革开放后，人们逐步认识到语言方向需要语言学理论的指导，不然不能合格地成为专业方向，我和方立是在学习班上初次接受这个认识。

讲习班结束后，方立便约我和北京外国语大学的徐克容老师一起搞转换—生成语法的研究，并合作写过一些介绍该语法流派的文章。我除了整理小组的学习总结[1]和写过一篇有关英语关系结构的文章[2]外，主要的文章[3]都是方立执笔的，我和徐老师只是参与讨论。 也就是说，所谓三人小组，方立起着领导作用。我虽然最初当过小组组长，还是有自知之明，信奉“能者多劳”、“能者为师”这些古训。

短训班结束后，方立主动与中国社会科学院语言研究所赵世开先生建立了联系，经常让我陪着一起去他家访问。有次去赵先生家，快到用午饭时间，那时人们不时兴下饭馆，于是世开先生亲自掌勺，临时做了一个西红柿炒鸡蛋，让我们不至于饿着肚子回家。赵先生非常了解乔姆斯基理论对当代语言学发展的巨大影响，给予方立极大的支持，鼓励他坚持下去，并多看一些美国结构主义方面的书籍，以系统了解这个理论的发展渊源。由于方立的牵引，赵世开先生也给了我很大帮助。例如，当我得知我已通过教育部1978年的出国进修选拔考试并将派往

1 胡壮麟，徐克容，邓林愉，吴忻，方立（1977）纳特尔女士介绍的一些教材编写原则和外语教学法，《语言教学与研究》(增刊一)，42-62页。
2 胡壮麟，方立，徐克容（1978）论英语关系结构，《语言教学与研究》(增刊二)，77-93页。
3 方立，胡壮麟，徐克容（1977）谈谈现代英语三大语法体系和交流语言学，《语言教学与研究》(增刊一)，1-28。

澳大利亚悉尼大学时，由于我不清楚自己的主攻方向，思想上感到困惑，这时赵先生告诉我一个信息，英国的韩礼德在悉尼大学语言学系任系主任，希望我利用这个机会，摸透当时国内语言学界还很不熟悉的英国伦敦学派。我去悉尼大学后，他又让我系统了解国外语用学的发展始末。如今赵世开先生也在2010年离开我们，但愿他们两人在另一个世界里仍能做伴。

在方、胡、徐三人小组活动期间，北外许国璋先生看到我们的文章，大为赞赏，让徐克容老师陪同，亲自去北京语言学院会见了方立。许老对这些文章给予很高评价，感叹经过文革十年，在国内已很难见到这样的文章了。他又向方立了解国外语言学，特别是乔姆斯基转换—生成语法理论的最新进展，最后勉励方立继续深入研究。以许老的年龄和地位，能不顾北外这全国外语院校的龙头地位，拉下架子，来到北京语言学院外语系，与当时还属初出茅庐、三十出头的方立促膝长谈，切磋学问，怎么能不让人无比感动呢？许老此举既是对方立的支持，也是对外语界中青年教员的殷切期望。再者，许师母一般不太愿意许老在家中会客的，何况方立和我都不是北外的老师，但我们每次去，许师母对我们总是非常热情，如果说我还可以亮出李赋宁先生的旗号，许师母一定从许老的平时谈吐中对方立很有了解。从此以后，方立和我常有机会作为许老家中的座上客，亲聆教诲，受益良多。这里，举一个例子。方立和我有一篇关于转换—生成语法的文章的初稿请许老审阅，其中对数千年的语言学史，特别是波尔—罗瓦雅尔学派和笛卡尔思想作了过于简单的评论。许老直率地指出："你们对语言学史的了解不够，不要轻易评论为好。"[4] 这里顺便说一下，由于我常去方立家中，他的女儿——方珺对我毫不认生，认了我做干爹。碰巧我家只有两个男孩，正中下怀。在70年代末，国内受文化大革命的影响，物质条件非常落后，不仅现代的电脑和手机尚未出现，连电话在一般教师家中也是没有资格安装的，因此我们主要依靠邮局通信传递，或者事先不打招呼，就贸然上门。这样，我们经常骑着破自行车在学院路、中关村、魏公村、万泉河一带穿行，一面踏着脚蹬，一面大谈乔姆斯基和韩礼德。

方立于1982年到美国俄亥俄州立大学进修一年，师从著名语言学家、美国语言学会前主席 A. M. Zwicky，在该校的语言学系和东亚语系进修理论语言学和现代汉语。回国后,方立坚持自己的研究方向，从不动摇，做出更大的成绩。他完成的主要代表著作有《美国理论语言学研究》、《数理语言学》和《逻辑语义学》，均由北京语言大学出版社出版，因此方立是我国从事生成语言学和数理语

4 胡壮麟（1996）斯人已去，遗风永存——追思外语界的良师益友许国璋先生。载于《许国璋先生纪念文集》，外语教学与研究出版社，55-61页。

言学研究的杰出领军人物。

许老确是慧眼识英雄。1987年，方立在北京语言学院申报副教授职称，这项工作的程序先要求在校内学术委员会通过，然后申报北京市外语学科评审小组审核通过。关于申报职称一事，我们都是过来人，申请者要完成教学任务，要有科研成果，要担任过教学行政工作。许多教师一次不成，过两年重新申请；到退休年龄了，争取提退；提退不成，遗憾终身。但方立的材料出乎意料，送到北京市外语学科评审小组后，由于他成果丰硕，论著具有先进性、开创性，被评委们一致同意从讲师破格直接提升为正教授，在国内外语界成为美谈。方立终于实现了许老十年前已经预见到的自身价值。

自20世纪80年代以来，方立为建设北京语言大学的外语学科的硕士点和博士点努力奋斗，数年内讲授了数理语言学导论、逻辑语义学导论、生成语法中的语义学、当代语义理论、形式语用学、管约论、最小方案、转换—生成语法史、广义短语结构语法、中心语驱动短语结构语法、范畴语法。就我所知，国内尚无人能够在数理语言学和生成语言学方面开出如此完整的配套课程。

方立对本系年轻教师的培养非常关心。我印象最深的是在北语尚无外语硕士点的情况下，他向我推荐吴平老师来北大听研究生课。后来北大不招在职研究生，他又支持吴平去社科院语言所在沈家煊教授指导下完成研究生学业，最后在方立指导下取得博士学位，吴现已成为北语的博士生导师。多年来经方立悉心培养的年轻学子，1995年至今有硕士生13名，1999年至今有博士生22名。他指导过的博士生毕业后都无一例外地成为教授、副教授，成为所在院校的学术带头人，如第一批毕业的司富珍教授是北语的硕士生导师、中组部第六批援疆干部（曾任伊犁师范学院外语系系主任）和澳门科技大学访问教授；第二批毕业的高明乐教授是北语英语教育中心主任和硕士生导师，熊仲儒教授是安徽师范大学硕士生导师，被评为安徽省高校中青年骨干教师；2004年毕业的史宝辉现任北京林业大学外语学院院长；2006年毕业的博士生、现任湘潭大学外国语学院院长的文卫平最近还获得了“全国教学名师”的荣誉称号。需要特别指出的是，这些年轻学者利用北语的条件，有不少将所学理论与汉语结合，使国外语言学理论为我国汉语语言学的研究和汉语教学服务。

方立对工作的投入和对教育事业的忠诚永远是我学习的榜样。1983年，他从美国进修回国后，校领导让他去教务部门工作。当我得知此消息并且了解到他只是当一名科员后，百思不得其解，曾经责怪他为什么不把时间用在教学和科研上，他宛然一笑，从未发过怨言。现在看来，我这个担忧是多余的、片面的。一则北语校领导把刚从国外深造回来的方立放到教务部门，必然是一个经过深思熟虑的战略决定；二则方立有机会显示自己是一个多面手，能文能武，事实上他领导三人小组已表现了他的组织领导能力，现在他又善于利用不同条件提高自己，在政治上和组织能力上获得进一步的全面发展，如1984年10月他加入了中国共产党，1987年3月至1990年11月担任北语外语系代主任和系主任，1993年2月再度出任外语系主任，1994年6月至2003年1月成为新建外国语学院院长。在此期间，他都能正确处理教学和行政工作之间的关系，团结同事，把硕士点和博士点先后搞起来了。我过去总认为方立是搞学问的，书生气十足，没有想到他竟然具有如此非凡的领导组织能力，可谓一员儒将。使我钦佩不已的是他那种忠于党忠于组织的、能上能下的精神。由于年龄关系，2003年1月换届时他退了下来，心安理得地指导研究生和博士生。使人没有预料的是，2007~2008年，因接任的院长出国访学，校领导又让他再次代理院长职务，而2009年初又再次卸任。中国知识分子的单纯和忠诚，方立最具代表性。为了完成沉重的教学、科研任务，他做出了重大的牺牲。这里，我举几个亲身经历的事。北京大学百年大讲堂经常有高水平的文艺演出，我和老伴提前排队买了四张一个外国交响乐团在周末的音乐会票，请他和夫人海燕前来观看，在周末放松一下。不料，最后露面的是海燕和她的一位邻居，海燕解释说方立要写东西，来不了。此情此景，我真是又失望，又心疼，失望的是方立太不领情了，心疼的是他做出这个决定，一定是被任务压得喘不过气，不然他没法向我这个老大哥交代。又如，2009年他接受肿瘤医院院外治疗的安排，我常向他的同事和学生了解他的身体情况，他们说恢复得不错，常见到他在校园里散步或骑着自行车去办公室。正是方立这种忘我的出色表现，他在1992年被国家人事部评为“国家有突出贡献的中青年专家”，1995年获得香港柏宁顿(中国) 教育基金会首届孺子牛金球奖。在他的感召下，他和他的同事们在2005年使外国语学院英语系获得“北京市教育创新优秀集体”称号，2008年英语专业被教育部评为特色专业建设点，2009年英语专业被北京市评为特色专业建设点，2009年英语专业本科教学团队被评为北京市级优秀教学团队，2009年学院的“语言学导论 (英语) ”课被评为北京市级精品课程。

我和方立在语言学研究上虽然后来各有侧重，我搞功能语言学，他搞数理语言学，我们仍然有很好的合作，这全赖方立的包容心。1989年当我第一次在北京大学召开国内第一次系统功能语言学会议时，除季羡林、许国璋、李赋宁、王义遒等学界前辈和校领导外，方立也应邀与会，参加我们的讨论，对我和北大是莫大的支持和鼓舞。北京大学英语系培养语言学方向研究生的师资力量单薄，特别是缺乏专搞生成语言学和数理语言学的老师，方立在百忙中前来授课。同样，北京语言大学虽然重点搞生成语言学和数理语言学，方立也曾邀请我去北语讲系统功能语言学。至于我和他互相参加对方学校研究生和博士生答辩更是为数众多。因此，我们两人都成为对方学校的兼职教授。方立最后一次对我的帮助，更让人难忘。2009年夏，他进行院外治疗时，还抽出时间帮我审阅了《语言学理论和流派》教材中有关生成语言学的两章内容。可见在我们两人之间，不存在以一种理论排斥另一种理论的情况，更多的是对话，相互了解彼此之间的工作。方立有一次很中肯地说："当代任何一种语言学理论都应该从对方的理论中取长补短。"

在有关方立的回忆报道中，人们有时遗漏了他活动的一个很重要的方面，那就是他除了被公认是专攻生成语言学和数理语言学的语言学家外，也是一位名副其实的测试专家；他除了认真从事教学工作和科研工作外，也热心参加政府组织的与外语有关的活动。首先，人们不会忘记方立是早期汉语水平考试 (HSK) 核心研发成员之一，为我国对外汉语教学工作做出过重要贡献。其次，1995年方立邀请我参加由他牵头领导的"全国出国培训备选人员外语水平考试" (BFT) 的出题和审题工作，这是由国家外国专家局主办的国家级外语水平考试，考试对象为执行国家外国专家局批准派出项目的国家机关、工商企业、事业单位的出国培训备选人员，它同时适用于已在或准备到国内外资企业工作的各类外语学习者及参加国家人事部中、高级专业技术资格评定的各类专业技术人员。不久，方立又邀请我参加人事部的全国专业技术人员职称英语考试。在我印象中，人事部把外语专家分成两个组，一个组负责制定大纲和出题，由北京外国语大学的刘润清教授和韩宝成教授牵头，一个组负责审查大纲和审题，由方立负责。这样，我又在方立领导下工作了，只是后一项人事部的工作我参加两三年后便退出了。这两项活动既要求参与人员有高度的学术水平，也要求参与者对试题丝毫不能泄露。因此，我们都成了无名英雄。在这两项工作中，方立充分展现了他的学识水平和才华，审定时他对每一道题的肯定和否定都能讲出道道，审题会实际上也是一个学术研讨会，因此我受益良多。小组成员中有时为一些试题争论得脸红时，他能妥善引导，掌握方向，保证任务完成。除上述有关语言测试任务外，自2001年以来，我和方立都被北京市外办市民讲外语活动组委会聘为顾问团成员，其任务是开展多项提高市民外语水平的活动和改善城市国际语言环境、规范公共场所英语标识的工作，其内容涉及餐饮服务、旅游景区、道路标识、政府机关等译名规范，从而改变北京市公共场所标识英文译法的混乱局面，使北京市公共场所的英语标识真正做到与国际接轨，提升北京市国际大都市的形象。由于方立是北语外国语学院的领导，有办法解决开会场地，我和外籍专家有时在周末去他的办公室讨论。自北京奥运会结束以后，顾问团的工作重点转向如何将北京市建成"世界城市”出谋划策。方立虽然不再能参加这些活动，上述工作的成果即将正式出版是我们可以告慰于方立的。

每个人都有自己的信念、个性和生活习性，唯方立最为明显。这是我最后想谈的。在与人交往中，方立为人忠厚友善，与朋友和同事相处未见他红过脸；穿着上常穿一件黑色西服上装，不带领带，不求奢华；生活上，晚起晚睡，许多活都是加班加点完成的，例如我们为外国专家局审题时晚上安排的活动是看材料，他经常要看到深夜一两点钟；饮食上好喝咖啡，吃油条、炒鳝糊和八宝饭。当然，这里不谈方立的烟瘾是没法交代的。抽烟导致他的不治之症。我也当过多年的瘾君子，有时也送过方立几条烟，陪他抽上几支，罪责难逃。但我仍然要冒天下之大不韪，为方立说上几句。我们对方立不应过多责备，而是谅解：在各种任务高压之下，他试图通过烟卷来保持精力，刺激思维，以完成各个部门交给他的任务。方立不会不知道抽烟的危害，但生活已使他选择了一条不归路。我始终认为这联系到一个人生哲理问题：有的人图个安静，与世无争，修身养性，延年益寿；有的人皈依全能的、主宰世界的神，有信耶稣的，有信真主的，有信如来佛的，从精神上求个依托和解脱；有的人天生劳碌命，只会忘我工作，只求在有生之年让自己做出更大的贡献。方立属于第三种人。他点燃的每一支烟，是在勇敢地使自己的生命得到充分的燃烧啊！方立这种“鞠躬尽瘁，死而后已”的精神也见之于他对自己后事安排的态度：他与夫人海燕早就商定，去世后不买墓地，不树墓碑，把他的骨灰洒在大海中，赤条条来，赤条条去。这种忘我的、超脱的境界给人以无穷的感动！

方立，我的小老弟，你还能听到我的话语吗？我多么期待和你在夏天的炎日下，骑着单车，在北京城寻师访友；或者在宁静的夜晚，边喝咖啡，畅谈学问，共同回忆那些难以忘却的峥嵘岁月啊！

悼念方立教授注

李行德

Dear friends,

It was with great sadness that I learned this morning of the passing away of Professor Fang Li, midnight of yesterday, Sunday, April 11, 2010.

Professor Fang has made tremendous contributions to the education of formal linguists in China. He is the only linguist on the mainland with a deep knowledge of Montague Grammar and Non-Transformational models of Generative Grammar. Professor Fang devoted all his life to the propagation of ideas of formal linguistics, his books on logical semantics and mathematical linguistics being seminal publications on these topics in China.

In his writings, Professor Fang introduced to the Chinese linguistics world the main tenets of Montague semantics, Head-driven Phrase Structure Grammar, and the interface theory of Arnold Zwicky. Professor Fang shared with us his insights on the analysis of "lian... Dou", modals and scope of negation. He is one of the very few theoretical linguists in China who has taken the psycholinguistic implications of Generative Grammar seriously, and moved headstrong into language acquisition research. He was

注 中文标题为编者所加。

steadfast and unswerving in his conviction in nativism, coming at it from the perspective of semantic universals.

Professor Fang was a most conscientious teacher and taught with an indefatigable spirit. He insisted on giving his students a comprehensive and systematic education in formal grammar, offering courses on Montague Grammar, HPSG, GB and Minimalism. The range of the courses he offered was remarkable, and remains so even today, even in comparison to the advanced linguistics courses being offered in Hong Kong universities. Under his influence, many of Professor Fang's students have gone on to become active generative linguists making important contributions to the field.

I first met Professor Fang in 1990 at a conference in Shanghai. Since then, we've engaged in many dialogues on language and shared similar visions on how to promote formal linguistics in China.

He visited us at Chinese University of Hong Kong a couple of times, once in the mid 1990s, and then later in 2006. He also visited us at City University of Hong Kong around 2002 when I taught there.

Professor Fang provided an opportunity for me to teach a short term at BLCU when I left CUHK in 1999, and many colleagues who we know today—Fan Li, Song Gang, Yang Ning—were master's or doctoral students of his back then.

Professor Fang led the BLCU group of the BJCELA project, and kindly and generously supported me in all my research efforts wherever I was, in Hong Kong, Hunan or Beijing. In the two Yuelu Conferences in Formal Linguistics and Language Acquisition Professor Ning Chunyan and I organized in Changsha, Professor Fang came and presented papers with his students. In the numerous meetings we held in Beijing from 2001 to 2006, Professor Fang always came in support despite his hectic schedule.

As many of us who met and worked with him know, Professor Fang is a gentleman and a most affable personage, always supportive and appreciative of the efforts of young researchers. While he is 10 years my senior and has no doubt experienced life in greater depth and complexity than I, there are a lot of things we shared, not just about linguistics, but about China and the world, social and human relations, life and friendship.

Professor Fang does not always express his views explicitly, but through his mild but weighty remarks, he shared with me a lot of his concerns, his insights and his wisdom, as scholar and friend. We will pay individual and collective tributes to Professor Fang through our research, and that's what counted most for him.

I still remember with warmth and fondness the many hours we chatted smoking together, in walks and coffee chats, in Beijing, Changsha and Hong Kong. It's with a deep sense of pain and loss that I can now only have such pleasures of his friendship through his writings and in my recollections.

冬夜孤坐忆念恩师

戴悉心

我想念师父的时候，就打开宝辉老师为方师弟子在网上安的家[注]，读纪念师父的文字，看师父的照片。常常读着、想着，就忍不住地难过起来，任由眼泪从脸上滑落。也曾多次想写文字纪念师父，但每次都不得不放弃，因为那份撕心的失痛还在。听说，鸵鸟被逼得走投无路时就把头钻进草里或沙子里，以为眼睛看不见就没有危险了。而我也像鸵鸟一样，不敢写师父，不敢与人谈论师父，似乎只要我不面对失去师父的现实，就可以假想师父一直都还在，一直都没有离开。

上月底，司富珍师姐特意从澳门打来长途电话，嘱我一定要写篇稿子放入方师的纪念文集里。师姐的关心让我感动，可我还是怕再次掉入失师之痛的黑洞里。王路江书记听说了此事，对我说："逃避痛苦解决不了问题，你应该早点儿把纪念文章写出来。"我是无处躲藏的鸵鸟，只能把头抬起来面对。

记忆的门慢慢打开：2010年3月30日，我陪师母送师父去海淀医院住院。师父那天穿的是羽绒服，戴一顶很雅致的格子呢帽，围着深色围巾，穿着如同参加学术会议般整洁、庄重。师母告诉我师父头天还出去修剪了头发，说是住院也要注意仪表，要有精神。路上，师父挺乐观的，和我讨论了我的论文该如何收尾，也交代了我们毕业答辩的人员安排。下车时，车队的鲍师傅想尽办法把车停靠在离医院大门最近的地方，师父向鲍师傅握手道谢，鲍师傅还笑着说："您出院

注 见新浪博客"怀念恩师方立教授"，网址：http://blog.sina.com.cn/huainianfangshi

的时候我还要来接您呢。”我当时也对鲍师傅的话深信不疑，觉得师父精神那么好，住院治疗一下就会平安无事的。万没料到，安顿师父住进病房后，陪师母去了主治大夫那里，才知道师父的情况不好。住院的头几天，师父精神好，还能与来访者聊几句，之后病情就越来越重了。我有空儿就去陪陪师母，看看师父，但除了伤心难过之外什么忙也帮不上，只能默祷师父少受痛苦，同时拼命赶写论文，希望师父能看得到我毕业。然而，我没能如愿。4月12日，师父走了。

每回忆一次，就如同又重新经历了一遍那段悲哀无助的日子。师父平日待我们太好，对我们总是有求必应，如今突然与师父走失，才体会到没有师父护佑的悲哀惶恐与不知所措，才发现自己还有很多问题没来得及请教师父，还有很多话没来得及跟师父说，也还没来得及做点滴小事报答师恩，甚至还没来得及走出师门就断了与师父的联系。我跌入了从未感受过的黑暗中，师父的离去让我看到了生与死之间的距离竟然如此之近，看到了生命的脆弱和世事的无常。师父离开了，我尚未完成的论文也变成了睹物思人的伤心事，曾不止一次地想过放弃，因为论文中有很多师父的心血，我无法确定最后是否能写出师父满意的结论。既然无缘让师父看到我毕业，那么也许我不毕业就是天意呢?

我的福德浅薄，无缘跟从师父长远，而师父却将他的福德厚泽于我。师父的老朋友陆俭明先生代为指导并肯定了我论文最后的结论，一向敬重师父的校领导王路江书记为我减轻行政工作以便我完成论文，我的同门师兄师姐们都给予了我许多无私的关心与友爱，一切都如师父最后住院前对我的交代与安排。师父自己受尽了癌细胞转移后最痛苦的折磨，却不曾有一点儿失了对我们的责任！最后，我毕业论文上盖了师父的签名章，那枚红红的签名章一如师父平日里关爱的微笑，微笑中有鼓励，有祝福。能做师父的弟子是幸运的，也是幸福的。

印度大诗人泰戈尔说过：死亡与诞生一样，都属于生命，举足是在走路，落足同样是在走路。因此，在我们每个人都无法避免的举足与落足之间，在我们每个人都必须经历的生与死之间，仅仅只有一步远的距离啊，从这一边跨到那一边，不过只有一步之隔而已。如今，师父已经以他完美的身姿与精神将生死一步跨过，我们大家纪念他，是为了让他的崇高品德和学术生命永续于世，让他永远活在我们心里，永远不离开我们!

2011年12月12日

方立的微笑

阎纯德

方立总是微笑着，这是他对待人生的一种姿势。

他走了，走得匆忙！以至于使我们来不及在倒春寒的时候多寻得些鲜花为他送行。好在院子里的白玉兰都已绽放，那是杏坛这片热土为这位数十年如一日辛勤的耕耘者捧出的诚挚祭奠。

两三个月不见方立在家属区走动的身影，我心里不仅滋生一种期盼，也生出一种忧绪。方立罹患重病后在家疗养，每日清晨和傍晚常在院子里走步。第一次见他出来锻炼，我向他打招呼："一辈子没见你锻炼过，这是不是第一次？"他停下来，笑一笑："是啊！我这个人很懒，从小就没有锻炼的习惯，到了生病的时候，才想起来……"我说："我知道，这不是懒，是你舍不得宝贵的时间；不过，现在不晚，人在退休之后依然可以亡羊补牢……"他对我笑笑，没有回答；然后便见像打拍子一样，随着走步的节奏，将伸直的两臂和手掌在腰之下一左一右地摇着走向前方。他的笑，同以前没有两样，还是一位贤者的那种，除了真诚，还是真诚。

他病后锻炼的走姿，还有他平时的微笑，给我留下很深的印象，一直存在记忆里。我想，人生在世，每个人都有自己的姿势，左的，右的，空的，实的，或升华，或沉沦，或瞬息即逝，或永久长留，并按照自己的姿势走完一生。

方立一生低调，是一位与人无争、与世无争的贤者，是一位学问大言语少的人。虽说他研究的是语言，说话却比一般人少；有学生对我说，即使是在课堂上，不管是英文还是中文，他也都惜“字”如金，只说紧要的话，从不拖泥带水；而在大小会议上，他的发言也没有把话说到让人腻歪的分上，他的一生，说过的话，掰着手指也能数得过来。

我与方立同在一个窄小的时空里生活，数十年来，每每见面，就是都在自行车上，相见时也要举一下手，点一下头，以示致意。俗话说“君子之交淡如水”，我们都是这样的水。

在我的印象里，这一生也没有与方立说过几次长话。我在外语系担任过一段系主任，1983年10月，他刚从美国俄亥俄州立大学进修回国不久，有一天，我在办公室正听韦会说英语基础教学上的问题，这时方立出现在门口，我请他进来，他说不用，就在这说吧：“以后这政治学习是否可以不冲击教学？下午许多老师有课，学校还要开全校的会，或是系里安排政治学习，这很不好……”他的意见无疑非常正确，但是那时的中国还处在“拨乱反正”不久的过渡时期，“转型”还没转过来，政治依然可以堂而皇之地压倒一切，无序还可以很正面地占有“有序”的社会生活。我对方立说：“这个问题，我一定向学校反映。”这是我第一次听方立说这么多的话。我们这代人，在短短的一生中，少说也有一半的生命消耗在政治运动之中，对当今“80后”、“90后”的人们来说，这大概会认为是百分之百的天方夜谭吧！

似乎不食人间烟火的方立，在“文革”的烽烟尚没有消散之时，就已经悄悄地钻进了“学术”的丛林之中，经过国外理论语言学的熏染，到了20世纪80年代末，学术上已经到了一鸣惊人的程度。1987年秋，有一件校园佳话至今记忆犹新：学校评职称时，他胆胆怯怯地以讲师的资格申请副教授，学校通过后报送北京市最终评审组，经以王佐良教授为首的专家审核，认为他的成果应该是教授。消息传到学校，既令学校喜出望外，又让学校感到难堪——这么一个国内奇缺的人才竟然没有发现！其实，这也不怪学校，我们这个以从事语言教育为根本的大学，甚至是国内整个语言学界，对于方立的尖端前沿研究实在是太陌生了。我们曾被封闭得如井中之蛙，巴掌大的天空就会视为辽阔无边的宇宙，所以才会不知乔姆斯基是何许人。他的一部《数理语言学》令中国语言学界的许多学者望其项背。他日后的研究日趋艰深，涉及了国内学界很少关注的数理语言学、逻辑语义学、生成语法理论、中心语驱动的短语结构语法等填补我国语言学领域空白的多项研究；仅他给博士生上的研究课就有“数理语言学导论”、“逻辑语义学导论”、“生成语法中的语义学”、“当代语义理论”、“形式语用学”、“管约论”、“最小方案”、“转换—生成语法史”、“广义短语结构语法”、“中心语驱动短语结构语法”、“范畴语法”，这些，他作为先驱，都为中国的语言学研究做出了贡献。

文化的接受、传播与再造，是人类文化会通的必由之路。方立对于形式语言学理论的研究，使他成为中国杰出的语言学家。有一次，我们在办公楼东侧的牡丹花径上“狭路相逢”，我像是“逮”住了他，这个机会不能错过：“方立，我得向你老实交代——朋友托我买了你的《数理语言学》，我也翻了翻拜读了几页，说实话吧，我没懂……”他哈哈一笑：“哎呀，老阎，你是在批评我吧？”这绝不是批评，大约这是“隔行如隔山”吧？

光明做人，磊落做事，教书育人，是他的本分。在他成为名教授、当了院长之后，名声和荣誉都没有蒙住他的眼睛，他还是一如既往地真诚地待人接物，以低调的姿态走在我们中间，依然朴素、真诚、磊落。

我对朋友总是说退休就是重返快乐的童年。当我们正在这个自由的乐园里潇洒地玩耍时，方立微笑着姗姗来迟。2009年，他刚刚踏进这个门槛，正准备其乐无穷地享受“返老还童”的快乐时，那一只黑手将他拉住了。我们扼腕，我们痛惜！七大车人马追赶他，那么多的学子和朋友呼唤他，希望把他追回，但是“追赶”终于成了送行！

这是一个痛苦的季节，倒春寒死死纠缠着不肯离去。就在这时候，我们带着深深的惋惜、敬佩和思念，到那个阴阳交界处为他送行。我们本想送他一座春天，但春天迟迟不肯出场。好在越过八宝山之后，就是一望无际的春天，那里有花的原野，有万顷春色，在等待着微笑着的方立……

2010年4月20日

第二部分
学术论文

（上）

可判断性和计算复杂性
——语言理论评价的重要标准

方 立

0. 语言理论发展的内在因素

自1957年乔姆斯基的《句法结构》(Chomsky，1957) 出版以来半个多世纪过去了，乔姆斯基的转换—生成语法发生了巨大的变化，经历了前标准模型、标准理论、扩展的标准理论、管辖—约束理论，在20世纪80年代后期开始进入“最小方案[1]”时期。其他的语言理论，如广义短语结构语法 (Generalized Phrase Structure Grammar) 和词汇—功能语法 (Lexical-Functional Grammar) 也都在不断的发展，中心语驱动短语结构语法 (Head-Driven Phrase Structure Grammar) 被认为是对广义短语结构语法的发展。与此同时，范畴语法 (Categorial Grammar) 在经过了一段曲折的道路以后得到了蓬勃的发展。导致语言理论发展的因素是多种多样的。本文主要论述语言理论发展的一些内在因素。

1. 语言理论评价中的基本概念

一种语言理论的优劣是可以评价的。评价需要有尺度。在本节主要讨论两

1 “方案”(program)、“框架”(framework) 和“理论”(theory) 是有区别的。“方案”和“框架”在完整性方面都达不到足以构成“理论”的程度。“框架”比“方案”详细，“方案”只是一组核心的思想。

种尺度：可判断性和计算复杂性。

1.1 可判断性

可判断性 (decidability) 是数学中的一个概念，具体地说是“集合”中的一个概念。设集合 S，物体 x，如果 S 对 x 是否是它的成员能作出回答，那么它就是一个**可判断集** (decidable set)，它的另一个更为普通的说法是**递归集** (recursive set)。如果 S 对 x 只能作肯定的回答而不能作否定回答的话，那么它是一个**非递归集** (nonrecursive set)，包括**递归列举集** (recursively enumerable set)。很明显，递归集是递归列举集的子集。

S 是如何对 x 的身份作出判断的？依据的是某种**算法** (algorithm)。换句话说，递归集与递归列举集的区别主要是算法上的差别：前者具有肯定和否定的算法；后者只有肯定的算法，因此对x不是它的成员是无法做出回答的。

人类自然语言如何定义？生成语言学家在生成语法研究的早期认识是一致的，即认为人类语言是句子集。既然是句子集，那么人类自然语言属于什么样的集合？有多大？生成语言学家的估计是很不一样的。乔姆斯基最初的观点是，人类自然语言是属于递归集的 (Chomsky，1965：202)。但在这同一本书中他觉得也不能排斥是递归列举集。他是这么表述的 (62)：“你可以想象得到，这一理论在弱生成能力，甚至在强生成能力方面，都是特别强大的（甚至有可能是全能的，亦即，它跟图灵机理论的生成能力等价）。”所谓**弱生成能力** (weak generative capacity) 是指语法能生成语言中的全部句子，**强生成能力** (strong generative capacity) 则指语法能生成语言中全部句子的结构描写。弱生成能力与强生成能力的区别就在于此。读者会注意到，这段话中并没有出现“递归列举集”这个概念，它是通过“图灵机”(Turing machine) 传递的。熟悉自动机理论的人都知道，**图灵机**生成递归列举集。乔姆斯基后来更倾向于认为自然语言是递归列举的，他这么写道 (Chomsky，1980：122)：“总之，虽然语言可能是递归的，并没有理由认为事情必然如此。”在同一页中，他还这么写道：“如同经常指出的，普遍语法甚至有可能提供一种生成所有递归列举集的潜在语法，……”兰杰顿和波斯特尔对自然语言的估计还要大，认为 (Langendoen & Postal，1984) 自然语言应属不可数无限集的范畴。不可数无限集比可数无限集要大。下面举一个可数无限集的例子：

(1) $N = \{0, 1, 2, 3, \cdots\}$

这是一个包含一切自然数的集合。它的一个显著特点是，我们可通过某种计算办法列出属于它的全部成员。我们可以把这个方法表达如下：

(2) a. 0 是 N 中的成员。

b. 如果 x 是 N 中的成员，那么 x + 1 也是 N 中的成员。

c. 其他的都不是 N 中的成员。

可数无限集的成员，顾名思义，是可以按照如下的方式排列的：

(3) {0, 1, 2, 3, …}

↓ ↓ ↓ ↓

1, 2, 3, 4, …

一个不可数无限集可以包含无数个可数无限集，数学上常用“阿尔夫零”表示可数无限集，用 2 的“阿尔夫零”次方表示不可数无限集，可见不可数无限集之大。不可数无限集是不可用同样的方法列出其全部成员的。因为当你列出了一个可数无限集以后，你很快就可发现它不是穷尽的，你还可以列出第二个、第三个，以至无穷。我们有什么理由可相信自然语言也是如此？道理很简单：句子的长度无上限。例如，以“我的妈是她的姐”为基础，反复在句末添加“的姐”，我们就可以构造一个可数无限集：

(4) 我的妈是她的姐 ——→ 1

我的妈是她的姐的姐 ——→ 2

我的妈是她的姐的姐的姐 ——→ 3

可见，把自然语言归属不可数无限集是很有道理的。不过，有一点很清楚，兰杰顿和波斯特尔把自然语言完全看作是数学的一个分支，而不是一种心理现象，他们追求的是超越主客观世界的逻辑上的完美性。可数无限集自然是递归列举集，但递归列举集不限于此。一些有限集也可以是递归列举的；递归集必定是递归列举集，但并非所有的递归列举集都是递归集。

彼得斯和里奇认为 (Peters & Ritchie，1973：82)“几乎所有语言学家的直觉判断都觉得自然语言是递归的”。这一估计从后来事态的发展来看，可能过高。但这无关紧要，问题是要弄清为什么在直觉上有些人会觉得自然语言属于递归集。下面这个例子十分说明问题：

(5) a. 我们都不喜欢一个人。

b. *我们不喜欢都一个人。

凡是说汉语的本族人都会判断 (5a) 是汉语中的一个句子，(5b) 却不是。可见，汉语中是存在着一种对肯定和否定都能作出回答的算法的。这就是为什么一些语言学家坚持语言理论不允许生成非递归集的原因。下面是曾一度从事广义短语结构语法 (Generalized Phrase Structure Grammar) 研究的盖茨达和他的合作者说的一段话 (Gazdar et al.，1985：2)：“如果语言理论允许语法生成非递归集，那么某个序列不是某种语法生成的，这在原则上是无法证明的。” 盖茨达等人的这段话显然是对乔姆斯基的人类自然语言可能是递归列举集的回答。从数学的角度探索语言理论建设，并非人人赞同。伯维克曾对广义短语结构语法学派提出了如下的批判 (Berwick, 1987 : 1)：“试图根据这一类或那一类已为大家熟知的形式语言为框架建立语言理论，实质上是把数学这辆大车放到了语言这匹马的前头，完全是本末倒置。”但是，也有些人的看法似乎并没有随着时间的消逝而改变。下面这段话可以表达中心语驱动短语结构语法 (Head-Driven Phrase Structure Grammar) 学派的立场 (Pollard & Sag, 1994：10)：“我们把‘可判断性’看作是评价语言理论的又一个条件，……。由于算法运算的对象只能是确切定义的句法客体集，从这个意义上说，对判断性问题的严格证明须选择一种能表达语言理论内容的形式语言。” 这一段话说明了“可判断性”问题与形式语言的关系。仔细推敲起来，这段话也可理解为对伯维克批评的回答。

1.2 计算复杂性

计算复杂性 (computational complexity) 是评价语言理论优劣的又一个尺度。这个概念是计算机科学中属于现代复杂性理论的一个概念。应用“计算复杂性”的理由是这一概念更精确。举例来说，虽然上下文无关语言和上下文有关语言都是递归集，因而都是有算法的，但是计算上下文有关语言的句子比计算一个上下文无关语言的句子要复杂得多。关于“计算复杂性”问题，乔姆斯基有广泛的论述 (参见Chomsky，2000：110-111)。

说到这里，我们不妨讨论一下“最小方案”试图解决什么问题。乔姆斯基在《最小方案》一书中的结束部分是这么说的 (Chomsky，1995：379)：设想中的各种精确和简化的阐述都是为了大大地减少出现本应是很经济的计算变成**指数急剧增长** (exponential blowup) 的计算方面的问题并克服跟作为**最后手段的移动和最短的移动**相关的许多概念问题。“指数”这个术语需要作一些解释。设 x 是一个句子， x^n 的 n 就是 x 的**指数**，也称**幂**。一个句子计算所需要的时间跟句子的长度相关，这里的 n 是 x 的长度的 n 次方。同时，句子的计算也跟语法的总体规模休戚相关。举一个比较具体的例子，如果我们计算的是一个上下文无关语言中的句子，那么该句子所需要的时间是句子长度的立方和上下文无关语法平方的乘积。所谓“指数急剧增长”就是说指数增长很快，这自然对句子在机器上的识别带来了很大的问题。为了压缩语法的总体规模，使得语法在计算上可追踪，乔姆斯基取消了“管辖”(government) 这一基本的然而是含糊不清的概念、D—结构和 S—结构句法表达层次以及整个 “X 阶”理论，降低了“移动”在句子生成中的作用，在很大程度上把它看作是为了挽救句子的合格性而不得不使用的最后手段，并规定它只能作最短距离的移动。

2. 形式语言理论与自动机理论

形式语言跟自动机在生成能力方面是一一对应的。

形式语言理论的奠基人是乔姆斯基，是乔姆斯基最早为建立人类自然语言理论提出的。伯维克在批评盖茨达等人颠倒了形式语言理论与自然语言理论关系时，把形式语言理论说成是数学，这是因为形式语言理论是数学的一个分支。自动机理论跟计算机的制造并无直接的关系，它探索的是计算手段，因此在本质上也是数学。形式语言理论在计算机科学中有广泛的应用，跟自动机理论一起构成了计算机科学的基础理论。同时，自动机理论的发展也推动着语言科学的发展。从中我们可以看到语言科学与计算机科学是互为交叉的科学。

形式语言理论中有以下几种基本的语法：有限状态语法 (finite state grammars)、上下文无关语法 (context-free grammars)、上下文有关语法 (context-sensitive grammars)、无限制语法 (unrestricted rewriting systems)。就生成能力而言，都是后者依次大于前者。所谓的**乔姆斯基等级** (the Chomsky Hierarcky) 就是指这种关系。自动机理论中也有四种自动机，它们是：有限自动机 (finite automata)、后进先出自动机 (pushdown automata)、线性约束自动机 (linear bounded automata)、图灵机 (Turing machines)。形式语言语法与自动机在生成能力方面的等价关系可表示如下：

(6) 有限状态语法 ⟷ 有限自动机
上下文无关语法 ⟷ 后进先出自动机
上下文有关语法 ⟷ 线性约束自动机
无限制语法 ⟷ 图灵机

乔姆斯基在一系列著作中已经论证 (Chomsky，1956；1957；Chomsky & Miller，1963)，有限状态语法的生成能力不足以生成自然语言的全部结构。因此本文对这一类语法及其相对应的有限自动机不作讨论。

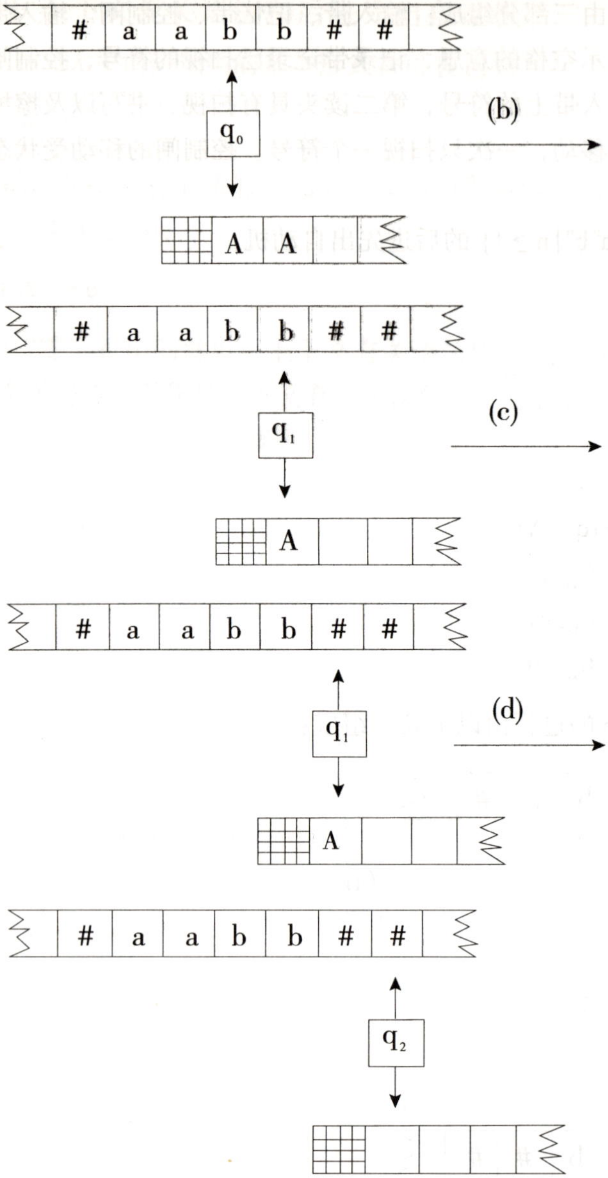

图 2

自动机开始计算时，控制闸处在起始状态，即 q_0。根据状态转移函数 (亦称程序) G 中的指令 (a)，控制闸向前移一格。注意 (a, q_0, e) 中的 a 是输入带上第一读头扫视的符号，q_0 指控制闸所处的状态，e 表示指令右侧部分 (q_0, A) 中的储存符号 A 可以写入记忆带，从 (q_0, A) 的 q_0 可以知道；控制闸移位后状态不变。自动机扫视第一个输入符号后仍然可以根据指令 (a) 向前移动，这是因为 (a, q_0, e) 中的

e 并不要求记忆带是空带子，亦即，记忆带上是否有储存符号并不影响该指令的执行。接着，自动机根据指令 (b) 计算，指令右侧部分 (q_1，e) 中的 e 的含义刚巧相反，它不是指写入而是擦掉储存符号 A 。根据指令(b)，控制闸状态由 q_0 转入 q_1，这正好符合指令 (c) 的执行。控制闸继续移动的结果又为指令 (d) 的使用创造了条件。一个符串是否被接受，应符合三个条件：整个符串已扫视完毕；自动机处于终止状态，记忆带已擦去所有的储存符号。根据这三个条件考察计算过程的最后一步可以发现 aabb 已被接受。

一个至关重要的问题是：设任意一种上下文无关语法 G ，任意一个符串 x，G 是否可判断 x 是否是它的成员？具体地说，有语法 (12)，符串 (13)，语法 (12) 能否判断符串 (13) 是否是它生成的呢？

(12) a. S → aBC
b. B → aBb
c. B → b
d. C→ cC
e. C→ c

(13) aaaaaabbbbbbbcccccccc（即 $a^6b^7c^8$）

回答是肯定的。这里是有算法的：由于符串 (13) 的长度是有限的，又由于任何一个派生过程的构造必须从 S 开始，以同样长度的符串结束，因此派生过程是个有限的数，也就是说，我们只需考察有限个派生过程就能作出判断。

不同的语法可以生成相同的语言。语法 (14) 生成的语言跟语法 (12) 生成的语言是一样的。

(14) a. S → aBC
b. B → aBb
c. B → D
d. D → B
e. B → b
f. C → cE
g. E → e
h. C → cC
i. C → c

用刚才的办法推算符串 (13) 是否是语法 (14) 生成的可能不太灵。原因有两个。

其一，B → D 和 D → B 的存在能使证明过程无限地延伸下去，其结果我们就无法知道该语法是否会生成这一符串。其二，C → cE 和 → Ee (此处的“e”作“空符串”解) 的存在允许符串变长后又变短，这使得我们在考察过程中会失去目标。对消去规则 (deletion rules) 的使用须谨慎也就是这个道理。为了保证该语法能对符串 (13) 的身份问题作出判断，必须把这四条规则从语法中清除出来，因为它们本来就是多余的，其结果，语法 (14) 也就变成了语法 (12)。

2.2 上下文有关语法和线性约束自动机

上下文有关语法规则的基本形式是：

(15) A → w / ф — φ

该规则说的是 A 有上文 ф 和下文 φ 时可改写为 w (此处的 w≠e)，故由此类规则组成的语法有上下文有关语法之称。由于上下文有关语言不含空符串，因此语法不允许规则 (8) 的存在，这就是为什么我们说上下文有关语法不真包含上下文无关语法的原因，但笼统说起来，这种包含关系是存在的。说到这里，读者或许会问：我们有什么理由这么说？这是因为有些语言上下文无关语法是无法生成的，由上下文有关语法生成却不成问题，$\{a^n b^n c^n | n \geq 1\}$ 就是其中的一种语言。它由下面的上下文有关语法生成：

(16) a. S → aBSc
b. S → abc
c. Ba → aB
d. Bb → bb

下面是该语法生成$a^3b^3c^3$的过程：

$$\xrightarrow{(a)} aBSc \xrightarrow{(a)} aBaBScc \xrightarrow{(b)} aBaBabccc$$

$$\xrightarrow{(c)} aBaaBbccc \xrightarrow{(d)} aBaabbcc \xrightarrow{(c)} aaBabbccc$$

$$\xrightarrow{(c)} aaaBbbccc \xrightarrow{(d)} aaabbbccc$$

图 3

上下文有关语法生成的语言，即上下文有关语言，属于递归集。

现在，我们需要问同一个问题：设任意一种上下文有关语法 G，任意一个符串 x，x 是 G 生成的吗？是与否都会有算法做出回答的。首先，从起始符号 S 开始构造最后一行跟 x 长度相等的所有派生过程，然后把含有重复符串的派生过程去掉。由于 x 的长度是有限的，最后一行的长度跟 x 相等的派生过程也是有限的，因此我们只需考察有限个过程就能作出“是”或“否”的回答。这个算法跟证明上下文无关语法的成员身份问题时用到的算法并无实质性的区别。

自动机往往有确定性与非确定性之分，接受上下文有关语言的线性约束自动机是非确定性的。由于线性约束自动机在本质上是图灵机，因此不在此作专门的讨论。

2.3 无限制语法和图灵机

从对语法规则形式的要求来看，对有限状态语法最严，对上下文无关语法稍有放松，对上下文有关语法更宽，最宽的莫过于无限制语法。从字面上看，很难解释为什么对上下文无关语法规则形式的要求严于对上下文有关语法规则形成的要求。从集合关系来看，这并不难说明：上下文无关语法基本上是上下文有关语法的真子集，也就是凡是上下文无关语法规则的必然也是上下文有关语法规则，但属特殊的一类。对字面的确切理解应是：上下文有关语法规则在使用时不要求上下文已作出说明，而在上下文无关语法规则使用时，上下文是不可作出说明的 (参见 Bach，1974)，因此跟上下文有关语法规则相比，我们对上下文无关语法规则有更严格的要求。对无限制语法规则形式的要求只有一个，即箭头左侧至少应有一个非终端符号。

下面，我们具体考察无限制语法的一个实例 (引自Partee et al.，1990：515-516)：

(17) a. S → SABC
b. S → e
c. AB → BA
d. BA → AB
e. AC → CA
f. CA → AC
g. BC → CB
h. CB → BC
i. A → a
j. B → b
k. C → c

注意：(b) 既可以用来生成空符串，也可以在符串的生成过程中削去某个“S”，也就是说在后者的意义上是一条削去规则。事实上，在无限制语法中，削去规则的形式不止于此，aA → e、bB → e、aAbB → e 等都是允许的。规则 (c) ~ (h) 的一个特点是非终端符号可以变换位置，因此在本质上是转换规则。这一语法很容易生成前面提到的 $a^3b^3c^3$ 这样的符串，下面是该符串的派生过程：

$$\xrightarrow{(a)} \mathrm{SABC} \xrightarrow{(a)} \mathrm{SABCABC} \xrightarrow{(a)} \mathrm{SABCABCABC} \xrightarrow{(b)}$$

$$\mathrm{ABCABCABC} \xrightarrow{(f)} \mathrm{ABACBCABC} \xrightarrow{(d)} \mathrm{AABCBCABC} \xrightarrow{(f)}$$

$$\mathrm{AABCBACBC} \xrightarrow{(d)} \mathrm{AABCABCBC} \xrightarrow{(f)} \mathrm{AABACBCBC} \xrightarrow{(d)}$$

$$\mathrm{AAABCBCBC} \xrightarrow{(h)} \mathrm{AAABBCCBC} \xrightarrow{(h)} \mathrm{AAABBCBCC} \xrightarrow{(h)}$$

$$\mathrm{AAABBBCCC} \xrightarrow{(i)} \mathrm{aAABBBCCC} \xrightarrow{(i)} \mathrm{aaABBBCCC} \xrightarrow{(i)}$$

$$\mathrm{aaaBBBCCC} \xrightarrow{(j)} \mathrm{aaabBBCCC} \xrightarrow{(j)} \mathrm{aaabbBCCC} \xrightarrow{(j)} \mathrm{aaabbbCCC}$$

$$\xrightarrow{(k)} \mathrm{aaabbbcCC} \xrightarrow{(k)} \mathrm{aaabbbccC} \xrightarrow{(k)} \mathrm{aaabbbccc}$$

图 4

该语法生成的语言是 {x ∈ {a, b, c}* | x 中的 a、b 和 c 数量相等}，也即一切由 a、b 和 c 含量相等的符串组成的语言。

无限制语法生成递归列举语言，或称递归列举集。在这类语言中是不存在判断符串 x 身份问题的算法的。道理很简单，这类语法允许削去符号，这就使得我们无法知道 x 派生过程的上限是什么。

图灵机由三部分组成：控制闸、读写头、输入带。在计算过程中，控制闸总是处在某种状态，读写头可以替换符号并可左右移动，输入带有无限的长度。图灵机的运算受指令支配。指令一般表现为以下几种形式：

(18) a. q_i a_j a_k q_1

b. q_i a_j R q_1

c. q_i a_j L q_1

这些指令可理解如下：(a) 图灵机在处于状态 q_i 下扫视 a_j 时，它用符号 a_k 取而代之并把状态转入 q_1；(b) 图灵机在处于状态 q_i 下扫视 a_j 时，它向右移一格并把状态转入 q_1；(c) 图灵机在处于状态 q_i 下扫视 a_j 时，图灵机向左移一格并把状态转入 q_1。注意，这些指令中的第一、二个符号不可相同。这个条件是确保图灵机每走一步都只有一种选择。当无指令可执行时，图灵机就停止工作。值得一提的是，图灵机可以扫视或书写空格符号“#”或“B”，这就意味着，即使图灵机已经扫视了符串中的最后一个符号，它仍可能在不停地计算。

下面，我们具体考察一种图灵机，为了便于理解，我们把指令写成了带箭头的形式。

(19) $Q = \{q_0, q_1, q_2\}$

$\sum = \{0, 1, B\}$

起始状态为q_0

终止状态为q_2

G：a. $q_0\ 0 \rightarrow q_0 R$

b. $q_0\ 1 \rightarrow q_1 R$

c. $q_1\ 0 \rightarrow q_0 R$

d. $q_1\ 1 \rightarrow q_1 R$

e. $q_1\ B \rightarrow q_2 B$

f. $q_0\ B \rightarrow q_0 B$

图 5 描写的是符串 0101 的计算过程。

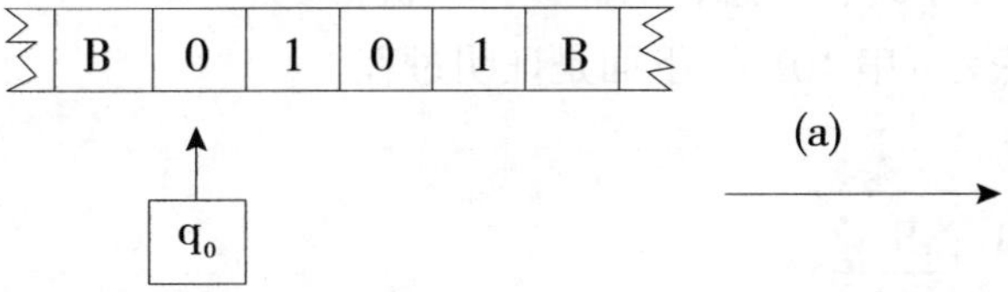

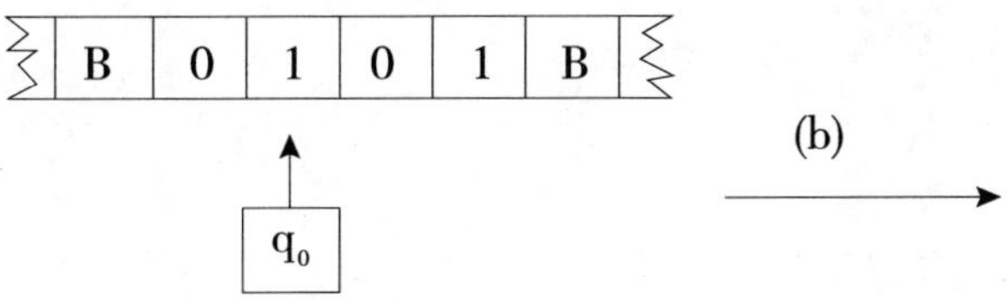

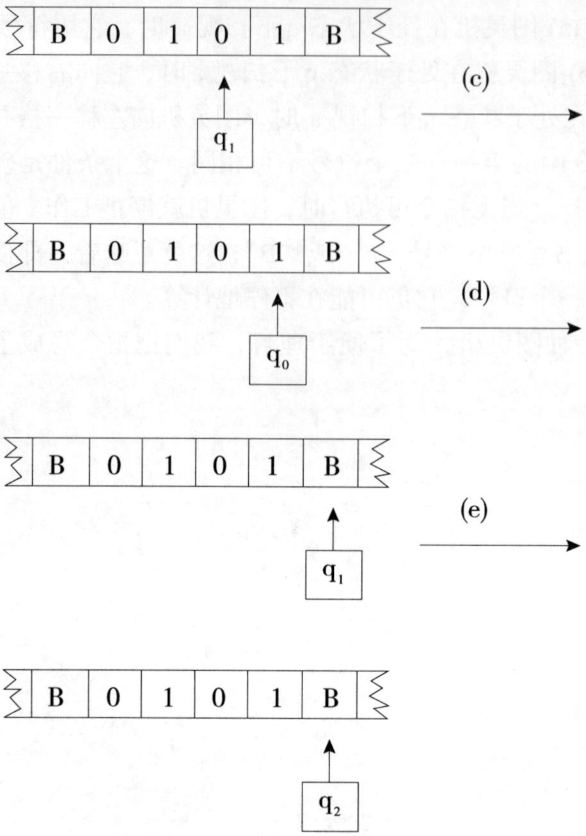

图 5

此图灵机已无指令可执行并处于终止状态，因此该符串被接受[2]。

但是，这一图灵机不接受符串 1010，下面是证明过程：

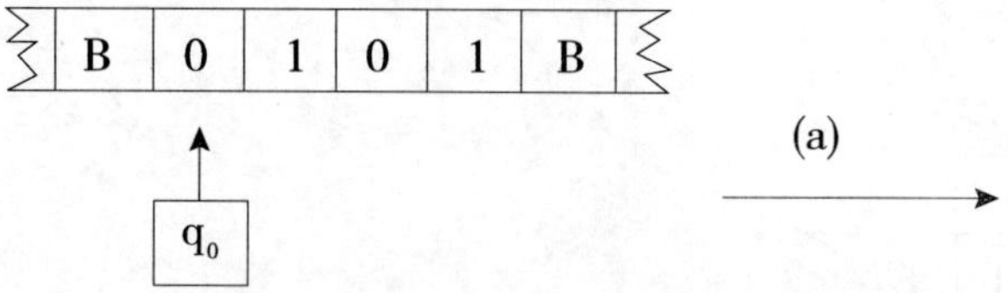

2 递归定义只能列出属于由它定义的集合的成员,因此无法列出不属于它定义的成员。“递归列举集”中的“递归”是跟“递归定义”中的“递归”相关的。

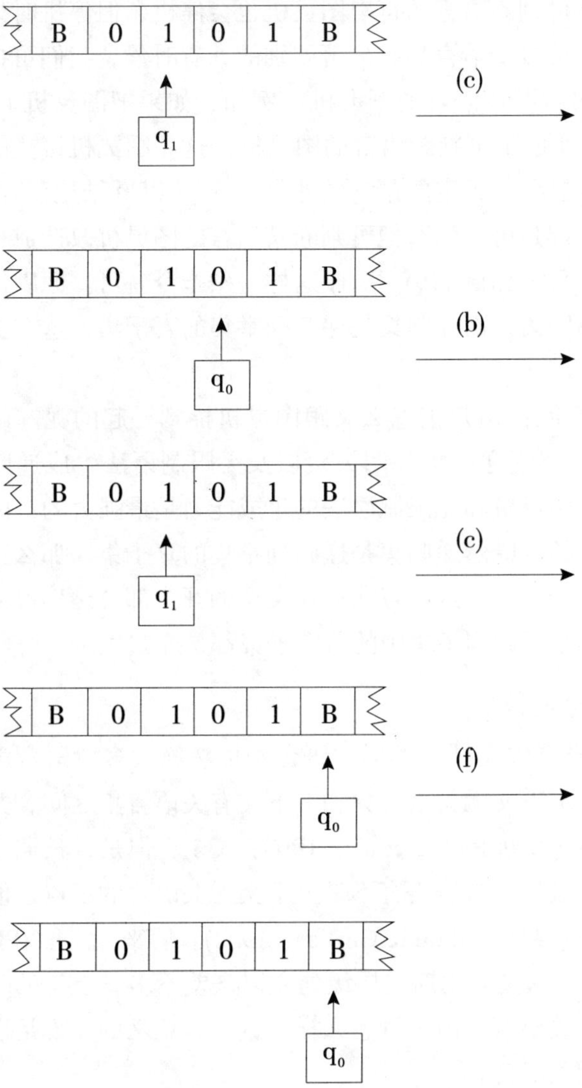

图 6

从证明过程的最后一步可以看出，虽然整个符串已扫视完毕，机器仍然按指令 (f) 反复计算，说明该图灵机不接受该符串。该图灵机接受一切以 1 为结尾的符串，即语言 {x|x 以 1 结尾}。这种语言常称作图灵可接受语言。图灵可接受语言也叫作递归列举集。

跟图灵可接受语言有关的另一类语言叫作图灵可判断语言。图灵可判断语言与图灵可接受语言的区别在于停机：属于可判断语言的符串图灵机会停机，停

机时处于终止状态；不属于可判断语言的符串图灵机也会停机，但停机时处于非终止状态。显然，这跟图灵可接受语言是有显著差别的。有时侯，我们可把接受某种语言的图灵机改变成可判断该语言的图灵机。例如，如果把图灵机 (19) 中的指令 (f) 消去，那么它就变成了可判断语言的图灵机。这一图灵机接受的仍然是原来的语言：{x | x 以 1 结尾}；否定的是它的补集：{x | x 以 0 结尾}。但是，这种变换并不在任何情况下都是可能的。把可判断某语言的图灵机改造成可接受该语言的图灵机倒很简单，只需加像 (19) 中 (f) 这样一条指令就可。原因何在？因为图灵可判断语言就是递归集，而递归集是递归列举集的真子集，这在文章的开头已经提到过。

说到这里，读者或许会问：递归集怎么又跟图灵机扯到一起的呢？确实，上下文有关语法生成的语言属于递归集，图灵机以及无限制语法生成递归列举集。但有两点需提请注意：图灵机和无限制语法的生成能力是最强大的，因此任何种类的语言都是可以生成的；既然递归集是递归列举集的真子集，那么递归集本身也是递归列举集的一部分，有关这一点我们在文章的开头部分已作过交代，但另一点更为重要，即并不是递归列举集中的所有子集都是递归集。

2.4 人类自然语言的定位

关于人类自然语言应当定位在哪一类形式语言？虽然绝大多数语言学家假设，人类自然语言应定位在上下文无关语言集和上下文有关语言集之间，并且应靠近上下文无关语言集一侧 (参见 Partee et al.，1990：535)，但是，长期以来是有争论的。普伦和盖茨达曾驳斥了自然语言不是上下文无关语言的观点，但承认回答是还是不是还为时过早 (参见 Pullum & Gazdar，1982)。后来，雪伯 (Shieber, 1985) 发现瑞士德语为例外，这是乔姆斯基层级建立以来差不多三十年的时间里找到的唯一的一种上下文有关语言。但不管怎么样，这一有意义的发现足以证明人类自然语言不是上下文无关语言。

3. 自然语言理论中的可判断性问题和计算复杂性问题

本文主要讨论转换—生成语法的标准理论和管辖—约束理论、广义短语结构语法和词汇—功能语法的可判断性问题。

3.1 转换语法的标准理论和管辖–约束理论

所谓转换语法的标准理论，就是指《句法理论若干方面》(Chomsky，1965) 中提出的理论。

根据转换—生成语法的标准理论，句法由基础部分和转换部分组成。基础部分可以是某种上下文无关语法，也可以是上下文有关语法。转换部分由一组有序的转换规则组成。基础部分生成基本的树图。转换规则把一种树图变换为另一种树图；转换规则的应用从内嵌最深的子句开始，逐步向外扩展，最后到达最外层的句子，于是规则的应用也就形成了一个又一个的循环圈。转换规则具有消去、替换和添加的作用。消去规则在应用时必须遵守可复原条件。

彼得斯和里奇在“转换语法的生成能力”(Peters & Ritchie，1973：49-83) 一文中考察了转换语法的弱生成能力，结论是，不管是以上下文无关语法为基础部分的转换语法，还是以上下文有关语法为基础部分的转换语法，它们生成的都是递归列举语言，亦即递归列举集。有关人类自然语言、递归集和递归列举集之间的关系，我们在前面已作过讨论。这一结论说明乔姆斯基提出的标准理论没有受到应有的制约，因为它允许语法生成非人类自然语言。语言理论的一个重要目标，就是要对什么样的语法是人类自然语言的语法作出确切的规定。显然转换—生成语法的标准理论并没有取得这一目标。

一个值得问的问题是：为什么转换语法生成的是递归列举语言而不是递归集？问题主要出在语法允许消去规则在不违背可复原条件的情况下把一个包含很多个子句的句子通过不断的删节变成一个很短的句子。从本质上说，这一特征就是无限制语法的特征，而无限制语法在判断成员身份问题上是没有算法的。使得转换语法只能生成递归集至少应该做以下两个方面的事：对消去规则的使用制定更严格的条件；对反复使用有序的转换规则应规定一个上限，使得句子的派生过程能追踪。这里有必要对“算法”多说几句：算法要解决的不是个别问题，而是一类问题，因此必然是非常简单、非常机械的。如果句子的派生过程变化多端，那就很难追踪。

彼得斯和里奇的研究结果震动了整个生成语言学界，语言工作者开始了大刀阔斧削弱转换—生成语法生成能力的过程。乔姆斯基及其追随者的做法是，削弱消去规则在句子派生过程中的作用，或是把它们归入语法的音系部分，或是用空语类取而代之，从而大大简化了句子的派生过程。在大规模地归并短语结构规则的基础上建立了“X 阶”理论，使得短语结构的形式限定在少数几种。“X 阶”理论在“最小方案”被取消，那是后话。与此同时，对转换规则也进行了归并，抽象成一条总的规则，即“α 移动”，并制定了句子成分每次可移动的界限及可移入的位置。所有这些努力都是为了追踪句子的派生过程。从更为一般意义上说，所有这些努力是为了约束可能是人类语言的基本结构的数量，亦即可能是人类语言的核心语法 (core grammars) 的数量，从而使我们有可能通过考察一定数量长度有限的句子区分这些语法。乔姆斯基对这一段时期的研究工作的估计是

这样的 (Chomsky，1981：11)：“那么，(尽管在总体上这些语法是没有可判断性程序的) 每种语法本身有可能存在可判断这些短句的程序，使得这些语法在这些句子中得到区分。语法有可能生成非递归集，甚至“荒唐的”集，但这种荒唐性质并不表现在短句中，而通过短句足以对这些语法作选择。”注意：“可判断程序”跟“算法”是同一个意思。乔姆斯基所说的这段话的意思可以概括为：虽然人类自然语言的语法属于无限制语法，因而在总体上是没有算法的，但如果不考虑边缘部分的话，每种语法的核心部分还是有算法的。因此，通过它们不仅可以区分不同的人类自然语言，而且也可以区分人类自然语言与非人类自然语言。乔姆斯基在这一段时期研究的理论就是后来为大家熟悉的管辖—约束理论。

伯维克和威恩伯克 (Berwick & Weinberg，1984) 曾对管辖—约束理论的生成能力作过证明，结论是它只生成上下文有关语言，亦即递归集。不过，对于这个结论伯维克还是留有余地的。他是这么说的 (Berwick，1987：5)：“必须强调的是，这一证明是对管辖—约束理论中一部分形式化了的理论的证明。由于该理论的剩余部分仍会出现预想不到的效果，很长的派生过程生成很短的表层句子这些难以捉摸的、不可识别的方法仍有可能存在。”乔姆斯基能聊以自慰的是，跟广义短语结构语法 (1981) 和词汇—功能语法 (1982) 相比，管辖—约束理论所受的约束更多一些。虽然管辖—约束理论和词汇—功能语法 (1982) 都生成上下文有关语言，前者生成的只是后者的一个子集。有关这一点，我们在 3.3 小节中还要进一步讨论。乔姆斯基1989年发表的“表达和派生经济性的几点说明”实际上就是对管辖—约束理论生成能力没有得到应有的控制的回应。

3.2 广义短语结构语法

我们在讨论上下文无关和上下文有关语法时已经说过，在这两类语法中是存在着解决成员身份问题的算法的。那么，作为削弱转换语法生成能力的合乎逻辑的一步就是完全取消转换规则。转换规则的取消使得我们只剩下两种选择：或是根据上下文无关语法，或是根据上下文有关语法，建立自然语言理论。盖茨达和他的合作者选择了上下文无关语法。盖茨达是这么说的 (Gazdar，1981：155)：

> 不妨考虑取消生成语法中的转换部分，尤其是取消所有的有界和无界的移动规则以及所有涉及同标的规则。实际上，可以假设：可允许的生成语法类组成的是只能够生成上下文无关语言的短语结构语法的一个子集。采取这样一个举措会产生两种重要的元理论的结果。其一跟可学性有关；其二跟可处理性有关。首先，我们要对语言获得

> 装置需要考虑的有可能是所学语言的语法类进行相当严格的限制。其次，我们可以开始着手解释这个显而易见的但在很大程度上被忽视了的事实，即人类是以非常快的速度处理他们听到的话语的。可以证明，分析一种上下文无关语言的句子所需要的时间是句子的长度的立方或更少些（Younger，1967；Earley，1970)。但是，带有转换部分的语法可能生成的递归集或递归列举集就不会有如此有限的句长与时间比。

盖茨达在这里提到了短语结构语法，有些读者或许会想：短语结构语法不是已被证明不能满足自然语言描写的需要吗？上下文无关语法和上下文有关语法都是短语结构语法。盖茨达在这里实质上讲的是生成语法类是上下文无关语法的一个子集。确实，大家所熟悉的属于上下文无关语法的短语结构语法是不足以描写自然语言的，但上下文无关语法是一个集，实际可以体现的短语结构语法是无限的。也就是说，某一种短语结构语法不能满足自然语言描写的需要，不等于其他的也不能。

盖茨达等人提出的广义短语结构跟古典的短语结构语法相比具有更强的生成力。古典的短语结构语法在描写自然语言中碰到的最大难题是含有非连续性成分的句子，如宾语提前的句子（也称宾语主题化的句子)。这一语言事实在广义短语结构语法中可以通过设立斜线范畴得到描写。比如，对下面这个歧义句（引自Gazdar et al.，1982：50)：

(20) Sandy we want to succeed.

广义短语结构语法可提供如下两种结构描写（类似的描写见Gazdar，1982: 171；Gazdar et al.，1985: 145)：

a.

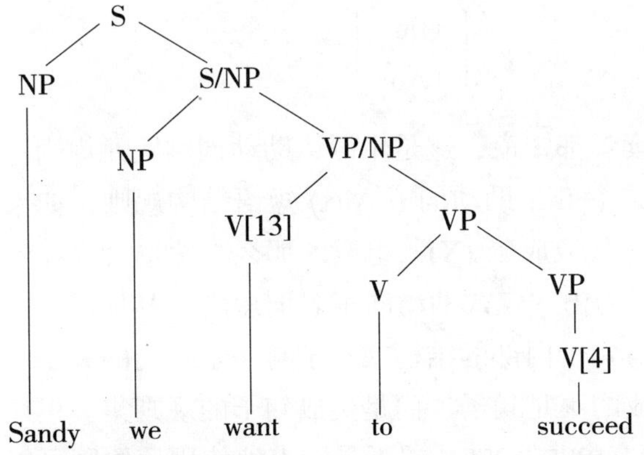

(我们想桑迪接着。)

b.

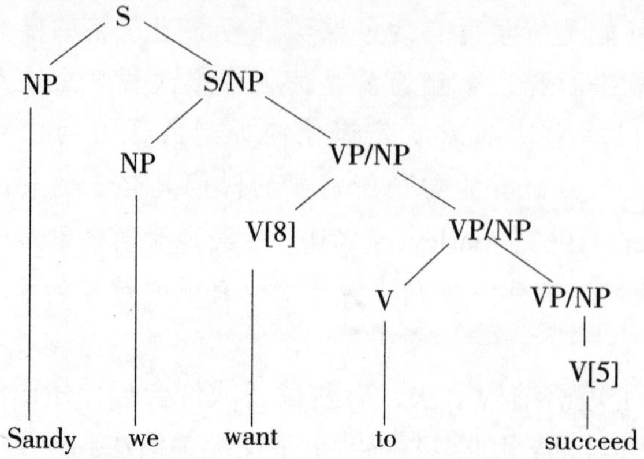

（我们想接着桑迪。）

斜线范畴传递的信息是：斜线右侧的范畴已移动了位置，因此整个结构缺少了一个短语。也就是说，“S/NP”和“VP/NP”应分别理解为“句子中少了一个名词短语”和“动词短语中少了一个名词短语”。另外，斜线范畴所含的信息可以向上扩散直到能跟移走的短语建立局部联系为止。广义短语结构语法就是使用这种方法描写句子成分之间的长距离依赖关系，所起的作用很像管辖—约束理论中的踪迹理论，但它不含任何形式的转换规则。

但盖茨达 (Gazdar，1981) 的早期研究工作并没有取得预想的结果，广义短语结构语法被证明具有无限的生成能力。这个结果是非常出乎意料的。广义短语结构语法从何处获得了如此巨大的生成能力？这主要是它引入了元规则 (metarules)。

元规则表现为以下的形式 (Gazdar，1981)：

(21) $$\left[\begin{matrix}VP\\ \left[\begin{matrix}+fin\\ +Aux\end{matrix}\right]\end{matrix} \rightarrow V\ \ X\right] \Rightarrow \left[Q\ \ \begin{matrix}V\\ \left[\begin{matrix}+fin\\ +Aux\end{matrix}\right]\end{matrix}\ \ NP\ X\right]$$

熟悉广义短语结构语法的读者都知道，这是主语—助动词倒置元规则。该元规则说的是：对于任何一条定式 (+fin) 助动词 (+Aux) 短语结构规则，如果它可以分析为由“定式助动词 (V) + 其他成分 (X)”组成，那么必然也会存在着一条疑问句 (Q) 组成规则，它可分析为由“定式助动词 + 名词短语 + 其他成分”组成。我们熟悉的句法规则都是描写句子内部的结构或句子与句子之间的关系。从上面的说明可以看出，元规则生成的不是句子，而是生成句子的规则集。里斯特德对元规则是这么评论的 (Ristad，1987：279)：“不受约束地使用元原则可以生成规则的无限集，可以描写各种任意的语言，其中包括递归列举语言。”一个值得提出的问题是：元规则总是一个有限数，怎么会生成规则的无限集？读者不妨仔细考察例 (21) 中的元规则。它的输入的结构描写对它的输出同样也是适用的，因为输出中的“V NP X”也是一个“VP”(动词短语)，由于“X”是变元，可以代表任何语段，“NP X”也可用“X”取代。换言之，元规则还可以应用自己的输出，而且这个过程永远不会完结。上面说过，一个句子的计算所需要的时间跟语法的总体规模也相关。不消多说，一种能生成无限多规则的语言理论肯定是不可追踪的。这就是早期的广义短语结构语法 (Gazdar，1981) 的生成能力。

在盖茨达等人后来的研究工作中，对元规则作了很大的限制，只用于词汇直接支配规则 (immediate dominance rules)。下面这个例子可以说明词汇直接支配规则的形式 (引自 Gazdar et al.，1985：247)：

(22) VP → H [2], NP

“H”指中心成分，[2] 是对动词的分类。整条规则说的是：动词短语直接支配做中心成分的 2 类动词和一个名词短语，逗号表明这两个成分没有先后之分，因此它的含义跟一般的短语结构是很不一样的。由于词汇直接支配规则并不说明成分的线性序列关系，它描写的范围自然也宽了。也就是说，语法需要的规则少了。另外，用这样的规则取代传统的短语结构规则也是很有道理的，词序问题应属个别语法描写的范围，无需语言理论作解释。在新的框架里，盖茨达等人认为 (Gazdar et al., 1985：65-67) 元规则只不过是一种归纳的新手段，只是有系统地、严格地扩大了整个语法的规则集，整个语法仍然由一个有限的直接支配规则组成。鉴于此，语法诱发的仍是上下文无关语言。但按照伯威克的观点 (参见 Berwick，1987：7)，即使把元规则限制在生成新的单个的规则而不是规则集，并且规定元规则不可应用于自身的输出，广义短语结构语法生成的句子在计算机上仍然是无法追踪的。

3.3 词汇–功能语法

词汇—功能语法 (Kaplan & Bresnan，1982) 跟广义短语结构语法一样是不设转换规则的生成语法。跟广义短语结构语法不一样的是，它为句子提供两种结构：成分结构 (constituent structure) 和功能结构 (functional structure)。成分结构是语音解释的基础；功能结构是语义解释的基础。

转换规则放弃了，由转换规则描写的语言事实，如 (23a) 和 (23b) 为同义句，(24) 为长距离依赖句，还是需要作出描写的。

(23) a. A girl handed a toy to the baby.

(一个女孩把一个玩具递给了婴儿。)

b. A girl handed the baby a toy.

(一个女孩递给了婴儿一个玩具。)

(24) The girl wondered who the baby saw ___.

(女孩想知道婴儿看见了谁。)

在转换－生成语法的标准理论里，(23a) 和 (23b) 被认为来自同一个深层结构，(23b) 的生成是由与格移动 (dative movement) 把 “to the baby” 移到 “a toy” 之前并消去介词 “to” 的结果。由于深层结构决定句子的意义而转换被认为不改变句子的意义，这就解释了为什么 (23a) 和 (23b) 是同义句。在词汇－功能语法里，二者的同义关系可以通过在词库中设立以下两个可互换的词条表达：

(25) a. ‘HAND< (↑SUBJ) (↑OBJ) (↑TO OBJ)>’

b. ‘HAND< (↑SUBJ) (↑OBJ2) (↑OBJ)>’

类似于 “hand” 这样的动词在每一种语言里都会有很多，增加词条的结果必然给我们带来的是一个巨大的词库。为了解决这个问题，可以设立词汇冗余规则 (lexical redundancy rules)。比如说，我们可以设立下面这条规则 (Kaplan & Bresnan，1982：7)，使得 (23b) 可以从 (23a) 派生：

(26) a. (↑OBJ) → (↑OBJ2)

b. (↑TO OBJ) → (↑OBJ)

综括起来，在词汇－功能语法里句法规则不再承担那么多的描写任务，有一部分语言事实放到了词库中描写。

下面考察 (24) 的功能结构 (27) (Kaplan & Bresnan，1982：60)。

(27)
```
SUBJ      [ SPEC THE
            NUM SG
            PRED 'GIRL' ]

TENSE     PAST
PRED      'WONDER<(↑SUBJ)(↑SCOMP)>'

          Q. FOCUS    PRED 'WHO' ────────┐
                                          │
                                  SPEC THE│
SCOMP     SUBJ        NUM         SG      │
                                  PREO 'BABY'
                                          │
          TENSE       PAST                │
          PRED        'SEE<(↑SUBJ)(↑OBJ)>'│
          OBJ         ────────────────────┘
```

每一对方括号都表示一个功能结构，可以看出， 这个功能结构还包含了四个功能结构。由于功能结构由特征和值组成，而每一个特征都只能有一个值，这正好是数学上函数的定义，因此，坎普伦和布雷斯南是这么定义功能结构的 (Kaplan & Bresnan，1982：8)：“一个功能结构就是表达句子中语法功能的一个数学函数。”也就是说，功能结构和函数是一回事。有时候把功能结构看作函数，表述起来也比较方便[3]。功能结构由语法功能（或称语法关系）的名称、语义形式和特征符号组成。

这个功能结构中的特征“PRED (述谓)”的值可分为像 (28a) 和 (28b) 这两种情况。

(28) a. ‘WONDER < (↑ SUBJ) (↑ SCOMP)>’
b. ‘GIRL’

(28a) 是句子的语义形式。它来自词库的词条，表现为谓词－论元结构。整个功能结构中的其他部分都是对它作进一步的说明，其中的论元还需要跟语义角色 (或称题元角色) 衔接起来。因此它是决定句子语义解释的。当然，功能结构不等于逻辑公式，要作语义解释还需要把它翻译成某种逻辑公式。(28b) 这个语义形式不是一个谓词－论元结构，它表述论域中的个体。

(31) 是成分结构（省略了不相关的部分），是由 (29) 中的短语结构规则和 (30) 中的词条生成的。

(29) a. VP → V S-bar
(↑ SCOMP) = ↓
b. S-bar → NP S
(↑ Q. FOCUS) = ↓ ↑ = ↓
↓ = ⇓
c. S → NP VP
(↑ SUB) = ↓ ↑ = ↓
d. NP → (Det) N
e. NP → *e*
↑ = ⇑
f. VP→ V NP
(↑ OBJ)

3 讨论形式语言时，我们用的是“生成”这一概念；在讨论自动机时使用的则是“接受”这个术语。形式语言与自动机是可以相互转换的。

(30) *who*: N (↑PRED) = ‘WHO’
the: Det (↑SPEC) = THE
baby: N (↑NUM) = SG
(↑PRED) = ‘BABY’
saw: V (↑TENSE) = PAST
(↑PRED) = ‘SEE < (↑SUB) (↑OBJ) >’

(31)

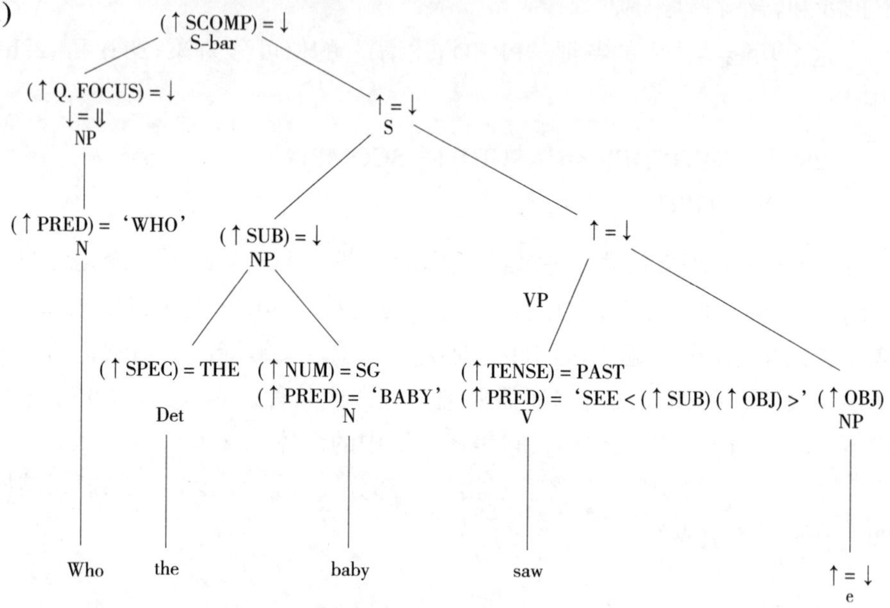

(29) 中的附着在树节上的像“(↑SUB) = ↓”这样的等式叫做图式。箭头“↑”和“↓”是元变元 (metavariable)，表示上下的直接支配关系。直观地说，这个图式说的是“我母亲的功能结构中的主语是我的功能结构”。箭头“⇑”和“⇓”也是元变元。所不同的是，它们表达的是非直接的但是有界的支配关系，它们可以跨越树节，“⇓”出现在路径的上端，是控制成分，“⇑”出现在路径的下端，是被控制成分。不消多说，它们是描写长距离成分之间依赖关系的机制。这些元变元都是根据短语结构规则和词条中的图式放入到树图的。

词汇—功能语法还要在树图中引入另一类变元，分别叫做“↓—变元”和“⇓—变元”，生成树图 (32)。

(32)

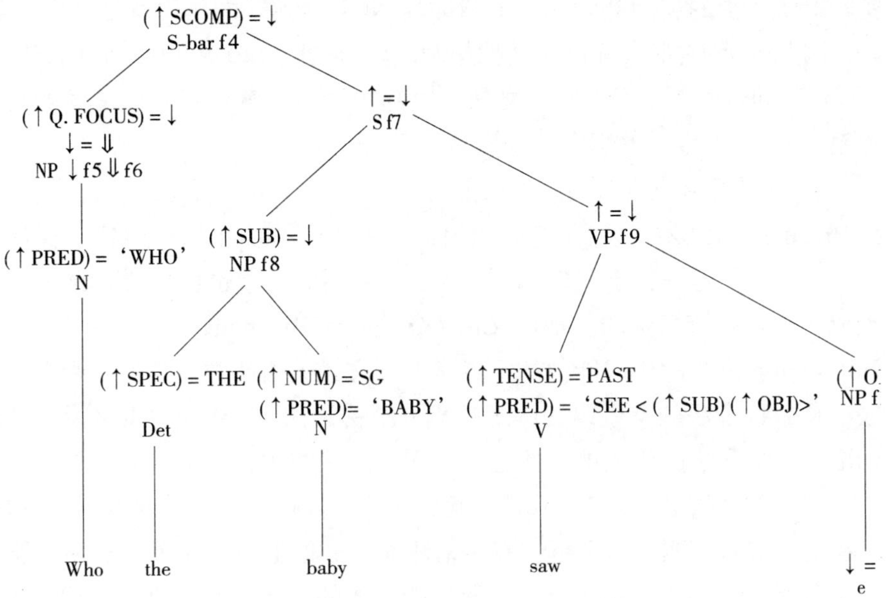

可以看出，这类变元就是函数“f”。“↓—变元”替换的是所在树节的“↓”元变元和与之对应的在女儿树节的所有的“↑”元变元。“⇓—变元”的作用跟“↓—变元”是一样的，只不过与替换的“⇑”元变元相隔较远而已，如 (32) 中的“⇓”元变元就出现在树图的最右端。

词汇—功能语法还提供一组函数说明 (f-description)[4]。以下是有关该树图中的函数描写说明 (Kaplan & Bresnan，1982：60)：

(33) a. (f_4 Q. FOCUS) = f_5

b. $f_5 = f_6$

c. (f_5 PRED) = ‘WHO’

d. (f_9 OBJ) = f_{10}

e. $f_{10} = f_6$

(33a) 中的“f_4”是整个小句 (S-bar) 的函数，它应用到特征“Q. FOCUS”(问句的焦点)，即由“who”组成的“NP”，得出的值是“f_5”，它仍然是一个函数。当这个函数应用到特征“PRED”时，才得出它的值“WHO”，这就是 (33c)。为了区分“↓—变元”和“⇓—变元”，所以分别用了 f_5 和 f_6 表示，但

4 “functiong”这个词在英语中有两种意义：功能和函数。“f-description”译成“函数描写”比译成“功能描写”要好，比如在下面这个演算中反“f”看作“功能”就很糟糕：（$f_4(f_7(f_9(OBJ))) = f_{10}$。因为这是一个数学题。

实际上是等价的，因此就有了 (34b)。“⇓—变元”的作用就是替换“⇓” 元变元，因此 f_{10} 必须跟 f_6 等价，这就是 (33e)。通过 (33b) 和 (33e) 我们就在控制成分 “who”和被控制成分 “e”之间建立起了联系，解释了它们之间的长距离依赖关系。

有关词汇—功能语法的生成能力，坎普伦和布雷斯南是这么估计的 (Kaplan & Bresnan，1982：85)：“对于任何一种词汇—功能语法“G”、任何一个符列“s”，“s”是否属于“G”的语言是可判断的。”也就是说，词汇—功能语法生成的语言是有算法的。他们又说 (Kaplan & Bresnan，1982：86)：“很显然，词汇—功能语法的生成能力的下界是上下文无关语法类。任何一种上下文无关语法都是一种合法的不带语法图式的成分结构语法。”在同一页又说：“事实上，词汇—功能语法的生成能力比上下文无关语法类大，因为它允许语法生成已知不是上下文无关的语言。‘$a^n b^n c^n$’就是这种语言中的经典性的例子。”这种语言我们在第 2 节中证明过，上下文有关语法能生成但上下文无关语法则不能。

但是，实际上，词汇—功能语法能生成的上下文有关语言比预期的还要多。比如，我们完全可以构造（34）这样一种词汇—功能语法 (Berwick 1987：5)。

(34) a. A → A A
(↑f)=↓ (↑f)=↓

b. A → a
(↑f)=1

如果规定每个部分树图上的非终端的A的扩展数是相等的，那么这就会生成如下长度的符列：{0，1，2，4，8, 16 …}。这就意味着，词汇—功能语法能跨越任意多的结构层次的语段核查相等的成分，而这样一种人类自然语言是不存在的。这种语言，管辖—约束理论是不会生成的，因为管辖—约束理论需要核查的只是主谓的一致性以及移位后的词语和空范畴是否同标，而移位也是受到严格控制的，必须从一个循环进入另一个循环。因此，管辖—约束理论能生成的语言集只是词汇—功能语法能生成的语言的子集。

我们在第 2.4 节说到，绝大多数语言学家估计人类自然语言处于上下文无关语言集和上下文有关语言集之间并靠近上下文无关语言集一侧。从上面的讨论，我们已经了解到，虽然词汇—功能语法既能生成上下文无关语言又能生成上下文有关语言，但这并不等于说它生成了介于二者之间的靠近上下文无关语言一侧的语言集。它具有生成上下文有关语言的能力说明它已经超出了生成人类自然语言的实际需要。虽然上下文有关语言跟上下文无关语言一样是有算法的，但是从计算上来说，生成上下文有关语言比生成上下文无关语言复杂得多。

4. 结论

从上面的讨论中可以看出，如果以“可判断性”或“计算的复杂性”作为标准的话，自乔姆斯基发动革命以来生成语法学派提出的一些语言理论，包括管辖–约束理论、广义短语结构语法和词汇–功能语法，都是有缺陷的。如果应用这样的模型，我们也是无法解释儿童是如何学会语言的。这倒不是说这些语言理论没有可取之处，事实上，它们从不同的角度大大深化了我们对人类自然语言结构的认识。虽然这些语言理论都不是真理，但都在逼近真理。

为了适合于构造人类自然语言理论，语言学家又致力于研究一些约西 (A. Joshi) 称之为“适度的上下文有关语言”。他们提出的形式语法有带标语法 (Indexed Grammar)、树图嫁接语法 (Tree Adjoining Grammar)、中心语语法 (Head Grammar)、范畴语法 (Categorial Grammar) 等 (参见 Partee et al.，1990: 535-553)。作为人类自然语言理论的数学模型，这些形式语法跟我们在第 2 节中讨论的肯定要合适得多。即便它们能生成“适度的上下文有关语言”，比如有些范畴语法确实如此，有一个问题仍需解决：人类自然语言集在外延上不可能跟“适度的上下文有关语言集”相等，前者只是后者的一个真子集，那么人类自然语言的区别性特征是什么？虽然“可判断性”或“计算的复杂性”是衡量语言理论优劣的重要标准，但不是唯一的标准。

参考文献

Abbott, B. (1986). Review of D. T. Langendoen and P. M. Postal, *The vastness of atural languages*. *Language* 62, 154-157.

Ades, A. E., & Steedman, M. J. (1982). On the order of words. *Linguistics and Philosophy* 4, 517-558.

Bach, E. (1974). *Syntactic theory*. New York: Holt, Rinehart & Winston.

Benthem, J., & Meulen, A. (eds.). (1997). *Handbook of logic and language*. Amsterdam: Elsevier.

Berwick R. C. (1987). Computational complexity, mathematical linguistics and linguistic theory. In A. Manaster-Ramer (ed.) (1987), *Mathematics of language* (pp. 1-17). Amsterdam: John Benjamins Publishing Company.

Berwick, R. C., & Weinberg, A. S. (1984). *The grammatical basis of linguistic performance*. Cambridge: MIT Press.

Bresnan, J. (ed.). (1982). *The mental representation of grammatical relations*. Cambridge: MIT Press.

Buszkowski, W. (1988). Generative power of categorial grammars. In R. T. Oehrle, E. Bach, & D. Wheeler (eds.), *Categorial grammars and natural language structures* (pp. 69-94). Dordrecht: Reidel.

Buszkowski, W., Marciszewski, W., & Benthem, J. van (eds.). (1988). *Categorial grammar*. Amsterdam: Benjamins.

Chomsky, N. (1956). Three models for the description of language. *I. R. E. Transaction on Information Theory* 2, 113-124.

Chomksy, N. (1957). *Syntactic structures*. Mouton: the Hague.

Chomsky, N. (1963). Formal properties of grammars. In R. D. Luce, R. Bush, & E. Galanter (eds.), *Handbook of mathematical psychology* (Vol. 2, pp. 323-418). New York: Wiley.

Chomsky, N. (1965). *Aspects of the theory of syntax*. Cambridge: MIT Press.

Chomsky, N. (1970). Remarks on nominalization. In D. J. Napoll, & E. N. Rando (eds.) (1979), *Syntactic argumentation* (pp. 136-183). Washington: Georgetown University Press.

Chomsky, N. (1980). *Rules and representations*. New York: Columbia University Press.

Chomsky, N. (1981). *Lectures on government and binding*. Dordrecht: Foris

Chomsky, N. (1986a). *Knowledge of language: Its nature, origin and use*. New York: Praeger.

Chomsky, N. (1986b). *Barrier*. Cambridge: MIT Press.

Chomsky, N. (1995). *The minimalist program*. Cambridge: MIT Press.

Chomsky, N. (2000). Minimalist inquires: The framework. In D. Michaels, & J. Uriagerka (eds.) (2000), *Step by step: Essays on minimalist syntax in honor of Howard Lasnik*. Cambridge: MIT Press.

Chomsky, N., & Miller, G. A. (1963). Introduction to the formal analysis of natural languages. In R. D. Luce, R. R. Bush, & E. Galanter (eds.) (1963), *Handbook of mathematical psychology* (Vol. 2, pp. 269-321). New York: John Wiley & Sons.

Dowty, D. (1988). Type raising, functional composition, and non-constituent conjunction. In R. T. Oehrle, E. Bach, & D. Wheeler (eds.), *Categorial grammars and natural language structures* (pp. 153-197). Dordrecht: Reidel.

Dowty, D., Wall, R., & Peters., S. (1981). *Introduction to Montague semantics*. Dordrecht: Reidel.

Gazdar, G. (1981). Unbounded dependencies and coordinate structure. *Linguistic Inquiry* 12, 155-84.

Gazdar, G. (1982). Phrase structure grammar. In P. Jacobson, & G. K. Pullum (eds.), *The nature of syntactic representation* (pp. 131-186). Dordrecht: Reidel.

Gazdar, E., Klein, E., Pullum, G., & Sag, I. (1982). Coordinate structure and unbounded dependencies. draft material from their 1985 book.

Gazdar, E., Klein, E., Pullum, G., & Sag, I. (1985). *Generalized phrase structure grammar*. Cambridge: Harvard University Press.

Grose, M., & Lentin, A. (1970). *Introduction to formal grammars*. New York, Heidelberg, and Berlin: Springer-Verlag. Translation of *Notions sur les grammaires formelles*. (1967). Paris: Gauthier-Villars.

Jacobson, P., & Pullum, G. K. (eds.). (1982). *The nature of syntactic representation*. Amsterdam: Reidel.

Kaplan, R. M., & Bresnan, J. W. (1982). Lexical-functional grammar: A formal system for grammatical representation. In J. W. Bresnan (ed.), *The mental representation of grammatical relations* (pp. 173-281). Cambridge: MIT Press.

Karttunen, L. (1989). Radical lexicalism. In M. R. Baltin, & A. S. Kroch (eds.), *Alternative conceptions of phrase structure* (pp. 43-65.). Chicago: University of Chicago Press.

Lambek, J. (1958). The mathematics of sentence structure. *American Mathematical Monthly* 65, 154-70; reprinted in W. Buszkowski, W. Marciszewski, & J. van Benthem (eds.) (1988) , *Categorial grammar*. Amsterdam: Benjamins.

Langendoen, D. T., & Postal, P. M. (1984). *The vastness of natural languages*. Oxford: Basil Blackwell.

Oehrle, R., Bach, T. E., & Wheeler, D. (eds.) (1988). *Categorial grammars and natural language structures*. Dordrecht: Reidel.

Ouhalla, J. (1999). *Introducing transformational grammar: From principles and parameters to minimalism* (Second Edition). London: Edward Arnold (Publishers) Limited.

Partee, B. H. (1978). *Fundamentals of mathematics for linguistics*. Dordrecht: Reidel.

Partee, B. H., ter Meulen, A., & Wall, R. E. (1990). *Mathematical methods in linguistics*. Dordrecht: Kluwer Academic Publishers.

Peters, S., & Ritchie, R. (1973). On the generative power of transformational grammars. *Information Sciences* 6, 49-83.

Pollard, P., & Sag, I. (1994). *Head-driven phrase structure grammar*. Chicago: Univessity of Chicago Press.

Pullum, G. K., & Gazdar, G. (1982) Natural languages and context-free languages. *Linguistics and Philosophy* 4, 471-504.

Ristad, E. S. (1987). Sources of intractability in GPSG theory. In A. Manaster-Ramer (ed.), *Mathematics of language* (pp. 277-292). Amsterdam: John Nenjamins Publishing Company.

Rounds, W. C., Manaster-Ramer, A., & Friedman, J. (1987). Finding natural languages a home in formal language theory. In A. Manaster-Ramer (ed.), *Mathematics of language* (pp. 349-359). Amsterdam: John Benjamins Publishing Company.

Shieber, S. M. (1985). Evidence against the context-freeness of natural language. *Linguistics and Philosophy* 8, 333-343.

Steedman, M. (1985). Dependency and coordination in the grammar of Dutch and English. *Language* 6, 523-568.

Steedman, M. (1988). Combinators and grammars. In R. T. Oehrle, E. Bach & D. Wheeler (eds.), *Categorial grammars and natural language structures* (pp. 417-442). Dordrecht: Reidel.

Wood, M. M. (1993). *Categorial grammars*. London and New York: Routledge.

Wall, R. E. (1972). *Introduction to mathematical linguistics*. Englewood Gliffs: Prentice-Hall.

“这本书的出版”的结构分析及相关的理论问题

方立、王欣、刘丽萍

1. 两种分析

最近几年来，司富珍 (2002；2004) 和熊仲儒 (2001；2005) 对下面的 (1) 提出了不同于传统的分析。司富珍 (2002；2004) 认为其中的“的”是标句词 (complementizer)，是中心语 (head)；熊仲儒 (2005) 则认为它是限定词 (determiner)，是中心语。本文认为，这两种分析都是可能的分析。

1.1 “的”是标句词的分析

(1) 这本书的出版

把“的”看作标句词或中心语并认为它具有名词特征，即 [+N]，需要论证句 (2) (转引自 Soames & Perlmutter (1979：547)) 中的 that 是否具有 [+N] 的句法范畴特征，因为标句词这一句法范畴是在生成语法的发展过程中提出的 (Bresnan，1970)：

(2) Everyone believes that Tom is guilty.

其结构分析是：

(3)

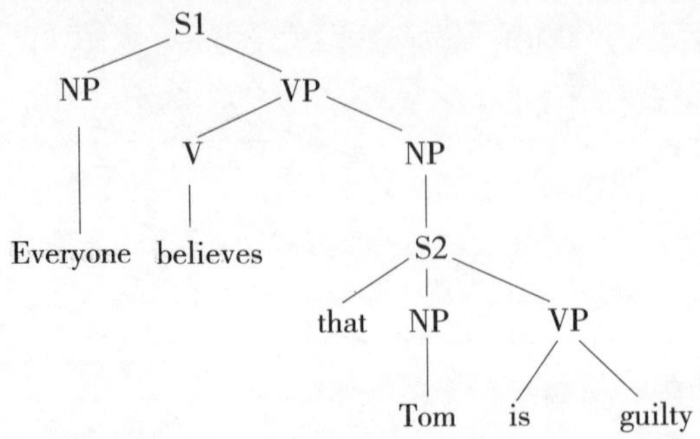

Soames & Perlmutter (1979：548) 认为在这个树图中由 that 引起的句子，即 (4)，是 NP：

(4) that Tom is guilty

当时一些有影响的转换—生成语法导论书，比如Akmajian & Heny (1975) 和 Culicover (1982)，也都把 (4) 看作是 NP。范畴语法学家 Bar-Hillel 把 that 的句法范畴看作是 N/[S]（转引自Wood (1993：52)），意思是说这个句法范畴需要一个句子才能生成一个名词。虽然所有这些假设都认为 (4) 是名词短语或名词，由此我们还不能直接推出 that 具有 [+N] 的特征。

生成语法内部在诸多问题上有分歧，但对 X 杠句法学是普遍采用的。X 杠句法学的一个基本思想是，每个短语 (句子也是短语) 都有一个中心语，中心语的核心特征 (HEAD) 或称中心特征决定了短语的核心特征。关于中心语与短语之间的关系，不同的理论有不同的表述。广义短语结构语法 (Generalized Phrase Structure Grammar，简称 GPSG) 是这么表述的：

(5) {<N, α>, <V, β>, <BAR, m>}→ … {<N, α>, <V, β>, <BAR, n>}, …

在这样一种形式规则中，{<N, α>, <V, β>, <BAR, n>} 是 {<N, α>, <V, β>, <BAR, m>} 的中心语，其中 n ≤ m (有时 n < m)。

在GPSG中，句法范畴不是最小的单位，它由特征说明 (feature specifications) 来定义，因此一个句法范畴就是一个特征说明集，具体地说，是一个由特征和值组成的有序二元组组成的集合。这种分析可以追溯到 Chomsky (1965；1970)。不难看出，中心语与它的母亲节点在核心特征说明上是一致的，也即在 <N, α> 和 <V, β> 上同一。可能的差别在于杠 (BAR) 的取值。这就是GPSG中的核心特征规则 (Head Feature Convention) 和中心语驱动短语结构语法 (Head-Driven Phrase Structure Grammar，简称 HPSG) 中的核心特征原则 (Head Feature Principle，参见

Pollard & Sag 1994: 34；Sag & Wasow 1999：63) 的精神。按照 GPSG，(4) 应分析如下：

(6)

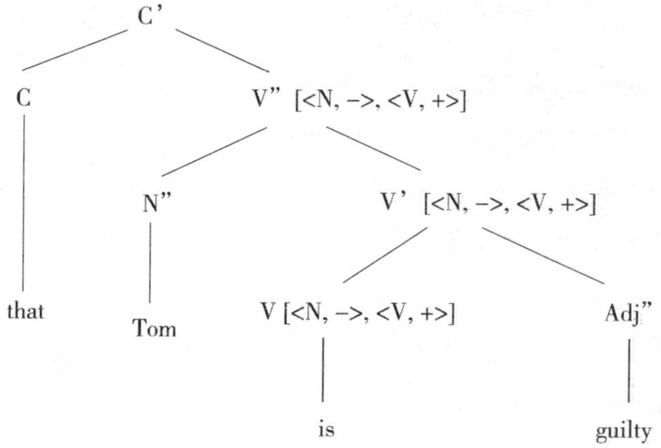

从下往上看，is 是中心语，is guilty 是母亲节点，它们的核心特征是一致的，都是[<N, –>, <V, +>]；在更高层次上，is guilty 是中心语，Tom is guilty，即 (7)，是母亲节点，它们在核心特征上也是一致的。在这样一些语言理论里，像"句子"这样一种句法单位所表现出的离心结构是不存在的。

(7) Tom is guilty.

把 (7) 看作只具有动词特征而不具有名词特征应该是可以接受的，因为我们是通过动词的形式确定句子是有定的还是无定的。现在的问题是：C' 应带什么样的特征？要回答这个问题，我们需回答 (4) 的中心语是什么。其实，只有两种选择：要么 (7) 是中心语，要么 that 是中心语。Chomsky（1986a：161）选择后者，HPSG 的奠基人 Pollard & Sag（1994：45）选择前者，他们认为 that 只是一个标记词 (marker)。理由是，如果 that 是中心语，就不太好说明 (8) 用 leave，而不用 leaves (1994：44)：

(8) I demand that he leave/*leaves immediately.

"*" 表示句子不可接受。他们认为如果把 he leave immediately 看作是中心语，问题就很容易处理：that he leave immediately 具有核心特征 S[bse]，这个核心特征在更高层次上也是中心语 demand 的核心特征，这就非常符合核心特征原则。不过 Pollard & Sag 也承认，虽然 that 不是中心语，但也很像中心语，跟标句词 for一样，也有选择补语的作用，即 that 选择 S [fin ∨ bse]，而 for 选择 S[inf][1]。

1 近期的 HPSG 已选择 that 为中心语（参见 Sag & Wasow，1999：259）。

问题是，如果 (7) 是中心语，那么 (4) 也具有同样的核心特征 <N, –> 和 <V, +>。如此一来，(4) 与 (7) 在本质上根本不存在区别。但是，二者的区别却十分明显。首先，(4) 没有独立性，但 (7) 是个完整的句子。其次，(4) 可做主语，(7) 却不可：

(9) That Tom is guilty is believed by everyone.

(10) *Tom is guilty is believed by everyone.

这就说明，只有动词特征而没有名词特征的短语 (句子也是短语) 是不可以做主语的。这也正如我们在上面所看到的为什么许多语言学家把 (4) 分析为名词短语的理由。

下面的语言事实进一步说明 (4) 不具有动词特征：

(11) It is believed by everyone that Tom is guilty.

It 和 (4) 同指。既然 It 是名词或名词短语，(4) 必定具有名词特征。因此，HPSG 提出的像(7)这样的句法单位是中心语的假设虽然解决了一些问题，但同时也带来了一些新的问题。假定 Chomsky 的假设是成立的，那么 (4) 的名词特征来自哪里？如果它不来自 (7)，也只能来自that。 或许有些读者会说，这一论证有点不自然，生成语法用“映射”(mapping) 和“渗透”(percolation) 说明中心语与它的更大结构在核心特征上的同一性。映射和渗透都是自下向上的，而我们的论证是自上而下的推理，但是规则或原则也可以看作是制约条件，也就是说它们是静态的、无方向性的。

有了这些准备，我们再来比较 (1) 和 (12)：

(12) 这本书出版了。

(1) 和 (12) 具有跟 (4) 和 (7) 类似的对立，(12) 是独立句，(1) 不是。下面的例子说明 (1) 可做主语，(12) 则不可：

(13) 这本书的出版震惊了每个人。

(14) *这本书出版了震惊了每个人。

因此，把 (1) 中的“的”处理成标句词或中心语，并认为它具有 [+N] 的特征应该是成立的。

把“的”处理成标句词可以避免动词名物化的说法，我们可以说 (1) 中的“出版”是动词而不是名词。那么可不可以把“出版”看作名词？名词化 (nominalization) 或称名物化，这个术语现在用得很普遍。在早期的转换—生成语法里是指 (16) 和 (17) 中的结构 (Chomsky，1970)：

(15) The enemy destroyed the city.

(16) the enemy's destruction of the city

(17) the destruction of the city by the enemy

早期的转换—生成语法 (Chomsky，1957；1965) 中的转换部分负担很重，既要说明句子的生成问题，又要解决句子的歧义、同义等问题。根据“转换保持意义”的假设，(16) 和 (17) 表达的命题跟 (15) 是同一的，因此一种处理办法是通过转换生成。但是 (17) 的能产性比较差，不是所有句子都可以有 (17) 这样的名词性短语结构。另外，用“转换”这一手段从（15）生成 (16) 和 (17) 也很复杂。以 (17) 为例，它涉及“主语移位”、“of 插入”等。另一种处理办法是由语法的基础部分生成，即由词库和上下文无关语法生成。虽然这两种处理办法究竟哪一种更好些是个经验的问题，但是转换—生成语法的标准理论 (Chomsky，1965) 的生成能力已被证明过于强大，限制“转换”的生成力量已是刻不容缓，因此 Chomsky (1970) 明显倾向于 (16) 和 (17) 由语法的基础部分生成。虽然四十年的时间过去了，相关的争论已经远离我们而去，但是语言事实依然存在，对它们的探索或许有利于我们处理汉语中的相关问题。(16)、(17) 与(15) 之间的对立和 (12) 与 (1) 有惊人的一致。不妨把 (13)、(14) 与 (18)、(19) 和 (20) 作一比较：

(18) *The enemy destroyed the city surprised everyone.

(19) The enemy's destruction of the city surprised everyone.

(20) The destruction of the city by the enemy surprised everyone.

主要的差别在于 (12) 和 (1) 用的“出版”在形态上是相同的，暂且假定它们是动词，而 (15) 用动词 destroyed，(16) 和 (17) 则用名词 destruction。如果把 (1) 看作是类似于 (16) 和 (17) 这样的名词性短语，虽然不改变“的”的中心语地位，但是我们需要把“出版”分析为名词，同时也须把 (21) 中的“走”和 (22) 中的“到来”分析为名词：

(21) 她的走

(22) 春天的到来

我们有时候不太好接受“出版”、“走”、“到来”也可以做名词，主要因为汉语几乎没有形态变化，常常从词类的意义确定词的句法范畴。本文同意郭锐 (2000) 的分析，认为跟英语不一样，汉语句法层面在确定词的句法范畴时也起作用。把“出版”看作动词也并不是完全没有问题。正如熊仲儒 (2001：2005) 所说，(23) 是一个错误的句子：

(23) *这本书的出版了。

熊仲儒提供的语言事实又一次说明，转换–生成语法标准理论中“转换保持意义”的假设是不成立的。可以看出，(15) 与 (16)、(17) 表达的命题实际上是有区别的。(15) 描述的是一个过去发生的事件，但 (16) 和 (17) 不是，它们描述的是一个跟时间没有关系的事件，这个事件的发生与否要由句子的谓语部分去说明。这个对立也存在于 (12)和 (1)。(12) 描述的是一个已发生的事件，但 (1) 不是，因此加“了”是矛盾的。它需要由谓语去说明事件是否已经发生，如 (13) 告诉我们 (1) 已发生，而 (24) 告诉我们 (1) 还没有发生：

(24) 这本书的出版会震惊每个人。

这当然不能说名词性短语描述的都是跟时间没有关系的事件，非得由句子的谓语说明事件发生与否。正如熊仲儒指出的 (p. c.)，“张三的曾在美国留学让家里人至今引以为荣”中的“张三的曾在美国留学”表示的就是一个已经发生的事件，这无疑是正确的。不过虽然句子和名词性短语都可以表示事件，在许多情况下，名词性短语跟一个完整的句子相比总是会失去一些信息，这或许是名词性短语能产性不强的一个原因吧。

考虑到汉语的实际情况，本文认为把 (1) 中的“的”处理为标句词是一种可行的方案，当然不是唯一的方案。

1.2“的”是限定词的分析

熊仲儒 (2005) 根据 X 杠理论和最简方案论证了“的”是限定语，也是中心语，(1) 是它的最大投射。本文在这里再作些补充。

熊仲儒（2005）把“的”看作限定词，根据 Radford (1997)，它的句法范畴是 {<N, +>, <V, +>, <F, +>}。可以看出，作为限定词的“的”也具有特征 [+N]。

中心语有选择补语的作用。“的”也一样，它选择的是像“出版”这样的句法范畴。熊仲儒 (2005) 和司富珍 (2002) 在处理“出版”的句法范畴上没有分歧。分歧在于前者认为“的”是 D，D 选择 nP；后者认为“的”是 C，C 选择 TP。

“的出版”是否是一个成分 (constituent)，或者说是否是一个句法单位？熊仲儒 (2005) 转引自张谊生 (2000) 已经提供了一定的语言事实，说明了它是一个成分。这是经验上的论证。从理论上说，句法学独立于音系学 (Pullum & Zwicky，1986a；1986b)，因此读音事实不是句法论证的根据。下面是 (16)在最简方案框架中的句法结构分析 (类似结构的分析参见 Haegeman (2006： 230))：

(25) [$_{FP}$ the enemy [$_{F'}$ [$_{F}$ ’s][destruction of the city]]]

当然，在自然的语流中，我们听到的’s依附在enemy之后，而不是在 destruction 之前，但这是句法分析后形态学介入的结果 (详细分析参见Zwicky (1990))。同理，(1) 中的“的”在读音时依附于“这本书”是形态学介入的结果。因此“的出版”是一个句法单位，在理论上也是成立的。

2. 本文的分析

本文同意司富珍 (2002) 关于“的”是标句词和中心语的假设，也同意熊仲儒 (2005) 关于“的”是限定词的假设。但分析的理论稍有不同，司富珍和熊仲儒采用的是 Chomsky 的理论，而本文将采用范畴语法 (Categorial Grammar，简称CG) 和类型逻辑语法 (Type-Logical Grammar，简称TLG)。这样做的目的，一是为了说明当代一些主要的语言理论在功能词“的”的处理上基本一致，二是为了试图用一种简便的方式证明陆俭明 (2003：231) 的分析是可行的，即：本文正在讨论的结构“是由结构助词‘的’插入一个‘NP+VP’的主谓结构的中间所构成的”。

CG 的思想可追溯至 Frege 和 Husserl，经波兰逻辑学家 Lesniewski 和 Ajdukiewicz 的工作 CG 具备了雏形，兰贝克演算 (Lambek calculus) 使之成为一个公理化的句法演算系统，Bar-Hillel 第一次使用“范畴语法”这个名称，并把发展了的 CG 大规模地用于自然语言的句法生成，M. Steedman 及其同事的工作使 CG 引起了语言学家的广泛关注，语言学家 E. Bach、D. Dowty 等在应用 CG 于自然语言句法研究方面做了重要工作 (Casadio，1988)。之后 CG 经人工智能学家、逻辑学家和语言学家的共同努力日益完善。

类型逻辑语法 (TLG)，又称类型逻辑语义学，用 CG 生成句子语形，用高阶内涵逻辑间接生成句子的意义，TLG 里的 CG 是一个非常发达的句法范畴的逻辑推演系统。由于 CG 可同时服务于信息处理、逻辑学和语言学的多种研究要求，产生了众多的派别以及因此而带来的多种符号表达法，这在一定程度上造成了不便 (方立，2003)。我们在下文的讨论里除非必须，只涉及各派 CG 都采用的核心内容，符号表达法则不求统一，必要时作简单说明。

(1) 在CG中可以按 (26) 的方式生成，囿于篇幅，不分析“这本书”的内部结构，假定它是 NP 范畴表达式。S’是 Steedman 所采用的初始范畴符号，表示that从句：

（26） 的 这本书 出版

S'/S NP NP\S BA

这本书出版

S 内包

这本书的出版

S'

BA 代表逆向函数应用 (backward application) 的句法规则。“出版”的句法范畴是 NP\S。斜线表示组合的方向，S'/S 意思是需要跟右侧的一个句子组合才能生成一个从句式的句子，NP\S 意思是需要跟左侧的一个名词短语组合才能成句。顺便提一下“的”的语义问题，它的语义类是 <t, t>，可翻译为 λ p. p，这是一个从真值到真值的函数：它把真值 1 映射到 1，把假值 0 映射到 0，这就是“的”的意义。我们常说“的”是结构助词，它的意义很虚，这些 CG 也都作了确切的回答。

内包操作 (wrapping) 在 CG 中是用来生成非连续结构的，在 (26) 中它以“的”和“这本书出版”这两个论元作为输入，输出就是“这本书的出版”。由于英语中存在较多非连续现象，比如像 promise 和 persuade 等控制动词 (control verb) 和一些固定表达式 (比如 hammer the metal flat) 的句法生成问题， Bach (1980；1984) 和 Dowty (1997) 等主张增加内包的句法操作。Gaifman 在1959年证明 CG 与上下文无关语法 (context-free grammar) 弱生成能力相等 (Bar-Hillel，1964：103)，而内包操作是上下文有关的 (context-sensitive)。根据乔姆斯基级阶 (Chomskian Hierarchy) (方立，1997：299-301)，上下文有关语法的生成能力大于上下文无关语法，后者生成的语言是前者生成语言的子集。自然语言的生成能力是有争议的问题，本文根据 Pullum & Gazdar (1982)，假设自然语言的生成能力是上下文无关的。

事实上要生成“这本书的出版”也可以不采用内包操作，(27) 是 TLG 的处理方法：

（27） 这本书 D 的 Lx 出版 Lx

ι (书)：np $\lambda P\,\lambda x.\,P(x)$: $np\backslash s_c/(np\backslash s)$ 出版：np\s /E

λx. 出版 (x) : np\sc \E

出版 (ι (书)):s_c

“/E”和“\E”分别是顺向斜线消去规则和逆向斜线消去规则。TLG 借鉴 GPSG 的思想，认为英语标句词 that 是特征标记，把它的句法范畴定为 s_c/s (Carpenter，1997：429)，s_c 和 np、n 和 s 一样都是基本句法范畴 (base category)，在外延逻辑中其语义类是**Bool**。类似地，我们可以把标句词“的”的句法范畴分析为 np\\s_c/(np\s)，其语义类是 (**Ind→Bool**) →**Ind→Bool**，翻译式是 λPλx. P (x)，这是一个恒等函数，它把一个特征映射到其自身。

熊仲儒 (2005)关于“的”是限定词的假设，CG 可以分析如下：

(28)　这本书　　的　　出版

NP　　NP\NP/(NP\S)　　NP\S　FA

的出版

NP\NP　BA

这本书的出版

NP

FA 是顺向函数应用规则 (forward application) 的简写。“的”范畴是 NP\NP/ (NP\S)。该范畴说的是它需要跟右侧的一个 NP\S 组成一个 NP\NP，然后再跟左侧的一个 NP 组成一个新的 NP。“的出版”也是有句法范畴的，它就是 NP\NP，说明它也是一种句法单位。功能性范畴选择实质性范畴，“的”作为功能词在 CG 中表达得很充分。

事实上，如果我们采用 TLG 进行句法和语义的并行推演，就会发现必须把“这本书”的范畴由 np 提升为 np⇑s，否则无法生成正确的语义解释。在 TLG 里类提升的句法演算和设域算子⇑ (scoping operator) 作用相当，“从逻辑学的角度看，类提升即是设域算子的合理的证明规则”(Carpenter，1997：228)。所谓证明规则 (rule of proof) 就是范畴推演规则。下面是推演过程：

(29)　这本书　D　　的　Lx　出版　Lx

ι（书）：np　⇑I　λp λ℘λQ.Q (℘(P)): np⇑s\np⇑s/ (np\s)　　出版：np\s　/E

λP.P (ι 书)：　np⇑s　　λ℘λ Q.Q (℘(出版)): np　⇑s\np ⇑s　\E

λ Q.Q (出版 (ι (书))): np⇑s

我们把 (27) 称为分析一，把 (29) 称为分析二。至于这两种分析哪一种更好，就“这本书的出版”一类“N 的 V”结构而言，如果采用分析一，则意味着词库更为复杂，比如既可以 np 表达式为主语又可以“这本书的出版”一类表达式为主语的不及物动词就必须同时具有 np\s 和 s_c\s 两个范畴，并因此在词库里有两个不同的词条。再比如及物动词，因为“这本书的出版”一类表达式还可以做宾语，这样一个及物动词在词库里就至少有四个词条，而分析二的句法推演和语义计算比分析一更复杂。另一方面，分析二可以统一生成“N的V”和“N的N”的结构，尽管其语义如何推演还有赖于进一步的研究。

3. 句法范畴

在 1.1 小节中，本文说到在 GPSG 中句法范畴已不再是基本概念，也就是说，它们是派生概念，可由一些特征说明组成的集合定义。因此 (6) 中的 is 可用如下方式定义：

(30) {<V, +>, <N, −>, <BAR, 0>, <VFORM, FIN>, <PAST, −>}

用特征说明定义一个词及短语的句法范畴至少有两个目的：一是细分。was和is都是动词，区别是前者是过去时形式，后者是现在时形式，这就要求二者在定义上有所不同。(31) 是was的定义：

(31) {<V, +>, <N, −>, <BAR, 0>, < VFORM, FIN>, <PAST, +>}

二是取得最大的概括。如英语中的形容词 happy 和动词 think 都可以带小句，如果不计它们的差别，可把它们的句法范畴确定为 [+V]。

一个词或短语的句法范畴究竟应当包含哪些内容，不同理论有不同的认识。从 (5)、(30) 和 (31) 可以看出，在 GPSG 中 BAR (杠) 也是一种可用于定义词或短语句法范畴的特征，但在管约论和最简方案中BAR从来不是一个特征。现在，我们不妨回过头来再看看 TLG 对 (29) 中的“的”指派的句法范畴 np$\Uparrow$s\np$\Uparrow$s/(np\s)。从上面的分析中可以看到，这个范畴实质上包含了一些句法信息，其中包括“的”选择的从属语的句法范畴以及中心语与从属语的组合方式。总括起来，也就是说，人们对句法范畴这个概念的认识已经发生了很大的变化。

4. 理论与分析

4.1 理论与假设

理论是建立在一定数量的假设之上的。欧几里德几何学中有几条公理，其中的一条是平行性公设，即一个直线上方的一点只能建一条直线跟它平行，所谓“平行”就是永远不相交。原来人们的观念是公理是真的，至少在直觉上应该为真。由于这个平行性公设在直觉上为真不太明显，于是一些数学家试图用归谬法证明这个假设是真的。归谬法的论证是这样的：首先假设某个命题是假的，如果证明的结果跟这个假设相矛盾，那么这个命题是真的。也就是说，用归谬法证明平行性公设可以假设一个直线上方的一点能建多条直线跟它平行。但这一证明并没有带来数学家所预期的相矛盾的结果，却发现这个反证的假设跟其他的公理也很一致，这就产生了第一门非欧几里德几何学。非欧几里德几何学的诞生并没有否定欧几里德几何学。但是这一发现却引起了人们观念上的一次革命，并产生了“模型”这个重要概念，即人们不再去证明某个假设是否是绝对的真，重要的是要知道它真在什么地方。就欧几里德的平行性公设来说，它在平面几何学还是真的，因此平面几何学是欧几里德的平行性公理的模型。现在，我们在一个圆圈中画一条直线并在它的上方画一个点，就会有许多直线跟它不相交，即会有许多直线跟它平行。这一解释就是刚才提到的非欧几里德几何学的模型。

同样的道理，“的”究竟是标句词、限定词、中心语、$np\backslash s_c/(np\backslash s)$ 还是 $np \Uparrow s\backslash np \Uparrow s/(np\backslash s)$ 并不重要，重要的是它相对于什么样的模型是真的。当然，更重要的是在多大程度上能解释相关的语言事实。

4.2 理论评价的标准

虽然同一的语言事实在不同的理论里都可以得到描写和解释，但是理论的优劣还是有标准的。从某种意义上说，一种好的理论应当是一致的、完备的、无冗余的，这在熊仲儒 (2005) 中已经提到。其实，同时容许向心结构和离心结构存在就是存在于理论本身的一种矛盾。中心语理论的提出就是为了解决这一矛盾。

那么中心语理论是否已经达到了一致性标准了呢？司富珍 (2004) 在分析“木头的房子”不是双核心结构时引用了 Brody (1998) 的“每个短语都由一个句法范畴投射而成”的假设。周国光 (2005) 作为对 Brody 的反证列出了一些双核心并立结构，其中包括下列句子中的斜体部分：

(32) *张三李四*都是男的。

(33) *掏粪的*、*扫马路*的都是人民的勤务员。

(34) *贯彻执行*上级的指示。

(35) 小梅*端正大方*。

(36) *国营*、*民营*企业都可以做出自己的贡献。

周国光 (2005) 在经验上的论证可以得到 GPSG 理论上的支持。GPSG 的一个重要贡献就是在语言学中第一次建立了有关并立结构的理论。GPSG 中有一些专门用于生成并立结构的句法规则，其中包括 (37) (详见 Gazdar et al.，1985：171)：

(37) $X \rightarrow H[CONJ\ \alpha_0], H[CONJ\ \alpha_1]$

(37) 是一条一般规则，X 和 H 都是没有得到充分说明的句法范畴。比如作为中心语的H，规则只提供了特征说明“CONJ α”，α 是特征 CONJ 可能取的值，就汉语而言，它可以是汉语中的“和”、“并且”、“或”等，也可以取“无”为它的值。特征说明分两种情况：一种是句法范畴所固有的，即可以用来定义某个句法范畴的，如 1.2 小节中提到 Radford 把限定词的句法范畴定义为{<N, +>, <V, +>, <F, +>}，其中的 <N, +> 就是一种定义性的特征说明；另一种是来自规则，如“CONJ α”，也就是说，它不是某个词语固有的。为了讨论的方便，在生成 (35) 中的并立结构之前，先生成 (38) 中的并立结构：

(38) 小梅*端正并且大方*。

(39)

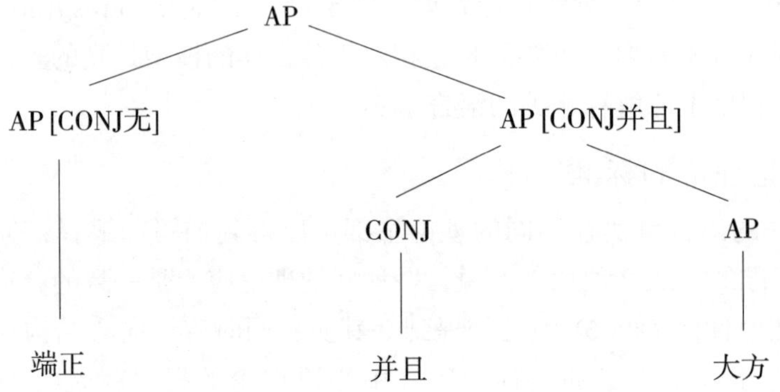

GPSG 解决了像 (40) 这样一种三分分析所带来的问题：

(40)

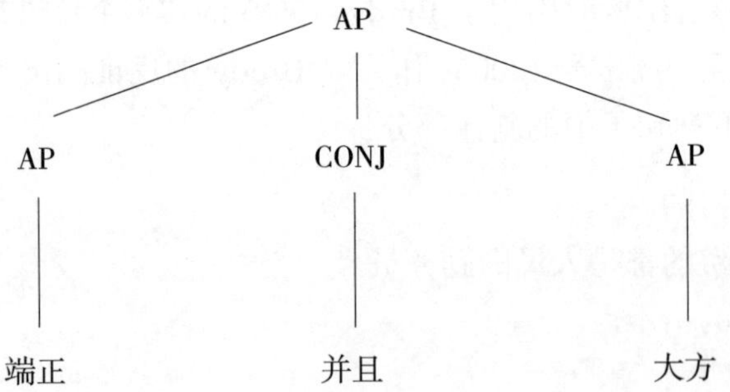

如果允许这种三分分析，我们对下面句子中做谓语的形容词短语须作四分分析：

(41) 小梅*端正大方并且可爱*。

而并立是递归的，这就意味着还有五分分析、六分分析，等等，这自然是不可取的。

(35) 中“并且”的语音形式没有得到体现，(37) 可以为它生成如下的结构：

(42)

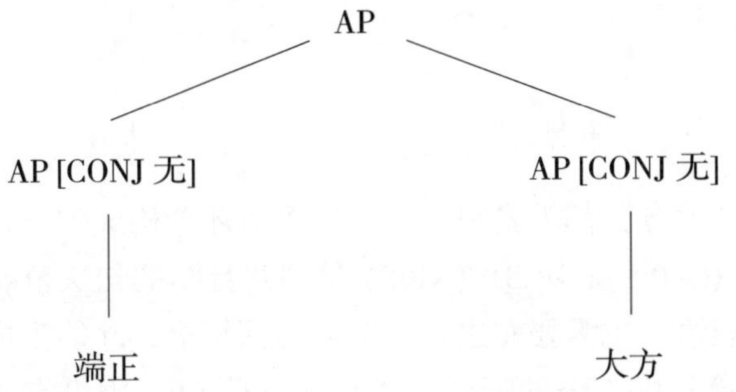

可以看出，“端正”和“大方”是两个并立的中心语，是双核心的。当然在 (39) 中“端正”和“大方”也是双核心的。事实上，GPSG 认为自然语言中的并立结构是“多核心”的。因此周国光 (2005) 认为 (32) ~ (36) 中的并立结构是双核心的，这在 GPSG 中是真的。

现在的问题是：我们能否把并立结构中的连词看作中心语?

本文认为也是可以的。首先，我们之所以把 (32) ~ (36) 以及 (38) 和 (41) 中的斜体部分叫做并立结构恰恰是因为有一个语音上得到了体现的或没有得到体现的某种连词的存在。也就是说，是连词决定了并立结构的特征。其次，连词也有选择作用，虽然它们不要求并立的成分在句法范畴上严格的同一，如必须都是 VP、NP、AP 或 S 等，但至少在某一方面是同一的，如 (43) 中的“聪明”和“会说话”：

(43) 小梅*聪明并且会说话*。

“聪明”是 AP，但“会说话”不是 AP 而是 VP，它们并不严格同一。不过，它们都可带特征 [+PRD]，因此在“谓语”这个句法功能上还是同一的。这就说明，作为中心语，连词具有中心语的基本特征。另外，并立结构是多种多样的，以连词为中心语可以取得最大的概括，这在理论上更是可取的。

在 CG 中，连词做中心语是很容易处理的，(44) 是 (38) 中“端正并且大方”的结构分析：

(44)

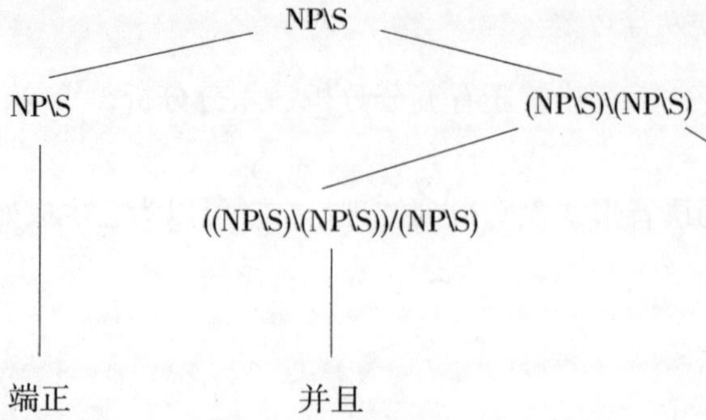

由于形容词“端正”和“大方”都需要跟一个名词短语才能构成句子，因此它们的句法范畴都是 NP\S。((NP\S)\(NP\S))/(NP\S) 是“并且”的句法范畴，意思是需要右边有一个形容词短语，也需要左边有一个形容词短语，才能生成一个更大的形容词短语。这些恰恰是中心语的特征。“并且”在 (35) 中没有语音上的实现，我们可以假设存在一个零成分或者作出别的假设，因为读音不是句法分析的基础。在 CG 里引入句法上的零成分会引发一系列的理论效应，这是值得研究的一个重要课题。

句法分析的一个重要目的是为短语或句子作语义解释。(45) 就是用 (44) 的语义解释，它跟 (44) 严格对应，这也是把连词处理为中心语的好处。$\lambda Q \lambda P \lambda x [P(x) \wedge Q(x)]$是“并且”的语义解释：

(45)

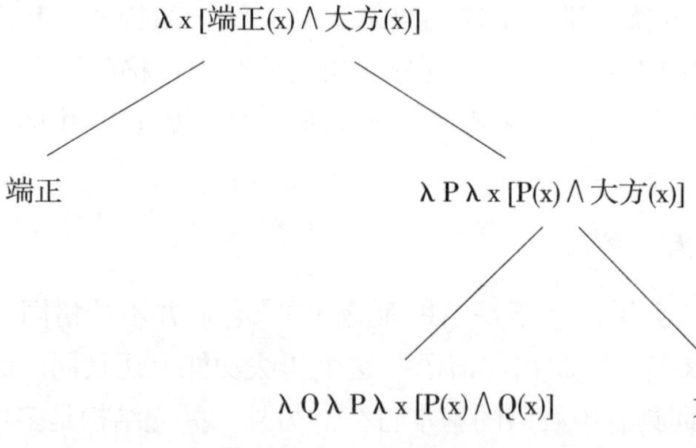

无冗余性 (或称独立性) 也是每一种理论必须坚持的，因为一种优雅的、具有数学上严谨性的理论必然是简洁的、符合经济性原则的。本文及其他的许多文章在分析 (1) 时都讨论了“的”的句法范畴的归属，其实“句法范畴”的必要性也是可以讨论的。

本文在上面多次说到“句法范畴”在当代许多语言理论里都不是基本概念，而是派生概念。虽然它们有描写的作用，但在理论中是没有地位的，因此完全可以清除出去。也就是说，不给“的”指派一个句法范畴也没有关系，当然给它指派一个也可以，只是方便一点而已。

司富珍、熊仲儒等许多作者在分析“的”字结构时都使用了 X 杠理论，这当然是可以的。但有了光杆短语结构理论 (Chomsky，1995b，2001)，X 杠及其理论也是冗余的。设词语 B 和 C，合并 (merge) 得 A，那么 A 的某种特征必然跟 B 或 C 的某种特征同一。这也是语言跟物质的区别。H_2 和 O 结合生成水后，水不再具有 H_2 或 O 的性质。但语言不一样，两个词语合并生成的词语必定具有其中一个词语的性质。不过，司富珍、熊仲儒的分析在光杆短语结构理论里也应该是成立的。

一种理论最难达到的是完备性。Chomsky (2004：129) 承认到目前为止普遍语法涉及的句子还是一个非常有限的集，也就是说，现在的理论不可能解释所有的语言事实。

虽然 Chomsky 研究语言还有其他的目标，但就理论本身而言，不管是自然科学的，还是人文科学的，一致性、完备性和无冗余性始终是理论发展的动力。达到了这三个标准的理论所包含的基本概念、原则（或规则）必然是最少的、最系统的，因而是最完美的。

5. 余论

本文论证了司富珍 (2002；2005) 和熊仲儒 (2001；2005) 对“这本书的出版”的处理都是可行的方案，在 X 杠和中心语理论里是可以这样处理的，任何的“真”都是相对某种模型而言。本文还提供了一种属于生成语法的但放弃了“转换”这一手段的语言理论的分析。其目的在于说明我们不一定坚持一种理论、一种描写和一种解释。本文也讨论了理论的评价标准，认为当代语言理论的发展其实一直是在克服理论内部的不一致性、不完备性和冗余性。

在结束之际，本文想表达的是：从方法论上来说，我们对任何语言理论都应当采取怀疑的态度，不只是对过去的理论，也包括对当前的理论，虽然当前的理论都是在过去的理论上发展形成的，它们也只是假设而已。只有采取了怀疑的态度，我们才有可能重新去考察理论的局限性，使得理论能深入地发展。

我们大家都非常接受“成分结构”(constituent structure) 这个概念。事实上，结构主义、Chomsky 的不同阶段的理论、词汇函数语法 (Lexical-Functional Grammar)、GPSG、HPSG 都把成分结构看作语言的基本结构。有了这个概念，我们确实解释了许多语言事实，如长距离依赖、孤岛制约、照应关系，等等。这也就是为什么它们能生存并继续发展的原因。但是，即使像“成分结构”这样一个被大家广为接受的概念也不是不可以提出挑战的。不妨考察下面这个句子：

（46）张三送了李四一支笔，王五一本书。

很显然，“王五一本书”不是一个成分。如果把它看作是第二个小句省略了“张三送了”的结果，那么省略了的“张三送了”也不是一个成分。这也就是为什么CG认为语言的基本结构是“函数—论元结构”(function-argument structure) 的原因，像“张三送了”和“王五一本书”这样的表达式CG称为非成分结构 (non-constituent structure)。(47) 是CG的结构分析：

（47）
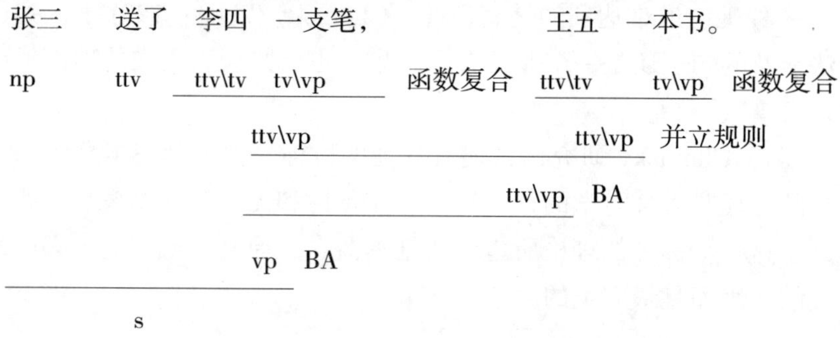

CG的派别很多，所用的符号不尽相同，ttv是双宾语动词，tv是单宾语及物动词，vp是动词短语。如果用NP和S改写的话，那么它们分别是((NP\S)/NP)/P、(NP\S)/NP和NP\S。

本文在分析一些语言事实时用了CG，可以看出该理论有许多合理之处，但是该理论本身也不是没有问题的。不妨比较下面的两种动词短语 (NP\S) 的结构描写：

(48) a.
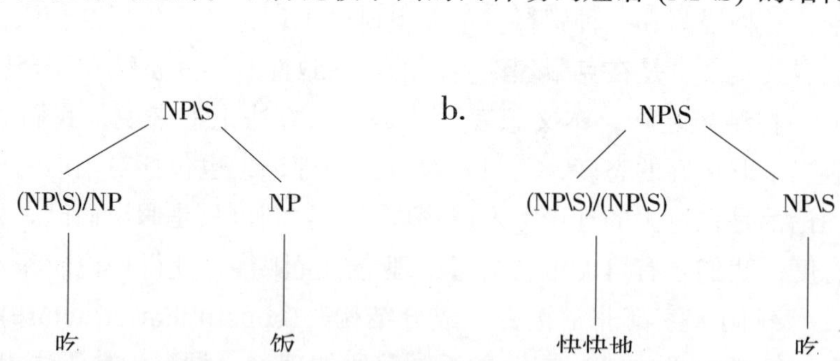

简单地说，一个斜线代表一个函数，(48a) 中的“吃”含两个函数，(48b) 的“吃”含一个函数，“快快地”含三个函数。给定一个表达式的“函数—论元结构”，含斜线多的是函数，含斜线少的或不含斜线的是论元。从向心结构和中心语理论的角度看，在“吃饭”中决定整个动词短语性质的是作为函数的“吃”，但在“快快地吃”中决定整个动词短语性质的却是作为论元的“吃”，“函数”和“论元”都可以做中心语显然很不一致。从这个角度说，我们也可以对语言结构是“函数—论元结构”这个假设提出挑战。

当然，问题归问题，在更好的假设出现以前，我们还得使用语言结构是“成分结构”或“函数—论元结构”这些假设。

不过，科学探索只有两种情况：要么我们已经无事可做；要么还有更深的原理等待着我们去发现。

参考文献

Akmajian, A., & Heny, F. (1975). *Introduction to the principles of transformational syntax*. Cambridge: MIT Press.

Bach, E. (1980). In defense of passive. *Linguistics and Philosophy* 3, 297-341.

Bach, E. (1984). Some generalizations of categorial grammars. In F. Landman, & F. Veltman (eds.), *Varieties of formal semantics* (pp. 1-23). Dordrecht: Foris.

Bar-Hillel, Y. (1964). *Language and information*. Reading: Addison-Wesley.

Barker, C., & Jacobson, P. (eds.). (2007). *Direct compositionality.* Oxford: Oxford University Press.

Bresnan, J. (1970). On complementisers: toward a syntactic theory of complement types. *Foundations of Language* 6, 197-321.

Brody, N. (1998). Projection and phrase structure. *Linguistic Inquiry* 29, 367-398.

Cann, R. (1993). *Formal semantics: An introduction*. Cambridge: Cambridge University Press.

Carpenter, B. (1997). *Type-logical semantics*. Cambridge: The MIT Press.

Casadio, C. (1988). Semantic categories and the development of categorical grammars. In R. T. Oehrle, E. Bach, & D. Wheeler (eds.), *Categorial grammars and natural language structures* (pp. 95-124). Dordrecht: Reidel.

Chiara, M. L. D., Doets, K., Mundici, D., & van Benthem, J. (eds.). (1997). *Structures and norms in science* (Vol. 2). Norwell: Kluwer Academic Publishers.

Chomksy, N. (1957). *Syntactic structures*. Mouton: The Hague.

Chomsky, N. (1965). *Aspects of the theory of syntax*. Cambridge: MIT Press.

Chomsky, N. (1970). Remarks on nominalization. In D. Napoll, & E. Rando (eds.), *Syntactic argumentation* (pp. 138-183). Washington: Georgetown University Press.

Chomsky, N. (1981). *Lectures on government and binding*. Dordrecht: Foris.

Chomsky, N. (1986a). *Knowledge of language*. New York: Praeger.

Chomsky, N. (1986b). *Barriers*. Cambridge: MIT Press.

Chomsky, N. (1989). Some notes on economy of derivation and representation. *MIT WPL* 10, 43-74.

Chomsky, N. (1995a). *The minimalist program*. Cambridge: MIT Press.

Chomsky, N. (1995b). Bare phrase structure. In G. Webelhuth (ed.), *Government and binding theory and the minimalist program: Principles and parameters in syntactic theory* (pp. 383-439). Cambridge: Blackwell.

Chomsky, N. (2001). Derivation by phase. In M. Kenstowicz (ed.), *Ken Hale: A life in language* (pp. 1-52). Cambridge: MIT Press.

Chomsky, N. (2004). *The generative enterprise revisited: Discussions with Riny Huybregts, Heny van Riemsdijk, with a new foreword by Noam Chomsky*. Berlin and New York: Mouton de Gruyter.

Culicover, P. (1982). Syntax (Second Edition). New York: Academic Press.

Dowty, D. (1997). Non-constituent coordination, wrapping, and multimodal categorial grammars. In M. L. D. Chiara et al. (eds.), *Structures and norms in science* (Vol. 2, pp. 347-368.). Norwell: Kluwer Academic Publishers.

Falk, Y. N. (2001). *Lexical-functional grammar: An introduction to parallel constraint-based syntax*. Stanford: CSLI Publication.

Gazdar, G. (1982). Unbounded dependencies and coordinate structure. *Linguistic Inquiry* 12, 155-184.

Gazdar, G., Klein, E., Pullum, G. K., & Sag. I. (1985). *Generalized phrase structure grammar*. Cambridge: Harvard University Press.

Haegeman, L. (2006). *Thinking syntactically: A guide to argumentation and analysis*. Malden: Blackwell.

Kenstowicz, M. (2001). *Ken Hale: A life in language*. Cambridge: MIT Press.

Landman, F., & Veltman F. (eds.). (1984). *Varieties of formal semantics*. Dordrecht: Foris.

Lasnik, H., & Uriagereka, J. with Boeckx. C. (2005). *A course in minimalist syntax: Foundations and prospects*. Malden: Blackwell.

Napoll, D., & Rando, E. (eds.). (1979). *Syntactic argumentation*. Washington: Georgetown University Press.

Newmeyer, F. (ed.). (1986). *Linguistics: The Cambridge survey*. Cambridge: Cambridge University Press.

Oehrle, R. T., Bach, E., & Wheeler, D. (eds.). (1988). *Categorial grammars and natural language structures*. Dordrecht: Reidel.

Partee, B., ter Meulen, A., & Wall., R. (1990). *Mathematical methods in linguistics*. Dordrecht: Kluwer Academic Publishers.

Pollard, P., & Sag, I. (1994). *Head-driven phrase structure grammar*. Chicago: University of Chicago Press.

Pullum, G., & Gazdar, G. (1982). Natural languages and context-free languages. *Linguistics and Philosophy* 4, 471-504.

Pullum, G., & Zwicky, A. (1984). The syntax-phonology boundary and current syntactic theories. *OSU WPL* 29, 105-116.

Pullum, G., & Zwicky, A. (1986a). The principle of phonology-free syntax: Introductory remarks. *OSU WPL* 32, 63-91.

Pullum, G., & Zwicky, A. (1986b). The syntax-phonology interface. In F. Newmeyer (ed.), *Linguistics: The Cambridge survey* (Vol. 1, pp. 255-280). Cambridge: Cambridge University Press.

Radford, A. (1997). *Syntactic theory and the structure of English: A minimalist approach*. Cambridge: Cambridge University Press.

Radford, A. (2004). *Minimalist syntax: Exploring the structure of English*. Cambridge: Cambridge University Press.

Sag I., & Wasow, T. (1999). *Syntactic theory: A formal introduction*. Stanford: CSLI Publications.

Soames, S., & Perlmutter, D. (1979). *Syntactic argumentation and the structure of English*. Cambridge: Cambridge University Press.

Webelhuth, G. (ed.). (1995). *Government and binding theory and the minimalist program: Principles and parameters in syntactic theory*. Cambridge: Blackwell.

Wood, M. (1993). *Categorial grammars*. London: Routledge.

Zwicky, A. (1984). Autonomous components and limited interfacing: Phonology-free syntax, the Hallean syllogism, and their kin. *CLS* 20, 365-386.

Zwicky, A. (1990). Syntactic words and morphological words, simple and composite. *Yearbook of Morphology* 3, 201-216.

程　工 (1999)，名物化与向心结构理论新探,《现代外语》第 2 期，128-144 页。

方　立 (2003)，范畴语法，《外国语言文学》第 3 期，19-28 页。

郭　锐 (2000)，表达功能的转化和“的”字的作用,《当代语言学》第 1 期，37-52 页。

陆俭明 (2003)，《现代汉语语法研究教程》，北京：北京大学出版社。

司富珍 (2002)，汉语的标句词“的”及相关的句法问题。《语言教学与研究》第 2 期，35-40页。

司富珍 (2004)，中心语理论和汉语的 *De*P,《当代语言学》第 1 期，26-34 页。

熊仲儒 (2001)，零成分与汉语“名物化”问题,《现代外语》第 3 期，228-236 页。

熊仲儒 (2005)，以“的”为核心的 *DP* 结构,《当代语言学》第 2 期，148-165 页。

周国光 (2005)，对“中心语理论和汉语的 *De*P”一文的质疑。《当代语言学》第 2 期，139-147 页。

朱德熙 (1980)，《现代汉语语法研究》。北京：商务印书馆。

Further Remarks on Scope Ambiguities in English

Fang Li & He Jie

0. Introduction

Scope ambiguities have been a hot topic since the late 1960s. This paper mainly addresses two things: types of scope ambiguities and the factors that prevent scopal interactions. This paper aims at drawing the English Learners' attention to those ambiguous sentences arising from scopal interactions. It is important to note that there are very few Chinese sentences that are truthfully equivalent to these English sentences. For example, the sentences given below are all ambiguous, but very few Chinese translations could truthfully express their meanings.

a. Every man loves a woman.
b. A woman is loved by every man.
c. Who does everyone love?
d. All the men didn't go.
e. Liu Fang didn't invite a teacher.
f. Liu Fang didn't move because she was frightened.
g. Liu Fang could not go.

Notice, however, that there are situations where scopal interactions do not arise. Thus, all of the following sentences are not ambiguous:

h. Someone believes Zhang San to love everyone.
i. A student accompanied few visitors. (de Swart, 1998: 109)
j. Most students read no book by Chomsky. (de Swart, 1998: 109)
k. Who loves everyone?
l. Liu Fang didn't budge an inch because she was frightened.
m. Liu Fang mustn't go.

This paper shall make an initial attempt to talk about some of the factors that prevent scopal interactions.

1. Types of Scope Ambiguities

1.1 Quantifier Scope Ambiguities

The co-occurrence of two quantifiers in the same clause in English often induces ambiguity. Thus, the first sentence has two readings.

(1) Every man loves a woman.
a. $\forall x[\text{man}(x) \rightarrow \exists y[\text{woman}(y) \wedge \text{loves}(x, y)]]$
(Every man loves a different woman.)
b. $\exists y[\text{woman}(y) \wedge \forall x[\text{man}(x) \rightarrow \text{loves}(x, y)]]$
(Every man loves the same woman.)

The words *every* and *a* are often treated as the universal quantifier $\forall$ and the existential quantifier $\exists$ respectively by logicians and semanticists. The universal quantifier and the existential quantifier are also called the universal operator and the existential operator respectively. The logical translations are rendered here to show the scopes of the universal quantifier *every* and the existential quantifier *a*. The scope of an operator is the part of the sentence that is affected by an operator. If the sentence is translated into a logical formula, the scope of an operator is the part of the formula that immediately follows the operator. Thus, in the logical formula in (1a), *every* is said to take scope over *a*, since *a* falls within the scope of *every* . In the logical formula in (lb), the opposite is true, i.e., *a* takes scope over *every*. We often reads (la) like this: for every x, if x is a man, then there is at least a y such that y is a woman and x loves y. (lb) reads: There is at least a y such that y is a woman and for every x, if x is a man, then x loves y. These two readings are the two interpretations, two truth conditions or two literal meanings of the sentence under discussion. (1a) is sometimes called the rigid reading and (lb) the inverse reading.

(2) A woman is loved by every man.

a. $\forall x[\text{man}(x) \rightarrow \exists y[\text{woman}(y) \wedge \text{loves}(x, y)]]$

(Every man loves the same woman.)

b. $\exists y[\text{woman}(y) \wedge \forall x[\text{man}(x) \rightarrow \text{loves}(x, y)]]$

(Every man loves a different woman.)

Sentence (2), which is the passive counterpart of sentence (1), admits the same interpretations as the first sentence. There is a difference in preference, however. Whereas the a-reading is the favored reading for the first sentence, the b-reading is the favored reading for the second. The important point to make here is that it never occurs to a Chinese learner of English that these two sentences are actually ambiguous. They invariably take (1a) as the only reading for sentence (1) and (2b) as the only reading for sentence (2).

1.2 Scope Ambiguities Involving an Interrogative and a Quantifier

Wh-words or *wh*-phrases resemble quantifiers in many ways. Just like quantifiers, they are operators too. When a *wh*-word or a *wh*-phrase occurs with a quantifier, they may interact, giving rise to scope ambiguities. Thus, the following question has two answers:

(3) Who does everyone love?

a. Liu Fang

b. {<Zhang San , Wang Li >, <Li Si, Zhang Li>, <Wang Wu, Li Li>, … }

(3a) is sometimes called the *individual answer* and (3b) the *pair-list answer* due to de Swart (1998). Chinese learners of English tend to choose (3a) to answer the question.

1.3 Scope Ambiguities Involving Negation and a Quantifier

When an English sentence contains the negative operator *not* and a quantifier, it may be ambiguous. Thus, the sentence given below admits two interpretations.

(4) All the men didn't go. (Jackendoff 1972: 352).

a. $P\,\forall x[\text{man}(x) \rightarrow \neg\,\text{go}(x)]$

(None of the men went.)

b. $\neg P \forall x[\text{man}(x) \rightarrow \text{go}(x)]$
(Not all the men went.)

The symbol "P" is used here to represent "the past tense operator." Its function is to convert a present fact into a past fact. Like *every*, *all* is translated into the universal quantifier $\forall$. The contracted form *n't* of *not* is treated as the negative operator $\neg$.

In (4a), the negative operator $\neg$ falls within the universal quantifier $\forall$ and, therefore, has narrow scope. In (1b), the converse is true, i.e., the negative operator $\neg$ precedes the universal quantifier $\forall$ and thus has wide scope.

Now, consider the following example:

(5) Liu Fang didn't invite a teacher.
a. $P \neg \exists x[\text{teacher}(x) \wedge \text{invite}(\text{Liu Fang}, x)]$
(No teacher was invited by Liu Fang.)
b. $P \exists x[\text{teacher}(x) \wedge \neg \text{invite}(\text{Liu Fang}, x)]$
(There was one teacher that Liu Fang failed to invite.)

This sentence has two meanings too. Unlike sentence (4), here in this example *n't* interacts with *a teacher*, which is an existential quantifier phrase.

1.4 Scope Ambiguities Involving Negation and an Adverbial Clause of Reason

When a negative operator occurs with an adverbial of reason, the sentence in which they occur may also be ambiguous. Here is an example:

(6) Liu Fang didn't move because she was frightened.
a. [**because** P frightened (Liu Fang)] [$\neg$ P move (Liu Fang)]
(Because Liu Fang was frightened, she didn't move.)
b. [P move (Liu Fang)] [$\neg$ **because** P frightened (Liu Fang)]
(Liu Fang moved, not because she was frightened.)

This sentence has two readings. In the a-reading, *because*, which introduces an adverbial clause of reason, precedes the negative operator $\neg$ and, therefore, has wide scope. The situation is altered in the b-reading. It is the negative operator $\neg$ that has wide scope, since *because* falls within its scope.

Chinese learners of English tend to think that the sentence under discussion is not ambiguous. Most of them would think that it only has the a-reading and only very few of them would think that it may have the b-reading. Obviously, the b-reading is learnt.

1.5 Scope Ambiguities Involving Negation and a Modal Verb

The negative operator *not* in English may negate the preceding modal auxiliary or the main verb that follows it. The following example displays these two patterns of negation:

(7) Liu Fang could not go.
 a. $\Diamond \neg$ go (Liu Fang)
  (It is possible that Liu Fang will not go.)
 b. $\neg \Diamond$ go (Liu Fang)
  (It is not the case that Liu Fang is allowed to go.)

The simple "$\Diamond$" stands for the possibility operator. Many English modal verbs including *can* and *could* can be translated into this operator.

The two sentences given below interpret sentence (7) in a slightly different way:

(8) a. What Liu Fang *could not* do is go.
 b. What Liu Fang could do is *not go*.

The interested reader may refer to Radford (1988: 7) for more information.

For obvious reasons, the two types of negation are called the *auxiliary verb negation* and the *main verb negation* respectively.

2. Factors that Prevent Scopal Interactions

What has been presented to the reader, obviously, is an oversimplified picture. Sometimes, scope ambiguities do not arise even though two or more scope operators occur in the same sentence. The following are some of the factors that prevent scopal interactions from arising.

2.1 Clause-boundedness

Scopal interactions are clause-bounded. If two quantifiers happen to occur in two different clauses, there is no interaction between them. Consider, for example, the following sentence:

(9) Someone believes Zhang San to love everyone.

Whereas the existential quantifier *someone* occurs in the matrix clause, the universal quantifier *everyone* occurs in the subordinate clause. Since they occur in separate clauses, interactions do not arise. This sentence only has the rigid reading: there is a person y such that for every person x, y believes Zhang San to love x. It lacks the inverse reading: for every person x, there is a person y such that y believes Zhang San to love x.

2.2 Negative Quantifiers in the Object Position

When a negative quantifier occurs in the object position of a sentence, it cannot take scope over the subject.

(10) a. A student accompanied few visitors. (de Swart, 1998: 109)
b. Most students read no book by Chomsky. (de Swart, 1998: 109)

Few and *no* are negative quantifiers, or monotone decreasing determiners. Since they appear in the object position, the sentences in which they occur are not ambiguous. They only have the rigid reading.

2.3 Intonation

Sometimes, intonation can indicate which meaning is intended. Take sentence (4) as an example.

(11) a. All the men didn't go.

b. All the men didn't go.

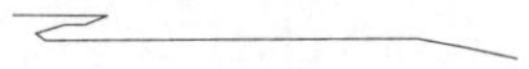

If the speaker produces the sentence in the contour in (11a), it expresses "Not all the men went." On the other hand, if the speaker assigns the contour to the sentence as in (11b), it means "None of the men went." For more information, the reader can refer to Jackendoff (1972: 352-353).

2.4 Crossing Paths

If the derivation of a LF representation involves a crossing path, a *wh*-question does not have the pair-list reading. Consider, for example, the following sentence:

(12) Who loves everyone?
a. Liu Fang.
b. *{<Zhang San, Wang Li>, <Li Si, Zhang Li>, <Wang Wu, Li Li>, …}

The pair-list answer in (12b) is not available. This is so because its LF derivation contains a crossing path as is shown below:

(13) [who$_1$ [everyone$_2$ [t$_1$[love t$_2$]]]]

2.5 Intervening Operators

Intuitively, when a negative polarity item occurs with the negative operator, it should be located pretty near the negative operator. In other words, when there is an intervening operator that occurs between a negative polarity item and the negative operator, the sentence is unambiguous. Here is an example:

(14) Liu Fang didn't budge an inch because she was frightened.
a. [**because** P frightened (Liu Fang)] [$\neg$ P budge an inch (Liu Fang)]
(Because Liu Fang was frightened she didn't budge an inch.)
b. * [$\neg$ **because** P frightened (Liu Fang)] [P budge an inch (Liu Fang)]
(*Not because Liu Fang was frightened, she budged an inch.)

The b-reading is not available in the sentence. This is so because the operator *because* intervenes between the negative operator *not* and the negative polarity item *budge an inch*. The interested reader may refer to Ladusaw (1996) for more information. Note that negative polarity items do not occur freely, as is shown in the sentence in (15).

(15) *Liu Fang budged an inch because she was frightened.

This also explains the reason why negative polarity items always associate with the negative operator.

2.6 Lexical Properties of Modal Verbs

Although modal verbs are related to each other in one way or another, they have idiosyncratic properties of their own. What this means is that not all modal verbs permit two types of negation.

(16) Liu Fang mustn't go.
a. It is compulsory [for Liu Fang *not* to go].
b. *It is *not* compulsory [for Liu Fang to go].

The negation displayed in this sentence is the internal negation. In other words, this sentence does not have the b-reading. Generally, in the deontic sense, there is no negation of *must*. Notice that this sentence literally means the same as (17a).

(17) Liu Fang may not go.
a. Liu Fang is *not* permitted [to go].
b. It is possible [that Liu Fang won't go].

The interpretation (17a) shows that the negative operator *not* falls outside the brackets. This means that the negation displayed in the sentence in this example is the external negation.

3. Concluding Remarks

3.1 Further Research Needs to Be Done

This paper, in a very brief fashion, addresses two things: scopal interactions in English and factors that prevent scopal interactions. Of the two subject matters, the factors that block scopal interactions is even less adequately accounted for. There are still questions that remain open. Among them is the factor of intonation. According to Jackendoff (1972), intonation can indicate the intended meaning of a sentence. But, for Kadmon (2001: 398-399), even if the sentence in (4) is produced in the manner shown in (11a) or (11b), ambiguity remains. He cites the following two pieces of discourse to support his argument:

(18) A: Despite our efforts to prevent them, some of the men went to the opposite's lecture.
B: Be glad that all the men didn't go.
H* L L%

(19) A: I am glad to say that in the end, I managed to convince most of the men not to go to the opposite's lecture.
B: Hey, all the men didn't go. You don't consider Bill a man, do you?
H* L H%

Note that the intonation contour assigned to "all the men didn't go" in (18B) is the same as that assigned to (11b) but it means that not all the men went, i.e. (4b), and "all the men didn't go" in (19B) means that none of the men went, i.e. (4a), although it is assigned the contour in (11a).

What this means is that intonation needs to work together with context to resolve scopal relations.

It is mentioned in Section 2.5 that negative polarity items always associate with the negative operator *not*. Now consider the following sentence:

(20) Exactly four people in the whole room budged an inch when I asked for help.
(Ladusaw, 1998: 329)

The sentence obviously violates our requirement, since *budged an inch* does not associate with the negative operator *not*. Nevertheless, the sentence is correct. What makes it correct? A negative implicature. The phrase "exactly four people in the whole room" actually means "very few people." The word *few*, as was mentioned earlier, is a negative quantifier. For this reason, the whole phrase "exactly four people in the whole room" should be treated as a negative expression.

What this means is that it might be more proper to say that a negative polarity item must associate with the negative operator *not*.

3.2 Inverse Readings Need to Be Learnt or Taught

The significance of the study on scopal interactions is that it can help deepen our understanding of sentence structures in English. It is important to note that to the majority of our students, all of the English sentences in the first group are not ambiguous. This shows that they interpret scopal relations in English in much the same way as they do in Chinese. The structure of a Chinese sentence is generally rather flat. The scopal relations can, to a large extent, be determined at the level of surface structure. Consider, for example, the sentence in (16).

(21) suoyoude nanren dou meiyou qu
(所有的男人都没有去。)
a. None of the men went.

The a-reading is the rigid reading. The inverse reading "Not all the men went" is not available in this sentence.

References

de Swart, H. (1998). *Introduction to natural language semantics*. Stanford: CSLI Publications.

Jackendoff, R. (1972). *Semantic interpretation in generative grammar*. Cambridge: MIT Press.

Kadmon, N. (2001). *Formal pragmatics: Semanitcs, pragmatices, presupposition and focus*. Malden: Blackwell.

Ladusaw, W. (1996). Negation and polarity items. In S. Lappin (ed.), *The handbook of contemporary semantic theory* (pp. 321-341). Malden: Blackwell.

Lasnik, H., & Uriagereka, J. with Boeckx, C. (2005). *A course in minimalist syntax: Foundations and prospects*. Malden: Blackwell.

May, R. (1985). *Logical form*. Cambridge: MIT Press.

Radford, A. (1988). *Transformational grammar: A first course*. Cambridge: Cambridge University Press.

The Acquisition of Sentence-Final Particles in Beijing Mandarin[1]

Zhang Qingwen, Fang Li, Thomas Hun-Tak Lee & Yang Xiaolu

1. Introduction

Nativist linguists take the view that young children from the earliest stages of their syntactic development have access to formal categories and that early syntactic acquisition is rapid (Chomsky, 1965; Wexler & Culicover,1980; Pinker,1984; Valian,1986; Bloom,1990; Crain,1991; Poeppel & Wexler, 1993; Crain & Thornton, 2001).

This view has recently been challenged by usage-based child language researchers, in particular by scholars such as Tomasello and Lieven in a series of studies. These linguists argue that the earliest word combinations of children are organized around specific lexical items, and that the emergence of productive patterns is a gradual and piecemeal process guided by induction and generalization.

1 We would like to thank the following members of the BJCELA group for their help with data collection, and for discussion of various acquisition issues in the last two years: Cui Rongjia, Deng Xiangjun, Fan Li, Ji Sunjing, Liu Huijuan, Liu Liping, Song Gang, Xiao Dan, Xu Yanqin and Yang Li. In particular we wish to thank Ji Sunjing, Liu Liping and Xu Yanqin for their help with data on SFPs. The project was supported in part by a Hong Kong ERG grant entitled "The Acquisition of Word Order and Argument Structure in Chinese: Its Relevance to the Continuity Hypothesis" (CityU 1245/02H) with Thomas Lee as Principal Investigator.

This paper evaluates the empiricist position of Tomasello et al. by examining the acquisition of sentence-final particles (SFP) by three children acquiring Beijing Mandarin as their first language from the age of 11 months to around two years old.

Our paper is organized as follows. First we outline the usage-based position represented by Tomasello, and present the research issues we address. Second, we specify the properties of the category of sentence-final particles whose acquisition we are interested in, and describe the data collection and analysis procedures. Third, we present findings indicating that the SFPs of Mandarin-speaking children are used productively well before two years of age and that they constitute a category.

2. Background and Research Issues

From the last decade on, the empiricist linguists represented by Tomasello and Lieven have been challenging the nativists in the analysis of children's early linguistic categories. They are claiming that children may not be even organizing their utterances around semantic categories, let alone syntactic categories. Instead, they may be just organizing their sentence patterns around specific lexical items, in particular verbs. After acquiring a lot of these patterns pivoted on particular lexical items, they generalize across these patterns and break into categorial syntax. These researchers report experimental as well as naturalistic findings showing that children are conservative learners that generalize from lexically-based constructions instead of applying syntactic rules based on general syntactic or semantic categories.

Tomasello and Lieven impose strong requirements on the establishment of autonomous syntactic categories. The diversity of the members of a category is an important criterion for category acquisition. If one has acquired a category, one would assume that the members of the category should not be limited to subclasses. These studies demonstrate lexical specificity in that there was a lack of overlap in the verbs to which different morphological markers were applied; there was a lack of overlap in the verbs with which different auxiliary verbs were used.

2.1 Two claims of Tomasello et al.

In this paper, we evaluate two claims of Tomasello and Lieven that have been discussed in the literature. First, these researchers argue that in the earliest stages of syntactic development, the multiword combinations of children are not reflexes of syntactic patterns such as clause structures involving subject, object, noun phrase and verb phrase. Rather, these are combinations organized around particular lexical items, in particular words that serve as predicates, such as specific verbs or prepositions. Children first produce lexically-based patterns, and it is only at a later stage that they generalize across lexically-based patterns and induce adult-like syntactic patterns. Their position is supported by longitudinal studies such as Tomasello's detailed study of his daughter's verb production (Tomasello, 1992) as well as various studies by Lieven and her colleagues on the development of verb-related categories in children. For example, it was found that there was little overlap between the verbs marked by the past tense *-ed* and the progressive *-ing* affix (Lieven et al., 1997). The finding that inflectional affixes attach to different verb items suggests to these scholars that in early stages of grammatical development, verbs may not be present as a formal, syntactic category.

The second claim of Tomasello el al relevant to the present study concerns the process of development. It is argued that the emergence of productive patterns is a gradual and piecemeal process with larger units built from smaller ones in an incremental fashion (Tomasello, 1992; 2000). It is argued that typically children would use a single cognitive operation of substitution, expansion, addition or coordination to enrich their linguistic structure. The evidence for this comes from Tomasello's detailed case study of the development of verbs in his daughter Travis (Tomasello, 1992). Data from Lieven et al. also show that a large number of the early word combinations of children are frozen expressions which must have been learned gradually on an item-by-item basis.

2.2 Research issues

In this paper, we evaluate the above two claims of Tomasello by examining the development of sentence-final particles in Mandarin-speaking children. The SFPs provide a revealing window on the nature of early syntactic development, as they occur early in child language and are sentential or predicate modifiers signalling various functional meanings.

The research issues we address are:

a. What SFPs are used by children before two years of age, and in which of their functions?

b. Do the various SFPs used by children before two form a syntactic category or are they separate lexical items each with its own range of concatenation patterns?

If the SFPs used by children cohere as a category, we should expect them to co-emerge at around the same time. We would also expect each SFP to co-occur with a great variety of predicates and sentence types. We should expect considerable overlap between the SENTENCE PATTERNS that co-occur with the SFPs, since the SFPs do not impose requirements onto the specifics of internal structures of the subject or object of the clauses they combine with. However, given the fact that the particles have divergent meanings and hence different selectional restrictions on the units they co-occur with, we may or may not expect a large degree of overlap between the PREDICATES co-occurring with the SFPs.

If SFP learning is not category learning but item-based learning, we should not expect the SFPs to occur at around the same time. Nor should we expect to see a wide range of predicates and sentence types that co-occur with the various SFPs. There is also no reason to expect a large degree of overlap of sentence types that co-occur with various SFPs.

c. Does the emergence of SFPs reflect a gradual, piecemeal or a rapid, catastrophic process?

If the learning of SFPs involves innate linguistic knowledge such as cognitive structures that allow us to handle sentential functions and operators, we should expect the task of the child to be one of identifying such units in the language environment. The task of learning SFPs should be a rapid and "catastrophic" one.

On the nativist view, we would expect the use of SFPs to become productive in a relatively short period of time. We would also expect the SFPs to co-occur with new predicates and new sentence types at each point of its development.

On the other hand, if SFPs are learned just like verbs on an item-by-item basis, we might expect the SFPs to evolve over a long period. We might expect each SFP to co-occur with a narrow range of sentence types. If syntactic development is incremental, we would not expect to find new predicates and new sentence types to figure prominently at each point of the child's development.

d. Does children's use of final particles observe the principle of logical form, i.e., the Bijection Principle? Specifically, when do children become sensitive to the impossibility of having two question operators in the same sentence? When do they become aware that if there is a *wh*-phrase in the clause, the clause cannot co-occur with a question particle at the end of the sentences?

If children do not have innate, hardwired linguistic knowledge, and their language learning is entirely usage based, children are just guided by the adult input in determining whether *wh*-phrases should co-occur with final question particles. Since *wh*-phrases on a non-interrogative reading may co-occur with the question particle *ma*, we would expect occasional errors in which children use a *wh*-phrase in the clause together with a question particle at the end.

(1) *zhe shi shui ma?
this be who PART
"Who is this?"

3. The SFPs of Mandarin Chinese

The SFPs of Beijing Mandarin form a closed functional syntactic category consisting of half a dozen particles signaling aspectuality, modality and illocutionary force. The final particles include *ma*, which marks yes-no interrogation; *ba*, which signals either uncertainty or conveys weak imperative force; *ne*, which marks durativity, *where/what about* questions, and exclamation; as well as *le*, marking inchoativity and change of state.

The four particles should be considered as members of the same syntactic category for a number of reasons. The SFPs *ma, ba, ne, le* are bound forms attached to the end of the sentence. Semantically, these particles modify the meaning of the proposition or the predicate of the sentence, marking semantic dimensions such as mood, modality or aspect. For example, *ma* as a yes-no interrogative marker and *ba* as a marker of invitation or suggestion indicate the illocutionary force of the sentence. *Ba* as an uncertainty marker and *ne* as a surprise marker indicate epistemic modality. *Ne* as a question softener indicates the attitude of the speaker toward the question s/he is posing.

Three of the SFPs, i.e., *ma, ba* and *ne* (excluding the progressive aspect marker *ne*), are mutually exclusive. One cannot concatenate them in the same sentence. Consider the following examples:

(2) *zhe ben shu zai zhuo shang NE MA?
this CL book on table up NE MA
"Is this book on the table?"

(3) *zhe shi nide shu BA MA?
this be your book BA MA
"Is this your book?"

As for the inchoative SFP *le* and progressive aspect marker *ne*, they can concatenate with some other SFPs, e.g., *ma*, and one may alternatively consider them to be VP affixes. However, for the purpose of thc present paper, we group them together with the other three particles because of similarity in syntactic position.

(4) ta zheng shuijiao ne ba?
he Progressive sleep NE BA
"He is sleeping, isn't he?"

Following the analysis of Cheng (1991), we consider the SFPs to be the head of CP, with the Spec of CP reserved as the landing site of in-situ *wh*-phrases. A schematic representation of the sentence will be as follows:

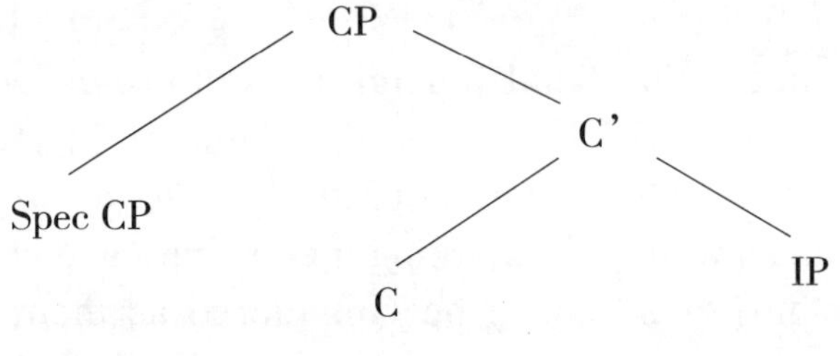

Figure 1

4. The Subjects and Data of BJCELA (Beijing Chinese Early Language Acquisition) Project

Three children were observed with audio- and video-recordings carried out at weekly/semi-monthly intervals: ZTX was observed from 00;11;18 to 01;11;17 in 25 one-hour sessions, SJQ from 01;02;06 to 01;11;29 in 18.5 one-hour sessions; and CY from 00;11;04 to 01;11;30 in 44 one-hour sessions.

Table 1. Information on the Beijing children studied

Subject	Sex	Number of sessions	Period of observation[2]	Interval of observation
ZTX	Male	10	00;11;18-01;03;24	Biweekly
		15	01;06;09-01;11;17	Weekly (01;08;11-01;11;17)
SJQ	Female	7	01;02;06-01;05;14	Biweekly
		11.5	01;09;04-01;11;29	Weekly
CY	Female	44	00;11;04-01;11;30	Weekly

The data were transcribed according to CHAT convention of CHILDES Archive (MacWhinney & Snow, 1985). The sentences containing SFPs used for analysis were extracted from all the sentences co-occurring with SFPs with imitations and duplications ruled out. Imitation in our study is defined as follows:

Imitation: the utterance of the child is identical to the subpart or whole of the adult utterances in the previous 6 lines, including their responses to adults' intonation questions, yes-no questions, alternative questions and A-not-A questions.

Table 2 gives us a rough picture of the number of sentences co-occurring with SFPs and the number of sentences we actually use for analysis.

Table 2.Number of sentences containing SFPs and number of sentences with SFPs used for analysis

Subject	LE		NE		BA		MA	
	NSCS	NSFA	NSCS	NSFA	NSCS	NSFA	NSCS	NSFA
ZTX	507	248	67	38	84	53	28	14
SJQ	404	283	160	92	43	31	28	16
CY	184	75	71	39	71	42	20	7

NSCS = number of sentences containing SFPs

NSFA = number of sentences with SFPs used for analysis

2 Due to the outbreak of SARS, there was a 3-month gap in our observation of ZTX (01;03;24-01;06;09) and of SJQ (01;05;14-01;09;04).

5. The Use of SFPs by the Three BJCELA Children: ZTX, SJQ, CY

5.1 The Basic Functions of SFPs Appearing in the Children's Utterances

On the basis of the study on SFPs of the adult grammar (Chao, 1968; Li & Thompson, 1981; Lü, 1979; Zhu, 1982), we generalize the following basic functions of SFPs appearing in the children's utterances. A brief description of these functions along with the illustrating examples[3] is given in this subsection.

LE1: inchoative

Asentence containing the inchoative *le* implies that the situation at the speech time is different from a previous situation or a new situation is about to appear. It may co-occur with modal verbs *yao* and *keyi* or negative words. The interpretation to it is sometimes context-dependent, including the description of the situation or the response of the adult.

(5) *INH: shi'er dian gai gan shenme LE?
twelve o'clock should do what LE
"What should you do at twelve?"
*INH: Maomao shi'er dian LE.
Maomao twelve o'clock LE
"Maomao, it's twelve o'clock."
% exp: FAT is talking with MOT.
*FAT: shi bu shi gai gei ta zheng ge jidan?
be not be should give him braise CL egg
"Should we braise an egg for him?"
***CHI**: **<u>chi fan LE</u>.**
eat meal LE
"It's time for lunch."
*INH: chị fan LE.
eat meal LE
"It's time for lunch."

3 The symbols in our examples are as follows: INH, INI and INJ are for the investigators, CHI is for the child, FAT is for father and MOT for mother.

*INH: chi shenme A?
eat what A
"What do you want to eat?"
*INH: ni xiang chi shenme A?
you want eat what A
"What do you want to eat?"
*INH: A?
A
A?

(ZTX010811 Line: 2322O)

LE2: completion

Asentence containing the completion *le* indicates that the action has completed at the speech time. It usually co-occurs with activity verbs. See the example below:

(6) *MOT: kuai BA feiji fangshanglai BA.
quickly BA plane put on BA
"Please put the plane on it."
*MOT: Mama lai yun feiji LE.
mom come carry plane LE
"Mom comes to carry the plane."
*CHI: hao.
ok
"Ok."
*MOT: hao MA?
ok MA
"Is that Ok?"
*CHI: feiji zou LE.
plane go LE
"The plane has left."
*MOT: feiji zou LA?
plane go LA
"Has the plane left?"
*INH: feiji zou LA?
plane go LA
"Has the plane gone?"

*MOT: bu rang mama yun YA?
not let Mom carry YA
"Don't you want Mom to carry it?"
*INH: na BA zhege yun zou BA?
then BA this carry away BA
"Then would we carry it away?"

(ZTX010915 Line: 1330)

NE1: progressive aspect marker

A sentence containing the progressive aspect marker *ne* indicates that the action is in progress at the speech time. It typically co-occurs with activity verbs.

(7) *INJ: kan mama.
look mom.
"Look at mom."
*INJ: &ei, kanjian mama LE MA?
&ei, see mom LE MA?
"&ei, have you seen your mom?"
*CHI: kanjian mama LE.
see mom LE.
"I have seen my mom."
*INJ: mama ZAI gan shenme?
mom progressive do what?
"What is mom doing?"
***CHI: <u>kan xiao meirenyu NE</u>**.
look little mermaid NE.
"She is looking at the little mermaid."
*INJ: ZAI da dianhua NE.
progressive call telephone NE.
"She is calling."
*INJ: shi bu shi?
be not be
"Is that true?"
*CHI: da dianhua NE.
call telephone NE.
"I'm calling."

*INJ: &a1, ZAI gei yige shushu da dianhua shi bu shi?
&a1, progressive give a uncle call telephone be not be
"&a1, she is giving a call to an uncle, isn't she?"
*CHI: shi. & shei4.
yes
"Yes."

(SJQ011002(A) Line: 68)

NE2: argument locative marker

A sentence containing the argument locative marker specifies the location of the object. It may appear in "*where* questions" or "*what happened next* questions" and it may co-occur with prepositions or postpositions as well. Note that it never co-occurs with adjunt prepositional phrases.

(8) *INH: biaoyan ge jiemu!
perform a program.
"Give us a performance."
*INH: yao. xiao Zhao Benshan lai LE?
oh. little Zhao Benshan come LE?
"Oh. Is the little Zhao Benshan coming?"
*INH: yao!
oh.
"Oh."
% exp: The child got out of FAT's hug.
***CHI: <che NE >[/]che NE?**
car NE car NE
"Where is the car ? Where is the car ?"
% exp: The child is looking for cars.
*FAT: shenme ni zhao shenme NE ?
what you look for what NE
"What? What are you looking for?"
*CHI: xiao qiche.
little car.
"The toycar."
*FAT: xiao qiche ?
little car
"The toycar ?"

(ZTX011027 Line: 928)

NE3: question-softener

The function of the question-softener *ne* is to weaken the force of the question and make it more polite. It usually co-occurs with *wh*-questions.

(9) *CHI: dou zai na'er NE.
all on there NE.
"They are all there."
*MOT: zai na'er NE?
on where NE?
"Where are they?"
*CHI: mei you LE NE.
no thave LE NE.
"There is none."
*MOT: you BA.
have BA.
"We may have them."
***CHI: zenme mei you LE NE?**
how no thave LE NE
"Why is there none?"
*MOT: mama gei ni zhaozhao.
mom for you look for
"Mom tries to look it for you."
*CHI: < mama huang yanse DE.>[=!running away to take the purple balloon].
mom yellow color DE.
"Mom. It's a yellow one."
*MOT: zenme you cheng huang yanse DE LE NE?
howa gain beome yellow color DE LE NE
"Why does it become yellow again?"
*CHI: putao yanse DE.
grape color DE.
"It's of grape-like color."

(SJQ011021(B) Line: 247)

NE4: surprise marker

A sentence containing the surprise marker expresses that the degree or amount is beyond the norm or the speaker's expectation. It co-occurs with adverbs such as *hai (you)*, *cai*, and *jiu*.

(10) *FAT: <&e2:>[=!holding CHI high].
*INJ: &ei1ya1 Fei DE KE zhen gao.
&ei1ya1. Fly DE KE very high.
"&ei1ya1. It flies so high."
*CHI: <Haipa>[=!laughing]
scared
"I'm scared."
*FAT: bu haipa < you baba zhua ZHE ni haipa shenme
not scared have Dad grasp PROG you scared what
YA>[>].
YA
"Don't be scared. Dad is holding you. You needn't be afraid of anything."
*MOT: <bu pa. zan bu pa Beibei>[<]
not scared. we not scared Beibei.
"Don't be scared. We needn't be scared, Beibei."
***CHI: hai you ayi zai NE.**
still have aunt be here NE.
"What's more, we have the aunt here."
*FAT: &o4 hai you ayi zai NE. <geng bu haipa>[>]
oh. still have aunt in NE. more not scared
"Oh. What' more, we have the aunt here. You should be less scared."
*MOT: <jiu shi>[<].
exactly be
"It's true."
*CHI: <zhege ayi zai>[<][=!pointing to the investigator].
this aunt be here
"This aunt is here."
*FAT: <zhege ayi xing shenme>[>]?
this aunt surname what
"What is the surname of this aunt?"
*MOT: <xxx>[<].
<xxx>[<].
(SJQ011009(A) Line: 795)

BA1: invitation

A sentence containing the invitation *ba* represents the suggestion or invitation of the speaker to do something. It can co-occur with bare non-stative verbs without modal or aspectual markers, and sometimes with reduplicated verbs. The sentence containing the invitation *ba* will be definitely declarative in form.

(11) *MOT: lai <xue ge erge BA>[>].
come learn CL nursery rhyme BA
"Come to learn a nursery rhyme."
*MOT: zenmede jiu zhe ju hua.
how come only this sentence word
"How come she only has this word?"
*MOT: ta jiu shuo + "wo qin ni yixia".
she only say I kiss you once
"She only says "let me kiss you."
*MOT: ta jiu shi zheme shuo MA.
she just be this say MA
"She just says this."
*CHI: **<<u>Deng Xiangjun shou qilai BA</u>>[<].**
Deng Xiangjun put away BA
"Deng Xiangjun, put it away please."
% exp: She reaches out for the DV.
*INE: ta yao wo shouqilai BA.
she want me put away BA
"She wants me to put it away."
*INE: wo yao dakai.
I want open
"I want to open it."
*INE: dakai lai pai ni.
open come record you.
"I switch it on to record you."
(CY010830 Line: 790)

BA2: uncertainty

A sentence containing the uncertainty *ba* expresses the attitude of the speaker to the proposition whose truth value is not decided yet. In terms of the degree of the speaker's confirmation to the statement, this function can be further divided into two subcategories:

a. Confirmation: it presupposes the speaker's belief which is uncertain.
b. Conjecture: it makes a claim the speaker is not certain about.

Judgment to this function is often dependent on the non-linguistic context indicating whether the child has the knowledge of the presupposition, or resorts to adults' answers to their questions.

(12) *INH: lakai cai you tang NE.
draw only have candies NE
"Only by drawing it can we find the candies."
*INH: ni yao lakai zhe chouti.
you should draw this drawer
"You should draw the drawer open."
*INH: zhe limian mei tang.
this inner not have candies
"There are no candies in it."
*INH: zhen you tang A.
really have candies A
"There are really candies in it."
*CHI: **zai zhe'er BA?**
in here BA
"They are here."
*INH: zai zhe'er A?
in here A
"They are here."
*INH: ni la bu dong.
you draw not open
"you cannot draw it open."
*INH: ni shi.
You try
"You have a try."
*INH: ni kan.
you look
"Look."

(ZTX010811 Line: 1841)

(13) *FAT: laji shipin.
junk food
"Junk food."
*FAT: zhe shi mama de # shipin.
this be mom DE food
"This is mom's food."
*FAT: zhe shi shenme A?
this be what A
"What is it?"
*FAT: en?
en
"En?"
*CHI: **baba de shouji BA.**
dad DE mobile BA
"It's Dad's mobile, isn't it?"
*FAT: Baba de shouji A?
dad DE mobile A
"Dad's mobile."
@situation: The child began to play with the plane.
*FAT: na'er you feiji A?
where have plane A
"Where is the plane?"
*CHI: zhe jiu you feiji.
here just have plane
"Here is the plane."
(ZTX010811 Line: 1980)

MA: yes-no question operator

A sentence containing the yes-no question operator *ma* requests the assignment of the truth value to the proposition.

(14) *INJ: Weishenme shengqi LE?
Why yangry LE
"Why are you angry?"
*CHI: Tang & Seng1 &en1en1 Sun Wukong zou LE.
Tang Seng &en1en1 Sun Wukong leave LE
"Tang Seng and Sun Wukong have left."

*INJ: &n4–: Sun Wukong ye shengqi LE zou LE shi bu shi?
&n4–: Sun Wukong also angry LE go LE be not be
"&n4–:Sun Wukong also got angry and left. Yes?"
*CHI: &en1.
en
"En."
*CHI: Sun Wukong shi hao ren MA?
Sun Wukong be good man MA
"Is Sun Wukong a good man?"
*INJ: Sun Wukong shi hao ren MA?
Sun Wukong be good man MA
"Is Sun Wukong a good man?"
*INJ: ni shuo shi bu shi hao ren?
you say be not be good man
"You say if he is a good man or not."
*CHI: &n1. zhe shenme NE?
&n1. this what NE
"&n1. What is this?"
*INJ: zhe shi ge <yaoguai>[!].
this be CL monster
"This is a monster!"

(SJQ011021(A) Line: 354)

5.2 Emergence of SFPs

Table 3. The emergence of SFPs in the three Beijing children[4]

SFP		ZTX	SJQ	CY
LE	LE1 (inchoative)	01;07;28	01;09;04	01;06;15
	LE2 (completion)	01;07;28	01;09;04	01;08;16
NE	NE1 (progressive aspect marker)	01;08;11	01;09;04	01;08;16
	NE2 (argument locative marker)	01;08;11	01;09;04	01;08;30
	NE3 (question softener)	01;08;11	01;09;18	01;07;20
	NE4 (surprise marker)	01;09;01	01;09;27	01;10;18
BA	BA1 (invitation)	01;08;11	01;10;02	01;07;06
	BA2 (uncertainty)	01;08;11	01;10;02	Not found
MA	MA (yes-no question)	01;08;24	01;10;09	01;10;02

4 An SFP is considered to have emerged if it has previously co-occurred with three different predicates. The age at which the SFP satisfied this condition is taken as its point of emergence.

Table 3 demonstrates the emergence of SFPs in the three Beijing children. From the table, we may observe that several particles emerged at around the same time for the three children: at 01;09-01;10 for SJQ; at 01;07-01;08 for ZTX; and at 01;06-01;10 for CY. The temporal particles, i.e., LE1, LE2 and NE1 emerge earlier than the other SFPs, and the question particle MA and the modality particle NE4 appear the latest.

Apart from the common traits displayed in the children's utterances, divergence in the development of SFPs is also found among the kids.

Generally speaking, ZTX's development of SFPs is earlier than those of SJQ and CY, and the emergence of the four SFPs is completed within one month. Among the four SFPs, LE is the first one to appear and the surprise marker NE4, which involves the epistemic modality, appears rather late. And the question particle MA, which operates on the whole proposition and turns a declarative sentence into an interrogative one, occurs late as well due to its complexity of operation.

SJQ's acquisition of the SFPs is parallel to that of ZTX though there is a one-month gap of time between them. The only difference lies in that NE4 appears earlier than MA in SJQ's utterance.

CY's acquisition of the four particles takes much more time though the majority of SFPs appear within one month. The span between the earliest and the latest emergence lasts for 3.5 months. And what is worthwhile to note is that BA2 does not appear in her utterance though BA1 occurs rather early, which may be relevant to the adult input.

5.3 The Development of SFPs as a Category and Not as Lexically-based Patterns

Adopting the empiricist view on children's early language development, the learning of SFPs should be item-based, we may not expect to find large numbers and varieties of predicates co-occurring with SFPs. Starting from this point, we have examined the overall predicates co-occurring with SFPs in the children's utterances and the first-use predicates co-emerging with SFPs. And based on this, we calculate the mean number of new predicates in each session and the percentage of them to see whether the predicates are produced in a piecemeal and restrictive way.

Predicate in our study is defined as follows:

Predicate: it mainly refers to the predicate part of the sentence, i.e., VO/C compounds, predicate nominals and adjectivals. As for the sentences containing the argument locative marker *ne*, the arguments NP and PP are taken as the predicates since no predicate occurs in these sentences.

Table 4. Number of predicates co-occurring with SFPs

		ZTX	SJQ	CY
LE	NSU	14	11.5	18
	SNFP	160	176	67
	MNFP	11.43	15.30	3.72
	MPFP	70.8%	75.54%	76.13%
NE	NSU	13	11.5	12
	SNFP	32	60	28
	MNFP	2.46	5.22	2.33
	MPFP	82.05%	72.29%	75.68%
BA	NSU	13	7.5	16
	SNFP	42	27	34
	MNFP	3.23	3.6	2.13
	MPFP	79.25%	87.1%	68%
MA	NSU	12	6.5	4
	SNFP	14	16	7
	MNFP	1.17	2.46	1.75
	MPFP	100	100%	100%

NSU = number of sessions used

SNFP = sum total of the number of first-use predicates[5] co-occurring with SFPs

MNFP= mean number of first-use predicates per session

MPFP = mean percentage of first-use predicates per session

Table 4 gives us a detailed description of the number of predicates co-occurring with SFPs of the three children. From this table, we find that these particles co-occurred with a rich variety of predicates, including VO/VC compounds, serial verbs, reduplicated verbs, modal verbs, nominal predicates, adjectival predicates, prepositional phrases, *wh*-words, DE phrases, copular phrases, etc. Almost all predicate types in adult grammar

5 The numbers of predicates refer to the numbers of distinctive predicates, different tokens of the same predicate are counted as one.

appear in the linguistic production of the children. Apart from the rich varieties of the predicates, the first-use predicates that co-occur with SFPs account for 70%-100% of the total predicates in each session. What is striking to mention is that the predicates co-occurring with MA are all used for the first time in the three children's utterances. The predicates appearing in the sentences containing *le* constitute the majority of the sum total, while the predicates co-occurring with *ma* are the least in amount. These findings demonstrate that the sentence-final particles are not lexically dependent, i.e., they are not dependent on particular predicates.

To further illustrate our points, an investigation to the overlap of predicates co-occurring with SFPs is conducted.

Table 5. The overlap of predicates co-occurring with SFPs

Subject	Total number of predicates co-occurring with SFPs				LE & NE	LE & BA	LE & MA	NE & BA	NE & MA	BA & MA
	LE	NE	BA	MA						
ZTX	160	32	42	14	5	11	8	2	2	3
SJQ	176	60	27	16	6	3	4	2	2	0
CY	67	28	34	7	0	6	1	0	0	1

We may expect a large proportion of overlap of predicates as Table 4 demonstrates, but the figures in Table 5 seems to disconfirm our prediction in that only a few of the predicates co-occurring with one SFP co-emerge with another particle simultaneously, i.e., compared with the rich variety of predicates co-occurring with SFPs, the proportion of the overlapped predicates is rather low.

Considering the different selectional restrictions of the different functions of SFPs imposed on the predicates, the result may not disconfirm our prediction.

As we have mentioned in the beginning of this section, the syntactic constraints required by divergent functions are quite different, e.g., the progressive aspect marker NE1 can co-occur only with actional verbs, and the invitation particle BA1 with bare verbs without modal or aspectual markers. The overlap can be expected only if the syntactic requirements of the two functions are compatible which greatly restricts the degree of overlap.

5.4 The Emergence of SFPs as a Rapid, Catastropic Process

Our second claim derived from our investigation is that the emergence of SFPs is a rapid, catastropic process.

Recall the first emergence of SFPs in the utterances of the three children. Despite their minor divergences, the four SFPs of the three children appear within approximately one month. The short span needed for SFPs to become productive rules out the possibility that the SFPs were acquired gradually.

Our findings in the sentence patterns co-occurring with SFPs also lay ground for our claim that the emergence of SFPs is a rapid and catastrophic process.

The working definition of sentence pattern in our study is given below:

Sentence pattern: it is taken as a string of lexical categories and function words. These are based on adults' criteria and should not be interpreted as meaning that the children have necessarily acquired all these categories.

Table 6 gives us a general idea on the sentence patterns co-occurring with SFPs.

Table 6. Sentence patterns co-occurring with SFPs

		ZTX	SJQ	CY
LE	NSU	14	11.5	15
	SNFSP	79	123	56
	MNFSP	5.64	10.69	3.73
	MPSFP	49.69	59.7	60.21
NE	NSU	13	11.5	11
	SNFSP	23	51	28
	MNFSP	1.77	4.43	2.54
	MPSFP	67.64	59.3	80
BA	NSU	13	7.5	14
	SNFSP	38	21	27
	MNFSP	2.92	2.8	1.93
	MPSFP	71.7	70	79.41
MA	NSU	12	6.5	5
	SNFSP	16	15	7
	MNFSP	1.33	2.31	1.4
	MPSFP	100	93.75	100

NSU = number of sessions used

SNFSP = sum total of the number of first-use sentence patterns co-occurring with SFPs

MNFSP = mean number of first-use sentence patterns per session

MPSFP = mean percentage of first-use sentence patterns per session

It is evident that a great variety of sentence patterns are found to co-occur with SFPs, including SVO sentences, pro-drop sentences, serial verb constructions, passive constructions, dative constructions, cleft sentences, ergative structures, existential constructions, and even complex sentences. And the mean percentage of the first-use sentence patterns holds around 50%-100% of the whole in each session.

To be specific, the sentence patterns co-occurring with *le* are much more productive than the patterns containing other SFPs. The mean number of first-use sentence patterns co-occurring with *le* per session is between 3.73-10.69. The sentence patterns co-occurring with *ma* are the least developed, the mean number of which in each session is about 1.33-2.31. Despite their paucity, almost all the sentence patterns co-occurring with *ma* are used for the first time, with an exception found in SJQ's data. The proportion of the first-use patterns in SJQ's *ma* utterances accounts for 93.75%.

What is more, we have found that verbs may not necessarily be the nucleus of the sentence patterns: a considerable sum of grammatical sentence patterns lack verbs.

Following Tomasello et al., all the new sentence patterns are the results of concatenation of the previous structures. Thus, we may expect the sentence patterns to contain a subpart which co-occurred previously with SFPs. Table 7 is the number of previously used subparts in sentence patterns co-occurring with SFPs.

Table 7. Number of previously used subparts in sentence patterns co-occurring with SFPs

Subject	Total number of sentence patterns co-occurring with SFPs				Number of sentence patterns containing a subpart which co-occurred previously with SFPs				Percentage of the sentence patterns containing a subpart which co-occurred previously with SFPs			
	LE	NE	BA	MA	LE	NE	BA	MA	LE	NE	BA	MA
ZTX	79	23	38	16	70	12	21	2	88.6	52.2	55.3	12.5
SJQ	123	51	21	15	111	34	13	2	90.2	66.7	61.9	13.3
CY	56	28	27	7	46	12	17	0	82.1	66.7	62.9	0

Upon close scrutiny, we find that our findings disconfirm this expectation. Among the sentence patterns co-occurring with the four SFPs, only most of those co-occurring with *le*, around 80%-90%, contain a subpart which co-occurred previously with SFPs. But only half of the sentence patterns co-occurring with *ba* and *ne* have a subpart which co-emerged with SFPs before, and few sentence patterns containing *ma* have a subpart which co-occurred with SFPs previously, the percentage is from 0% to 13.33%. Besides, some of the complicated sentence patterns appear earlier than the simple ones, which contradicts Tomasello's logic.

Based on the above examination, we expect to draw the same conclusion in investigating the overlap of sentence patterns co-occurring with SFPs.

Table 8. Overlap of sentence patterns co-occurring with SFPs

Subject	Total number of entence patterns co-occurring with SFPs				LE & NE	LE & BA	LE & MA	NE & BA	NE & MA	BA & MA
	LE	NE	BA	MA						
ZTX	79	23	38	6	8	14	7	5	1	3
SJQ	123	51	21	5	13	7	5	8	7	1
CY	56	28	27	7	4	7	4	7	2	4

It is quite clear that the overlaps of sentence patterns co-occurring with SFPs are not as many as we expected. The most overlapped sentence patterns are found in ZTX's *le* and *ba* utterances. The least overlap of sentence patterns is found in the combination of *ma* and other SFPs. But considering the paucity of sentence patterns containing *ma*, the proportion is not very low. Actually the overlapped sentence patterns in CY's *ba* and *ma* utterances occupy more than half of the total sentence patterns containing *ma*.

The low percentage of the overlapped sentence patterns is to some extent related to our detailed classification of the lexical categories. For instance, the nouns are subcategorized as N, Nproper, Npron, Ntemp and Nloc, etc. If all these are collapsed, a large amount of parallel patterns will be ruled out.

5.5 Children's Observance of the Bijection Principle

The last investigation to the acquisition of SFPs concerns the children's observance of the Bijection Principle. According to the Bijection Principle two question operators of different types cannot bind one variable simultaneously. Hence, we may not expect the co-occurrence of *wh*-operator and yes-no question operator *ma* or *ba*.

Table 9. *Wh*-questions and yes-no questions of the three children

Subject		ZTX	SJQ	CY
Number of sessions used		13	12.5	13
Sum total of questions		117	160	185
Wh-questions	Co-occurring with *le*	1	6	9
	Co-occurring with *ne*	3	58	13
	Co-occurring with *ba*	0	0	0
	Co-occurring with *ma*	0	0	0
	Co-occurring with *a*	19	5	2
	Without SFPs	16	38	135
Yes-no questions	Co-occurring with *le*	0	1[6]	0
	Co-occurring with *ne*	0	0	0
	Co-occurring with *ba*	15	0	0
	Co-occurring with *ma*	16	15	7
	Co-occurring with *wh*-words	0	0	0
	Without SFPs	0	0	0

Now let's look at Table 9. The shaded lines in this table show the results concerning the co-occurrence of *wh*-operators and yes-no operators. We observe from the table that none of the children's tokens showed violation of the Bijection Principle, so that the interrogative SFP *ma* was never found with another *wh*-word in the same utterance. Besides the yes-no question particle *ma*, the uncertainty particle *ba* was observed in ZTX's yes-no questions to seek for confirmation and express his speculation. The observance of the Bijection Principle was also found in his *ba* utterances. What is interesting is that children rarely used intonation to mark a yes-no question, reflecting an early sensitivity to the use of a lexical strategy for clause typing in the target language (Cheng, 1992).

Despite the incompatibility of *wh*-questions and the interrogative operators, *wh*-questions are compatible with the temporal particle *le* and the

6 *le* co-occurring with yes-no questions here is actually in the combination of *le* + *ma*. The interrogative force is expressed by the question particle ma.

modality particles *ne* and *a*.

One may argue that the observance of the Bijection Principle in children's utterances is attributed to the correct input of the adult. To eliminate this possibility, we examine the input of the adult to see whether it is the case.

Table 10. Co-occurrence of *wh*-word and MA in adult input

	shenme & MA	*shui* & MA	*na(er)* & MA	*weishenme* & MA	*zenme* & MA
ZTX	14	3	2	—	2
SJQ	4	4	8	—	3
CY	12	—	—	2	—

Seeing from Table 10, we do find that the question particle co-occurs with non-interrogative *wh*-words in the adult input to all three children. Question particle *ma* co-occurs with nearly all the non-interrogative *wh*-words, among which *shenme* is the one used most frequently with *ma*.

(15) MOT: ni zhidao zhe shi shenme MA?
you know this be what MA
"Do you know what this is?"

(ZTX001188 Line: 1808)

(16) FAT: you shenme chi DE MA?
have what eat DE MA
"Is there anything to eat?"
(ZTX010728 Line: 1966)

This result rules out the possibility that children's observance of the Bijection Principle should be contributed to the correct adult input. And it supplies evidence for the nativist claim that children have biologically endowed language faculty.

6. Conclusions

We hypothesize that since sentence-final particles are operators that take propositions as arguments, the ability to grasp such operators represents a cognitive operation that may be part of Universal Grammar (Chomsky, 1995; 1965; Hauser & Fitch, 2002). In terms of our investigation to the acquisition of SFPs of the three Beijing children, we have arrived at the following conclusions:

a. Before two years of age, sentence-final particles *le, ne, ba* and *ma* have appeared in the children's utterances, functioning as temporal markers, modality markers and question marker.
b. The various SFPs used by children before two form a syntactic category rather than separate lexical items.
c. The emergence of SFPs reflects a rapid, catastrophic process rather than a gradual, piecemeal one.
d. Children's use of final particles observes principles of logical form, specifically the Bijection Principle.
e. Children do have innate, hardwired linguistic knowledge, thus, they will not be misguided by the adult input in determining whether *wh*-phrases should co-occur with final question particles.
f. The overall predicates and patterns found in the final particles used by the three Beijing children point to a qualitative change in the children's mental grammars.

References

Chao, Y. R. (1968). *A grammar of spoken Chinese*. Berkley & London: University of California Press.

Cheng, L. (1991). *On the typology of wh-questions*. Unpublished doctoral dissertation, MIT.

Chomsky, N. (1965). *Aspects of the theory of syntax*. Cambridge: MIT Press.

Chomsky, N. (1995). *The minimalist program*. Cambridge: MIT Press.

Crain, S. (1991). Language acquisition in the absence of experience. *Behavioral and Brain Science*s 14. reprinted in P. Bloom (ed.) (1994), *Language acquisition: Core readings*. Cambridge: MIT Press.

Crain, S., & Thornton, R. (1998). *Investigations in universal grammar*. Cambridge: MIT Press.

Li, Charles N., & Thompson, A. (1981). *Mandarin Chinese: A functional reference grammar*. Berkeley: University of California Press.

Li, Ping. (1990). *Aspect and aktionsart in child Mandarin*. Unpublished doctoral dissertation, Max-Planck-Institut für Psycholinguistik.

Lieven, E., Pine J., & Barnes, H. (1992). Individual differences in early vocabulary development: Redefining the referential-expressive distinction. *Journal of Child Language* 19, 287-310.

Lieven, E., Pine, J., & Baldwin, G. (1997). Lexically-based learning and early grammatical development. *Journal of Child Language* 24, 187-219.

Lü Shuxiang (ed.). (1979). *Xiandai hanyu babai ci* (*Eight hundred words in Mandarin Chinese*). Beijing: Commercial Press.

MacWhinney, B., & Snow, C. E. (1985). The child language data exchange system. *Journal of Child Language*. 12, 271-295.

Pine, J., & Lieven, E. (1993). Reanalyzing rote-learned phrases: Individual differences in the transition to multi-word speech. *Journal of Child Language* 20, 551-571.

Pine, J., Lieven, E., & Rowland, C. (1998). Comparing different models of the development of the English verb category. *Linguistics* 36 (4), 807-830.

Pinker, S. (1984). *Language learnability and language development*. Cambridge: Harvard University Press.

Poeppel, D., & Wexler, K. (1993). The full competence hypothesis of clause structure in early German. *Language* 69 (1), 365-424.

Smith, C. S. (1991). *The parameter of aspect*. Dordrecht: Kluwer Academic Publishers.

Tomasello, M. (1992). *First verbs*. London: Cambridge University Press.

Tomasello, M. (2000a). Do young children have adult syntactic competence? *Cognition* 74, 209-253.

Tomasello, M. (2000b). *The cultural origins of human cognition*. Cambridge: Harvard University Press.

Tomasello, M. (2000c). The item-based nature of children's early syntactic development. *Trends in Cognitive Sciences* 4, 156-163.

Tomasello, M. (2003). *Constructing a language: A usage-based theory of language acquisition*. Cambridge: Harvard University Press.

Valian, V. (1986). Syntactic categories in the speech of young children, *Developmental Psychology* 22 (4), 562-579.

Wexler, K., & Culicover, P. (1980). *Formal principles of language acquisition*. Cambridge: MIT Press.

Zhu, Dexi. (1982). *Yufa jiangyi* (*Lectures on grammar*). Beijing: Commercial Press.

（下）

Empty Operator Movement in Chinese Passive Syntax[1]

Feng Shengli

1. Introduction

In GB-theory, passive constructions have been taken as a fundamental syntactic process involving NP-movement. According to Chomsky (1986), movement never occurs unless the interactions of some principles or subtheories require it. Passivization, a case of NP-movement, is triggered by passive morphology and forced by Case Theory. But the same syntactic process with respect to passivizations is not easy to extend into languages like Chinese. Simply there is no such passive morphology in Chinese as in English, for example:

(1.1) a. Zhangsan was hit by Lisi.
b. *Zhangsan was hit him by Lisi.

1 This paper was written in 1989 when I was a graduate student at UPENN. Since then, it has been circulated, quoted and even further developed among Chinese formal syntacticians. However, the English version of the original form has never been published, although it has been frequently requested by colleges and new learners. It is therefore worthwhile to print the English version not only for the historical record and the research convenience, but also for, in particular, the memorialization of the most respectful scholar and my dearest friend, Professor Fang Li, who is the earliest grammarian to promote formal syntax in Mainland China.

(1.2) a. Zhangsan bei Lisi da-le.
Zhangsan bei Lisi hit
"Zhangsan was hit by Lisi."
b. Zhangsan bei Lisi da-le ta henduo ci.
Zhangsan bei Lisi hit him many times.
"Zhangsan was hit by Lisi many times."

"BEI" is usually called a passive marker, and the pattern of passive sentences in Chinese is therefore:

NP1 bei NP2 V Pro(noun) Freq(uency) P

NP1, the subject of a passive, is the logical object, and NP2 is the logical subject. Since the Pronoun in the object position needs Case according to the Case-filter; the verb in (1.2) must have the ability of assigning Case to it. Therefore the passive marker BEI does not function like *-en* in English. Furthermore, Feng (1989) has raised the problem in considering the following sentence:

(1.3) [$jiaoshi_i$] BEI Laoshi pai John zhao ren qu sao t_i le.
"The room was cleaned by someone who the teacher sends John to find."

There is no reason to assume that the passive marker BEI can take away the ability of assigning Case from the verb by crossing so many materials in a sentence.

Several questions arise: (1) What is the syntactic property of the passive marker BEI? (2) Is move α involved in BEI-sentences? If so, is it an NP-movement? (3) Is the subject position of passives an A-position with a dethematized Theta-role?

Recently, several approaches have been made. The most popular one in GB literature is Li's 1986 proposal. She argues that the subject position of passive sentences is a dethematized A-position, and the passive marker BEI is a preposition, but the verb in a passive sentence can still assign Case to its object. Since, in her system, the direction of Theta-role assignment in Chinese is from right to left, and Case assignment is from right to left, the D-structure of passives, therefore, is:

(1.4) ____ BEI NP2 NP1 Frq.P V

To derive the S-structure, she argued that NP1 can move into either the position to the right of tne verb or the subject position of the sentence in order to get Case. Since the subject position is dethematized, and since Chinese has no Dummy subject like "it" in English, but the dummy subject position somehow has to be filled as she argued, NP1 has to move to the subject position of the sentence to satisfy the "dummy subject" requirement, and therefore it is a case of NP-movement. Also, since the verb still assigns Case to NPs to its right, the Frq.P can move into this position to get Case from the verb. Thus, the S-structure is:

(1.5) NP1 $[_{VP}$ $[_{PP}$ BEI NP2] V Frq.P]

This system works well for passives like (1.1).

2. Problems of Previous Accounts

Although Li's account explains quite a wide range of data, there are some problems in her account. First, it is obvious that the subject position cannot be filled by the Frq.P; if the subject position has to be filled anyway, why does the filler have to be the NP1, but not the Frq.P? The second problem involved in her account is examples like the following:

(2.1) Zhangsan$_i$ Bei ren BA ta$_i$ da-le.
Zhangsan bei someone BA him hit
"Zhangsan was hit by someone."

As outlined above, in Li's account, BEI is analyzed as a preposition (see also Huang, 1982 and many others). This treatment leads to a non-avoidable consequence: passive constructions must be a mono-clause structure. But if this is so, sentences like (2.1) would not be grammatical, simply because the pronoun *ta* (he) is the matrix object (BA is an object Case marker in Mandarin) and it is bound in its GC, namely by the matrix subject *Zhangsan*. This is an obvious violation of Principle B of the Binding Theory. How could (2.1) be grammatical? This is a big problem for Li's account among others.

Huang (1982) argued that the object pronoun *ta* in (2.1) is spelt out at PF, rather than base-generated at D-structure. Since, as he assumed, the general ban of preposition stranding in Chinese is a constraint on PF, the stranded position must be spelt out by a pronoun at PF if the object of a preposition is extracted. Therefore the object pronoun is irrelevant to the Binding Theory (assuming the Binding Theory applies at S-structure). But, even so, sentences like (1.2) still create the same problem for a mono-clausal analysis, repeated here as (2.2)

(2.2) Zhangsan bei Lisi da-le ta henduo ci.
Zhangsan bei Lisi hit him many times.
"Zhangsan was hit by Lisi many times."

(2.2) is grammatical for native speakers, and *ta* (he) is obviously co-indexed with *Zhangsan* in its GC, which again is not allowed by Principle B. Since there is no preposition like BA at all, the preposition stranding strategy cannot apply here; therefore example (2.2) remains unexplained for any account in terms of a mono-clausal analysis. The third problem concerns the distribution of the agent NP and the pronominal object of the verb. Let us look at the following paradigm:

(2.3) a *Zhangsan Bei e BA ta da-le.
Zhangsan bei Ba him hit
"Zhangsan was hit."
b. Zhangsan Bei wo BA ta da-le.
Zhangsan bei me Ba him hit
"Zhangsan was hit by me."

(2.4) a *Zhangsan Bei e da-le ta yixia.
Zhangsan bei hit him once
"Zhangsan was hit once."
b. Zhangsan Bei wo da-le ta yixia.
Zhangsan bei me hit him once
"Zhangsan was hit by me once."
c. Zhangsan Bei wo da-le yixia.
Zhangsan bei me hit once
"Zhangsan was hit by me once."

These show that the presence of a pronoun object is licensed by the agent NP: if the agent NP did not appear, the pronoun object could not appear. The question then is why this should be the case. This cannot be properly explained under Li's analysis. Cheng (1986) proposed a reanalysis rule to deal with passive sentences like the one we consider now:

[vp P + e + V] → [v PV] (Cheng, 1986: 64)

It states that in the domain of VP, a preposition which is followed by an empty NP is reanalyzed as part of a compound verb. In Cheng's system the reanalysis is obligatory if the agent NP is empty. Cheng would rule out sentences (2.3a) and (2.4a) by saying that BEI is not adjacent to the verb and thus cannot be compounded with the verb. But, sentences like (2.1) and (2.2) will be also ruled out under her system, because there is no way to allow a pronoun to appear in the object position in a mono-clausal analysis. Also, sentences like the following will be ruled in, but it is ungrammatical (see Li,1986):

(2.5) *Zhangsan Bei ren da-le ziji yixia.
Zhangsan bei someone hit self once
"Zhangsan was hit himself by someone once."

This is the most difficult situation for the mono-clausal analysis. At first place, it cannot explain why a pronoun object CAN occur in the object position; at second place, it cannot explain why a reflexive CANNOT occur in the object position. There is no way to capture this phenomenon on principled ground, except to follow the descriptive generalization for passive constructions:

(i) Reflexives cannot appear in the object position;
(ii) Objective pronouns cannot appear without the agent NP.

Note that in this situation we would not expect the co-occurrence of an agent NP with a resumptive pronoun to have properties of its own. On the contrary, the co-occurrence would be a consequence of independent properties. Secondly, as we can see below, it is not always true that reflexives cannot appear in the object position of passives. Then the question is why both pronoun and reflexives can occur in the object position? Clearly, we lack a principled explanation here.

3. Toward a Solution

In this paper, I shall argue, in Section 3.1, that the passive sentence is a Bi-clausal construction. Secondly, in Section 3.2, I propose that the syntactic process of passivization involves the application of Null-operator. In Section 4.1, a comparison between Tough-movement in English and passivization in Chinese is given to support this hypothesis. And also some structural parallel phenomena between passivization, topicalization and relativization are given in Section 5. Finally, quite a range of passivizations, including long distance passives, are discussed.

3.1 The Structure of Passives: A Bi-clausal Analysis

As we have seen before, as long as examples (2.1) and (2.2) are considered, we are forced by the Binding Theory to treat BEI-sentences as a Bi-clausal construction, and the only way to analyze it is to adopt the following structure, rather than the one proposed in (1.5).

(3.1) [s1 NP1 BEI [s2 NP2 V NP]]

In this structure, BEI must be analyzed as a verbal element, rather than a preposition, and the embedded clause is a complement of BEI. Further, let us assume that the embedded verb can still assign Case to its complement/s. This is quite reasonable, because unlike passive morphology *-en* in English, the passive marker BEI cannot take away the ability of assigning Case from the verb as maintained before. This can also be tested further by the fact that the embedded clause in (3.2a) can stand alone as an independent sentence as in (3.2b):

(3.2) a. [s Zhangsan$_i$ Bei [s wo da-le ta$_i$ yixia]]
Zhangsan bei I hit-Asp. him once
b. Wo da-le ta yixia.
I hit-Asp. him once.

With this structural analysis, we can now explain readily the pronominal object phenomena we have questioned earlier: since the verb can still assign Case to its complement/s, *ta* (he) and *yixia* (once) will receive Case from the verb *da* (hit), if we assume *yixia* also needs Case. Therefore the embedded clause is well-formed. Here, the GC for *ta* (he) is the embedded clause, and *ta* (he) is free in that GC, therefore (3.2a) is well-formed. Now consider the pronominal object within BA-construction:

(3.3) Zhangsan$_i$ Bei wo BA ta$_i$ da-le.
Zhangsan bei I BA him hit-Asp.

ta (he) is the object of *da* (hit), since BA is an Acc-Case marker (it absorbs the Case-marking ability from the verb, see Cheng (1986), and *ta* is the object of the verb *da*, the GC for *ta* is still the embedded clause. Clearly, *ta* (he) is free in its GC; the sentence is grammatical as we expected.

3.2 The Syntactic Processes of Passivization

Under the Bi-clausal analysis, elements in passives given above would all be base-generated in the structure of (3.1). Since there is no gap at all, therefore there would be no movement involved. Before we go into further, let us look at the following examples:

(3.4) a. Zhangsan$_i$ Bei wo BA ta$_{i\ j*}$ da-le.
Zhangsan bei I BA him hit-Asp.
b. Zhangsan$_i$ Bei wo da-le ta$_{i\ j*}$ yixia.
Zhangsan bei I hit-Asp. him once.
c. Zhangsan Bei wo da-le *Lisi yixia.
Zhangsan bei I hit-Asp. Lisi once.

A natural question about these examples arises: if there is no movement involved at all, what kind of syntactic constraint/principle ensures that the embedded object pronoun has to be co-indexed with the matrix subject? Furthermore, some other examples which contain a gap at the object position would also need to be explained:

(3.5) a. *Zhangsan$_i$ Bei wo da-le e$_{j.}$
Zhangsan bei I hit-Asp.
b. Zhangsan$_i$ Bei wo da-le e$_{i.}$
Zhangsan bei I hit-Asp.

[e] is required by the Projection Principle and the interpretation of these sentences makes it clear that the empty category [e] in (3.5) must be co-indexed with the matrix subject, which is analogous to the relationship in which the pronoun has to be co-indexed with the matrix subject in (3.4).

In considering examples such as (3.4) and (3.5), I propose that there is indeed a movement involved, namely, the empty operator movement.

To begin with, let us examine the [e] in (3.5b) first. [e] is in an object position in (3.5b). It cannot be PRO, since it is governed. It cannot be an NP-trace as well, since it is not bound in its GC, namely by the embedded subject *wo* (I). Finally, it is not pro, because it does not satisfy the Generalized Control Rule (Huang,1984)[2], and in general, pro cannot occur in object position even in pro-drop languages. Furthermore, [e] cannot be locally A-bound by *Zhangsan*, or it will be an NP-trace violating the Binding Theory. Therefore, it must be a variable. That is, it must be A'-bound by an operator O. The actual S-structure of (3.5), then, must be (3.6):

2 The Generalized Control Rule states "co-index an empty pronominal with the closest nominal element" (Huang,1984).

(3.6) Zhangsan Bei [s'O_i [s wo da-le e_i]]

Following Chomsky (1982), since [e] is a variable A'-bound by *O*, the S-structure (3.6) must have been derived by application of "Move alpha from the D-structure"(3.7):

(3.7) Bei [s' COMP [s wo da-le *O*]]

Notice that the operator *O* is an EC and is semantically empty, therefore, [e_i] is in effect a free variable, assigned no range by its operator in the embedded clause. As a result, it violates the principle barring vacuous operators. To satisfy the requirements that each LF variable either be assigned a range by its operator or be assigned a value by an antecedent that A-binds it, it follows that [e_i] must be bound by an NP in the matrix subject position as in (3.8):

(3.8) $Zhangsan_i$ [BEI [$\mathbf{O}_i$ [wo da le e_i]]
Zhangsan was hit by me.

In (3.8) [e_i] must be bound by *Zhangsan*, though [e_i] is not locally bound by *Zhangsan* (rather, by **O**) and is not the trace of *Zhangsan*. Under this analysis, sentence (3.5a) can be readily ruled out:

(3.9) *$Zhangsan_i$ Bei [s' $\mathbf{O}_j$ [woda-le e_j]]

First, [e_j] is bound only by $\mathbf{O}_j$, and is in effect a free variable, which must be ruled out.

The analysis provides answers of why the object pronoun has to be co-indexed with the matrix subject. It can also explain the question of why a full NP or a pronoun with a different reference from the matrix subject in object position must be ruled out as in (3.4). I will come back to this question in the following sections. The crucial point here is that all the ungrammatical sentences will be ruled out at an independent ground.

As we have seen above and will see below, under the Bi-clausal analysis and the movement account, all grammatical sentences we have considered so far can be generated correctly, and all the ungrammatical sentences given above can be ruled out naturally.

4. Tough-movement in English and Passivization in Chinese

If a Null-operator is in fact involved in passivization in Chinese, one would expect to find similarities between the so-called "Tough-movement" in

English and passivizations in Chinese. And if the comparison is successful, it would be a strong support to the hypothesis given above. It is well-known that "easy" type of Tough-movement is different from "stubborn" type of Tough-movement, in that a resumptive pronoun can appear in the object position if the embedded subject is present in "stubborn-type", but not "easy-type" of Tough-movement:

(4.1) a. *John is easy for Bill to please him.
b. John is too stubborn for Bill to talk to him.

The nature of the difference between the two kinds of Tough-movement is irrelevant here. It is clear that the comparison between English Tough-movement and Chinese passivization with respect to the Null-operator analysis must take the "stubborn-type" sentences, because this type of sentences provides many interesting binding phenomena, which "easy-type" sentences lack. What we found, then, is that the binding relations in the "stubborn-type" sentences are exactly the same with the binding relations in the passivizations in Chinese.

(4.2) (i) Resumptive pronoun:
a. John is too stubborn for Bill to talk to <u>him.</u>
b. Zhangsan Bei Lisi da-le <u>ta</u> yixia.
(ii) The reflexive with a present embedded subject:
a. *John is too stubborn for Bill to talk to <u>himself</u>.
b. *Zhangsan Bei Lisi da-le <u>ziji</u> yixia.
(iii) The reflexive without the embedded subject:
a. *John is too stubborn to talk to <u>himself</u>.
b. *Zhangsan Bei da-le <u>ziji</u> yixia
(iv) The absent of the embedded subject with the resumptive pronoun:
a. *John is too stubborn to talk to <u>him</u>.
b. *Zhangsan Bei da-le <u>ta</u> yixia.

"him" is allowed in (i-a), because "Bill" is the SUBJECT and the embedded clause is the GC for "him". For the same reason, (i-b) is therefore grammatical.

In (ii-a) and (ii-b), the embedded subject is the SUBJECT and the embedded clause is the GC for "himself/ziji", and "himself/ziji" is bound in its GC, thus the sentence would have been grammatical in both English and Chinese. But they are not. The reason is not a violation of Condition

A of the Binding Theory; rather it is due to a violation of the semantic interpretation. Because (ii-a) would mean that "John is too stubborn in doing that Bill is talking to Bill himself". It is semantically non-interpretable, hence the ungrammatical sentence of (ii-a). The situation is the same for (ii-b), because (ii-b) would mean that "Zhangsan was affected directly by an action of hitting such that Lisi hit Lisi himself". Here, "Lisi hit himself" has nothing to do with "Zhangsan". Therefore the sentence does not make sense semantically. As a result, (ii-b) is out just like (ii-a).

If we take pro as a subject of the embedded clause in (iii), than the grammaticality of (iii-a/-b) will be the same as of (ii), i.e., the semantics of these sentences is not interpretable. I will come back to this in next section.

The situation in (iv) is not so straightforward. The reason why when the embedded subject position is an EC, rather than a full NP, the resumptive pronoun must be ruled out in both English Tough-movement and Chinese passivizations, will be given in Section 7. However, if (iv-a) is out, for whatever reason/s, the same will be true for (iv-b).

The four pairs of sentences provide parallel relations in terms of their binding relations and their grammaticality between passivizations in Chinese and Tough-movement in English. These strongly indicate that the structure of Chinese passivizations is the same as the structure of English Tough-movement (stubborn type). As has been shown earlier, the object resumptive pronoun must be taken into account in analysis of passivizations in Chinese, and under the Null-operator analysis, it is not surprising that if both passive constructions and the "stubborn type" of sentences actually involve a Null-operator, their binding relations will equally show up in both cases.

4.1 Reflexives in Chinese Passivization

We have seen that when passivization is formed with a reflexive and a zero subject in an embedded clause, the zero subject is pro and it is the antecedent of the reflexive, such as (4.2 iii), repeated here as (4.3):

(4.3) a. *John is too stubborn pro to talk to <u>himself</u>.
b. *Zhangsan Bei pro da-le <u>ziji</u> yixia.

The sentence is out because of the non-interpretable reasons. But, one would argue, in this case, that reflexives in Chinese can take higher clause NP as its antecedent, for example:

(4.4) Zhangsan zhidao Lisi bu xihuan ziji.
Zhangsan know Lisi not like self.
a. Zhangsan knows that Lisi does not like himself (Lisi).
b. Zhangsan knows that Lisi does not like him (Zhangsan).

Therefore, "ziji" in (4.3b) would also take the matrix subject "Zhangsan", rather than the embedded zero subject pro, as its antecedent, such as:

*Zhangsan$_i$ BEI PRO da-le ziji$_i$.

The question, then, is why "ziji" can take a higher clause NP in (4.4b) but cannot in (4.3b)? The reason, I suggest, is that in Chinese a reflexive can take an upper clause NP as its antecedent if it can also take the one in its own clause (in its GC). That is, the grammar of reflexives cannot tolerate a violation of Condition A of the Binding Theory at the first place—the immediate GC—in order to save the structure by taking a higher NP as its antecedent. In our case, "ziji" has to take pro to be its antecedent by Condition A, and then goes up to take "Zhangsan" as its antecedent. Obviously, the process failed at the first place due to the semantic reasons given above and the sentence cannot be saved by any means.

If, on the other hand, the nearest subject is not valid for being an antecedent of reflexive, for example:

(4.5) Zhangsan zhidao shitou yao zaziji.
Zhangsan know stone will hitself.

then we have the following interpretations:

a. *Zhangsan knows that the stone will squash itself (stone).
b. Zhangsan knows that the stone will squash on himself (Zhangsan).

That is, the reflexive can skip the first SUBJECT (inanimate) to take the higher one (animate). If this is so, why cannot reflexives in (4.3b) skip the embedded subject (if it refers to an inanimate entity) to take the higher NP—"Zhangsan" as its SUBJECT? No particular attention has been paid to this question. What we find is only a general observation that reflexives cannot appear in passivizations as cited above. But there are actually some very interesting phenomena, that is, sentences like (4.6a) are grammatical:

(4.6) a. Zhangsan BEI shitou za-le ziji yixia.
b. *Zhangsan BEI ren za-le ziji yixia.
c. *Zhangsan BEI pro za-le ziji yixia.

(4.6a) denies the general observation that reflexives cannot appear in passivizations. A question then is why (4.6a) is grammatical but not (4.6b) and (4.6c). (4.6b) is out because of the non-interpretable reasons. As for (4.6c)—the zero subject refers to an inanimate entity, I will discuss it later. Nevertheless, according to the discussion given above, this is clear that:

(i) The embedded subject must be the first SUBJECT for “ziji”;
(ii) If and only if the first SUBJECT is inanimate, “ziji” can take the higher NP as its SUBJECT;
(iii) If the embedded subject is an EC, the sentence is out no matter if it refers to an animate or an inanimate entity.

Notice that, these observations are clearly supporting the hypothesis made in this paper, that is,

(i) The passivization in Chinese is Bi-clausal structure, otherwise there is no unique theory to rule in (4.6a) and to rule out (4.6b) and (4.6c). The semantic violation can only hold if we assume that the reflexive takes embedded clause as GC.
(ii) The grammaticality of (4.6a/4.6b) is the same as the grammaticality of the “stubborn-type” sentences according to the semantic reasons. On the other hand, once the inanimate SUBJECT takes place, the sentence is interpretable semantically. This is why (4.6a) is grammatical.
(iii) The structure of passivization in Chinese is the same as Tough-movement (stubborn) in English.
(iv) The only difference between English and Chinese is that English does not allow long distance reflexive, but Chinese does.

So far, everything seems to be quite positive to my analysis. The only thing left is the grammatical passive constructions with an inanimate subject pro in an embedded clause. The theory predicts that it must be grammatical. In Section 7 we can see that the question has to do with pro vs. full NP in the embedded subject position.

5. Empty Operator Movement

If passivizations in Chinese involve Move-alpha, it follows that the gap must satisfy island conditions, along with other conditions that follow from the assumption that movement is involved in these constructions. This is, in fact, the case as illustrated in (5.1):

(5.1) a. *Lisi$_i$, [$_S$ Zhangsan chi le [$_{NP}$[$_S$ e$_i$ zuo e$_j$] DE $_{COMP}$] rou$_j$]
Lisi Zhangsan eat Asp. cook DE meat
Lisi$_i$, Zhangsan ate the meat that [e$_i$ cooked]

b. *[Zhangsan renshi [$_{NP}$ [$_S$ e$_i$ zuo e$_j$] DE $_{COMP}$] rou$_j$]$_{NP}$] DE $_{COMP}$]Lisi$_i$]
Zhangsan know cook DE meat DE Lisi
Zhangsan knows Lisi$_i$ who the meat that [e$_i$ cooked]

c. *Lisi Bei [Zhangsan chi le [$_{NP}$ [$_S$ e$_i$ zuo e$_j$] DE $_{COMP}$] rou$_j$]
Lisi$_i$ Bei Zhangsan ate the meat that e$_i$ cooked

(5.1a) is topicalization and (5.1b) is relativization. Both are cases of Move alpha, assumed in GB literature. Since the moved NP has crossed two bounding notes, NP and S in each case, it violates Subjacency. (The empty category in subject position is properly governed, see Huang (1982), and therefore they are not a violation of ECP.) (5.1c) is passivization and it is also ill-formed as (5.1a) and (5.1b). This indicates that Move-alpha must have been applied here, otherwise it is difficult to rule (5.1c) out.

The movement analysis presented above leads directly to a natrual logical conclusion:

(5.2) Wherever the application of Move-alpha can apply to topicalization or relativization, it can apply to passivization.

As we can see below, this is indeed the case. (In the following examples, P stands for passivization, T for topicalization and R for relativization.)

(5.3) P. [John$_i$] BEI Laoshi pai t$_i$ qu zhao ren sao jiaoshi le.
"John was sent to find someone to clean the classroom by the teacher."

T. John$_i$, Laoshi pai t$_i$ qu zhao ren sao jiaoshi le.
"John, the teacher sent (him) to find someone to clean the class-room."

R. [Laoshi pai t$_i$ qu zhao John sao jiaoshi] de]ren$_i$
"The person who the teacher sent [e] to find John to clean the class room."

(5.4) P. [ren_i] BEI Laoshi pai John zhao t_i qu sao jiaoshi le.
"Someone was found to clean the classroom by John who the teacher sent."
T. [$Xuesheng_i$], Laoshi pai John zhao t_i qu sao jiaoshi le.
"The students, the teacher sent John to find (them) to clean the classroom."
R. Laoshi pai John zhao t_i qu sao jiaoshi] de] $xuesheng_i$
"The student who the teacher sent John to find [e] to clean the classroom."

(5.5) P. [$jiaoshi_i$] BEI Laoshi pai John zhao ren qu sao t_i le.
"The classroom was cleaned by someone who the teacher sent John to find."
T. [$jiaoshi_i$], Laoshi pai John zhao ren qu sao t_i le.
"The classroom, the teacher sent John to find someone to clean it."
R. Laoshi class pai John zhao ren qu sao t_i] de] $jiaoshi_i]_{NP}$
"The classroom was cleaned by someone who the teacher sent John to find."

On the other hand, the explanatory power of the movement account can also turn the conclusion in (4.2) the other way round:

If the application of Move-alpha cannot apply to topicalization or relativization, for whatever reason, it cannot apply to passivization.[3]

This is in fact the case as we see in (5.1) above and in (5.6) below:

(5.6) a. *$Zhangsan_i$, Lisi bi e_i mai le fangzi.
Zhangsan, Lisi forces [e] sell house.
Zhangsan, Lisi forces [e] to sell the house.

3 There is one exception:

T. Zi, wo xie le.
The character, I wrote.
R. Wo xie DE zi...
The character I wrote...
P. *Zi Bei wo xie le.
The character was written by me.

This is because, as Cheng (1986) discussed, the passive marker BEI only occurs with verbs indicating adversity. Sentence (c) is unacceptable, not because Move-alpha cannot apply here syntactically, rather it is because the embedded sentence does not have any adverse connotation. What seems to me to be correct here is that BEI selects an S-complement that must have the feature [+adversity]. In other words, the following rule must be added to the lexicon:

d. BEI, < V, ____ S [+adversary] >

According to rule d, sentence (c) is ungrammatical because it violates the selectional requirement of the verb BEI.

b. *Lisi bi e_i mai le fangzi le DE $Zhangsan_i$.
Lisi force [e] sell house Asp. DE Zhangsan.
Zhangsan who Lisi forces [e] to sell the house.

c. *$Zhangsan_i$ BEI Lisi bi e_i mai le fangzi.
Zhangsan Bei Lisi force [e] sell house.
Zhangsan was forced [e] to sell the house by Lisi.

Among P, R, and T, the parallelism of grammaticality in (5.3-5) and the parallelism of ungrammaticality in (5.1) and (5.6) are now easy to explain, because both relativization and topicalization as well as passivization all involve not only movement but also the same kind of movement, i.e., the *O* operation. Whatever happens to topicalization or relativization, happens to passivization. Under the present theory these three kinds of syntactic operations collapse naturally into one syntactic process and can be accounted for in a unique way.

6. The Long Distance Movement in Passivization

Now let us consider the following long distance passivization (Feng, 1989):

(6.1) Laoshi pai John (qu) zhao ren (qu) sao jiaoshi le.
Teacher send John to find someone to clear classroom.
"The teacher sends John to find someone to clear the classroom."

There are three NPs which are properly governed in the positions where they occur. What is interesting here is that if this sentence is passivized, the following pattern will be impossible if passivization is analyzed in the standard way:

(6.2) [ ] INFL [$_{vp}$ BEI NP V NP_1 V NP_2 V NP_3]

In fact, each of these movements is possible, as the following three sentences show:

(6.3) a. [$John_i$] BEI Laoshi pai t_i qu zhao ren sao jiaoshi le.
"John was sent to find someone to clean the classroom by the teacher."

b. [ren_i] BEI Laoshi pai John zhao t_i qu sao jiaoshi le.
"Someone was found to clean the classroom by John who the teacher sent."

c. [$jiaoshi_i$] BEI Laoshi pai John zhao ren qu sao t_i le.
"The classroom was cleaned by someone who the teacher sent John to find."

All (6.3a-c) are well-formed sentences. Notice that, in each of these three sentences, any one of these three objects can be moved into the subject position in a single movement, and the remaining two stay in their basic positions. It shows that before the movements take place, all of these objects are already assigned Case by their governors; otherwise we must assume that these three NPs are all non-Case-marked NPs for the reason that each of them is available for movement to the subject position. Clearly the assumption that they are not Case-marked is an undesirable one, because two of these NPs have to stay in their original position and therefore have to have Case. Ultimately these three NPs are all Case-marked NPs. If so, there is no reason to assume the standard NP-movement in the long distance passivization. For one thing, the passive marker BEI cannot take away the ability of assigning Case from the verb (say, SAO "to clean") because the verb occurs so far away from BEI. Secondly, even though one does assume that BEI could take away the ability of assigning Case from the verb by crossing so many materials, this process must be arbitrary, since all these three NPs can move into the subject position and also can stay in their object positions. Note that there is no problem for the Null-operator analysis. Actually, the existence of long distance passivization itself argues for the analysis of the empty operator movement.

7. Final Remarks

Although the problem concerning resumptive pronouns in passivizations no longer is a problem under our account, the question we raised before about examples like the following still remains:

(7.1) a. *Zhangsan$_i$ Bei da-le ta$_i$
Zhangsan bei hit-Asp. him
b. *Zhangsan$_i$ Bei BA ta$_i$ da-le
Zhangsan bei BA him hit-Asp.

We still have no way to account for this ungrammaticality, since under the Bi-clausal analysis I proposed, they would have been equally as well-formed as examples given in (7.2):

(7.2) a. Zhangsan$_i$ Bei wo da-le ta$_i$ yixia
Zhangsan bei I hit-Asp. him once
b. Zhangsan$_i$ Bei wo BA ta$_i$ da-le
Zhangsan bei I BA him hit-Asp.

Structurally, the grammaticality of (7.2) could not be affected by the absence of the agent NP under the Binding Theory, since the Bi-clausal structure under assumption ensures that the pronoun is free in its GC. But, in fact, sentences like (7.1) are ungrammatical. Can we account for the ungrammaticality in a principled way?

Notice that, if we remove the pronoun in examples (7.1a-b), they are, then, all perfectly grammatical:

(7.3) Zhangsan$_i$ Bei da-le e$_i$
Zhangsan bei hit-Asp.
"Zhangsan was hit."

This fact shows that the ungrammaticality is a violation of Condition B of the Binding Theory, resulting from the absence of the agent NP, because sentences can be grammatical without the agent NP. Now the question is why the binding condition varies with respect to the absence of the agent NP. The only plausible resolution is that the absence of the agent NP causes a different structure, at least to the binding domain.

How could the absence of the agent NP cause a structural change? Following, but somehow different from Cheng (1986), I propose that a structural reanalysis is involved in passives. Recall that BEI is analyzed as a verb in our account. But it has often been argued in traditional grammar and in GB-analysis that BEI should not be a verb, since it lacks some properties of verbs[4]. In our theory, BEI has to be a verb, because the binding condition demands it to be so. But on the other hand, it does not behave like a "real" verb. I would like to suggest that BEI is a passive auxiliary verb subcategorizing for an S' complement, but unlike other Aux-verbs, it is a bound form which must be "supported" by a phonetically realized element. A structural reanalysis is therefore motivated and a rule for reanalysis is given below:

(7.4) Bei X ... Y ...→ Bei-X ... Y ...

It states that BEI takes an element that is adjacent to it as its reanalyzee. The reanalysis, I assume, takes place at S-structure and after all syntactic operations at that level. With this assumption, let us see how (7.1) can be ruled out after reanalysis.

4 Li (1986) also argued in detail that BEI cannot be a verb, since it cannot be "A-not-A" questioned; and it cannot take aspect *le* ...

(7.5) a. *Zhangsan$_i$ Bei da le ta$_i$
Zhangsan bei hit Asp. him
*Zhangsan$_i$ [Bei-da] ta$_i$
Zhangsan bei-hit him

[Bei-da] (was hit) now has been reanalyzed as a verb compound, and since the two verbs have been reanalyzed as one after reanalysis, the structure is no longer a Bi-clausal, but a mono-clausal structure. As a consequence, the GC for "ta" is the root sentence and "ta" is bound by the subject NP "Zhangsan", which is not allowed by Condition B.

This assumption makes a prefect prediction with respect to the empty object. As we have seen before, when the embedded object is an empty category, it is functionally determined as a variable:

(7.6) Zhangsan$_i$ [BEI [O$_i$ [e da le e$_i$]]

After reanalysis the structure would be (3.17):

(7.7) Zhangsan$_i$ [Bei-da]e$_i$

[e$_i$] is, now, governed but not Case-marked, since this is reasonable to assume that when BEI is morphologically attached to the verb, BEI as a reanalyzer absorbs the ability of assigning Case from the reanalyzee[5] in a similar fashion as *-en* in English does. Therefore, [Bei-da] cannot assign Acc-Case to [e$_i$] and the GC of [e$_i$] now is the root sentence and it is bound by "Zhangsan". This is, in fact, what we expected for [e$_i$], because if the sentence is a mono-clause after reanalysis, [e$_i$] cannot be a variable co-indexing with the subject "Zhangsan", otherwise Principle C will be violated. On the other hand, if the object empty category is coindexed with the subject, it cannot carry Case. Therefore, [e$_i$] must be like an NP-trace—an empty category which is governed, but not Case-marked. As we can see, this is what the theory demanded. Now [e$_i$] must follow from Condition A, i.e., it must be

5 In modern Chinese, there are many kinds of BEI-verb compound. For example, Bei-gao (defendent), Bei-po (be compelled)... All these indicate that BEI has fused with the lower verb in the lexion. The verb "Bei-po" also shows that, as long as "po" (force) is attached by BEI, "po" cannot assign Case to its object anymore. Therefore, sentence (a) is grammatical, but (b) is not.

a. Ta Bei-po qu shangxue
"He is forced to go to school."
b. *Bei-po ta qu shangxue
Bei-force he to go to school.

bound in its GC, and it is bound by the subject of "Zhangsan" which is exactly predicated by the theory.

The next open question we consider is the embedded empty subject. It is reasonable to assume that the embedded clause is a finite clause[6] and the empty subject is therefore a pro, rather than PRO, since the subject is always properly governed in a finite clause in Chinese (Huang, 1982). The question is why is the empty subject to be understood as having the arbitrary interpretation of free pro? Let us first begin with a more concrete question of this sort: Why the empty subject of an embedded clause cannot be controlled by the matrix subject as in structure (4.1)?

(7.8) $Zhangsan_{ij*}$ [BEI [O_i [e_j da le e_i]]

First, as we can see, the interpretation of the sentence makes it clear that "Zhangsan" is coindexed with e_i. If e_j is coindexed with "Zhangsan", it follows that e_j and e_i are coindexed. But e_i is a variable (see Section 3.2), and a variable is functionally determined as an R-expression. Therefore, the empty subject e_j cannot be co-indexed with the matrix subject "Zhangsan", otherwise there will be a Principle C violation. In fact, the empty subject e_j can neither be pro, since, as Cheng (1986) pointed out, it does not satisfy the Disjoint Reference Condition and the Generalized Control Rule (Huang,1984)[7], nor is the possibility of being an NP-trace available. The last possibility is to consider e_j a variable. However, if it is a variable, it must be bound by an empty topic, an A'-operator, or by an antecedent that A-binds

---

6 The assumption that an embedded clause is a finite clause can be attested by considering the fact that the embedded clause can take *le*, an Aspect marker which cannot be taken by an infinitive clause in Chinese (Huang, 1988). For example:

Zhangsan xianxie mei BEI ren tou le
Zhangsan almost not Bei someone steal Asp.
"Zhangsan was almost stolen by someone."

Zhangsan bing mei BEI ren BA ta tou le ya.
Zhangsan was not Bei someone BA him steal Asp. prt.
"Zhangsan was not stolen by someone."
*Zhangsan bing mei BI ren BA ta tou le ya.
"Zhangsan did not force someone to steal him."

Zhangsan bing mei BEI ren tou le ta de qian
"Zhangsan was not stolen his money by someone."
*Zhangsan bing mei BI ren tou le ta de qian
"Zhangsan did not force someone to steal his money."

7 The Disjoint Reference states that: "A pronoun must be free in its governing category." The Generalized Control Rule states "co-index an empty pronominal with the closest nominal element." (Huang, 1984)

it. However, neither is possible.[8] Since e_j cannot be PRO, pro, NP-trace or a variable, it cannot be present at S-structure and if it were the sentence would be ungrammatical. Yet, why are sentences like (4.11) perfectly well-formed? The answer is obvious: because of the rule of reanalysis:

vp[BEI [s'[s e X ...Y] → v[BEI-X]....Y]

It states that in the domain vp[...[s'...e vp[...]]], an element X (P or V in general) which is preceded by an empty NP is reanalyzed as part of a compound verb: $[_V$ BEI-X]. This is why sentences like (4.12) are grammatical:

(7.9) $Zhangsan_i$ $[_{VP}$ $[_V$ BEI-da] le e_i]

Last, let us consider examples (7.10a). After reanalysis, its structure is (7.10b):

(7.10) a. *$Zhangsan_i$ Bei da-le $ziji_i$
Zhangsan hit-himself

b. *$Zhangsan_i$ [Bei-da-le] $ziji_i$
Zhangsan hit-himself

As we have assumed before, BEI as a reanalyzer absorbs the ability of assigning Case from the reanalyzee (hit), and therefore the verb cannot

8 Suppose, first, that e_j is a variable and bound by an empty topic. Since e_i is a variable as well, we therefore have the following structure:

1. BEI [COMP O_i O_j [e_j da le e_i]]

The barrier against free variables demands e_i and e_j must be assigned a range by its operator or be assigned a value by an antecedent that A-binds it. Suppose, both e_i and e_j can be assigned a value by their antecedent that A-binds them, since multiple subject is possible in Chinese. Then we have:

2. NP_iNP_jBEI [COMP O_i O_j [e_j da le e_i]]

Notice that the morpho-syntactic requirement of BEI demands a reanalysis in this structure, and after that we have:

3. NP_iNP_j BEI-da le e_i

Now the NP_i-e_i form a perfect function-chain, but NP_j is totally unlicensed in the non-Case-marked position (recall that the subject position is a non-theta position). Therefore NP_j must be ruled out by theta critera.

Suppose that e_j is bound by anempty topic and e_i is bound by an antecedent that A-binds it:

4. [TOPIC NP_j [NP_i BEI [COMP O_i O_j [e_j da le e_i]]

After reanalysis, we have the following structure:

5. [TOPIC e_j [NP_i BEI-da le e_i]]

The empty topic cannot be licensed without a variable in the sentence, which is in violation of the Bijection Principle. What about letting e_i be bound by an empty topic and e_j be bound by an antecedent that A-binds it such as:

6. [TOPIC e_i [NP_j BEI [COMP O_i O_j [e_j da le e_i]]

And after reanalysis, we have the following structure:

7. [TOPIC ei [NP_j BEI-da le e_i]]

Now NP_j must be ruled out for the same reason as NP_j in (4.3.4), i.e., NP_j cannot appear in a non-Theta marked position without an independent theta role.

assign Case to its object, although it governs its object. Sentence (7.10b) is out, because "ziji" has no Case.

References

Cheng, L.-S. L. (1986). *Clause structure in Mandarin Chinese*. Unpublished M. A. thesis, University of Toronto.

Chomsky, N. (1986). *Knowledge of language: Its nature, origin, and use*. New York: Praeger Publishers.

Chomsky, N. (1988). *Lecture on government and binding*. Dordrecht: Foris Publications.

Feng, Shengli. (1989). Subject in Chinese and theory of case-assignment. *Penn Review of Linguistics*. Vol. 14, 55-68

Huang, C.-T. J. 1982. *Logical relations in Chinese and the theory of grammar*. Unpublished doctoral dissertation, MIT.

Huang, C.-T. J. 1984. On the distribution and reference of empty pronouns. *Linguistic Inquiry*, Vol. 15, 185-241.

Li, Yafei. 1990. On Chinese long passive construction. Talk given at UPENN.

Li, Y.-H. A. 1986. *Abstract case in Chinese*. Unpublished doctoral dissertation, University of Southern California.

从自然语言的形式复杂性看强人工智能的可能性

吴道平

本文是作者有关自然语言形式复杂性系列文章的第三篇。讨论的问题是：从自然语言形式复杂性的角度来看，强人工智能 (strong artificial intelligence, strong AI) 是否可能?

自从计算机问世以来，学界对这个问题就一直争论不休。争论的各方都一致承认，虽然目前计算机在计算速度和精确性方面已经超过人脑，但还不具有智能。有一派学者认为，只要计算机技术继续发展，或迟或早，将来总有一天计算机会具有比人类强的综合智能。另一派认为，人的智能并非只是计算，因此，目前这种计算机将永远不会具有同人类一样的智能。

20世纪80年代以前，争论双方在相当程度上只是阐述各自所信奉的哲学、理念。80年代至90年代，英国举世闻名的数学物理大师罗杰·彭罗斯[1]一连出版了两本书 (Penrose，1989；1994) 提出人的思维并非全是算法, 而计算机所能做的一切却只是算法。由于哥德尔不完备定理 (Gödel Incompleteness Theorems) 和图灵停机问题 (Turing Halting Problem) 不可判定定理，算法就有原则上无法解决的问题，而这些问题人脑却可能以非算法的思维来解决。因此人脑在这方面强于计

1 Roger Penrose (1931-) 爵士，英国牛津大学 Rouse Ball 荣休教授，世界著名数学物理学家。他在宇宙学、广义相对论上有杰出贡献。最近刚刚因发表文章说发现了他所主张的循环宇宙论的证据又一次引起国际科学界的关注。

算机，目前这种数字计算机永远无法实现人脑的思维，也就是说强人工智能无法实现。

他这一论断引起国际数学、生物、计算机、人工智能、哲学各界的激烈争论，持续数年。但是，在争论中，有一个重要的方面却没有引起注意。彭罗斯在他的论证中完全没有利用20世纪语言学的成果，而且，也看不出他熟悉当代语言学文献。

问题在于，当代语言学的研究成果，本来可以对他的结论作有力的支持；而反对他理论的一方，本来也可以利用语言学的研究成果，指出他在论证上的疏漏。双方都没有利用语言学，国际语言学界也没有介入这一问题的争论。因此，在整个论争中，一个至关重要的方面被所有各方忽视了。本文就是要补上讨论中的这一遗漏。读者可以从下文看出，当代语言学的成果将给彭罗斯的结论以决定性的支持。

本文首先介绍彭罗斯 (Penrose，1994) 有关强人工智能立场的分类。然后介绍彭罗斯本人的理论和论证。这两部分完全根据彭罗斯 (Penrose，1989；1994) 的论述。不过，彭罗斯那两本书有一半的篇幅是讲物理学，从经典力学、相对论力学一直到量子力学。有关物理学那部分的内容与本文并不直接有关，因此就省略了。然后转到作者自己的分析，其基础是形式语言理论。作者指出，由于计算机程序语言只是一种上下文无关语言 (context-free language, LCF)，而彭罗斯论证所用的哥德尔不完备定理或图灵停机不可判定定理与LCF并不直接相关。自然语言是非上下文无关语言：根据乔姆斯基的观点，自然语言是递归可枚举语言 (recursive enumerable language, LRE)；根据兰京顿、波斯托[2]的论证，自然语言是极大类 (megacollection) (见Langendoen et al.，1984)，这样自然语言就不仅与哥德尔不完备定理或图灵停机不可判定定理相关，而且一定是如彭罗斯所说，有超出算法可以处理范围的部分。因此，彭罗斯关于强人工智能无法在计算机上实现的理论，是有语言学上的根据的。只不过他的论证中出现了疏漏，虽然这个漏洞不引人注目。

1. 有关人工智能的四种观点

1.1 四种观点简介

对于计算机是否能发展到像人那样思维，彭罗斯 (Penrose，1994) 概括出有

2 D. T. Langendoen，美国著名语言学家，曾在美国纽约市立大学、俄亥俄州立大学和亚利桑那大学任教41年。现已退休，但仍在国家科学基金会作语言研究。Paul Postal，美国著名语言学家、生成语义学派代表人物之一。现任纽约大学教授。

四种主要观点：

(1) a. 所有的思维皆计算；意识的产生不过是执行某种相应的计算而已。[3]

b. 意识是大脑物理行为的一种特征；然而，虽然任何物理行为都可以被计算性地模拟，计算性的模拟本身却不能引起意识。

c. 大脑的某些行为引起意识，但这种行为却无法被计算性地模拟。

d. 意识不能被物理、计算所解释，或被任何科学理论所解释(Penrose，1994：12)。

对上述四种观点，彭罗斯作了详细解释，本文作者得首先从中国读者的角度做一些澄清，然后再引入彭罗斯的解释。

1.2 术语界定

首先得讨论一下他所用的术语。他用了conscious awareness 一语，汉语中 conscious 和 aware 都译为“意识到的”，而一般英语词典则将二者列为同义词[4]。那么他为什么要架床叠屋地用这个术语呢？彭罗斯本人也说，对这个术语可能有不同的解释 (Penrose 1994：13)。他自己的解释如下：

首先，他提出“智能依赖于理解”(“Intelligence” requires “understanding”，Penrose，1994：38，引号为原文所有)[5]，而“理解依赖于意识”(“Understanding” requires “awareness”, Penrose，1994：39，引号为原文所有)。那么，他为什么不干脆就用 consciousness 呢？那是因为他认为那个词涉及“自由意志”(free will)，即意识主动的一面，而 awareness 一词只涉及意识被动的一面 (the passive aspect) (Penrose，1994：39)。

本文作者认为，用 conscious 来修饰 awareness 还有另一层意义，那就是将潜意识 (subconscioueness) 排除在外。自从弗洛伊德提出潜意识理论以来，潜意识作为人整体意识的一部分已经是共识，而彭罗斯并不打算将潜意识引入智能讨论范围之内，排除掉潜意识是当然之举。

这就给汉译造成了困难。作者这里只能简化为“意识”，但读者要注意，他在这里排除了“自由意志”和“潜意识”，指的是意识和智能有关的、被动的一面。

3 此处为原文意译。原文为“feelings of conscious awareness are evoked merely by the carrying out of appropriate computations”（体验到意识……），如直译太过诘屈聱牙，造成理解障碍。故作者将此段意译。

4 见 *Webster New Universal Unabridged Dictionary*，Dorset & Barber 1983, p. 113。

5 Understanding 在哲学上一般译为“知性”，也译为“理解力”。在康德哲学中，人的认识能力由“知性”、“判断力”和 (狭义的)“理性”三部分组成。但此处的 understanding 一词还与哲学中的“知性”不等同，因此译为“理解”。

其次是“计算的”这一术语。彭罗斯在他的书中指出，这一术语就相当于“算法的”，因此，这里我们首先要界定什么是算法。

非形式地说，算法 (algorithm) 是一个有穷的指令序列, 如果这个序列能够以机械的步骤一步一步执行，就是一个程序；如果一个程序最终会终止, 这个程序就是算法。因此，彭罗斯所说的“计算的”就不仅仅限于指通常所理解的“计算机的”或者“数学上的”行为。凡是通过执行一套机械性的步骤并且最后终止的行为，都是算法的，也就是计算的。[6]

懂得图灵机 (Turing machine，TM) 理论的读者，根据我们已经引入的知识不难看出，上面所说的“计算的”、“算法的”，就是“图灵可计算的”。因此彭罗斯要说，“计算就是图灵机的动作。”(Penrose，1994：17)

恐怕要令读者感到意外的是，作为世界著名的数学物理大师，彭罗斯坚持，数学家在思考数学问题的时候，并非总是运用算法性的思维。这和公众的想法正好相反：在公众看来，数学是最严谨、最程序化的学科，因此思考数学问题势必是程序化的。彭罗斯竟然就从本该是最程序化的思维入手来说明人类思维的非程序性、非计算性的一面。下文还要继续讨论彭罗斯的这一观点。

最后要说一说“形式复杂性”(formal complexity)。自然语言复杂性的研究可以有不同角度，在不同的领域中进行。比如语义复杂性、语用复杂性，或者更具体的如词类性、数、格体系的复杂程度，等等。所谓形式复杂性不考虑语义或语用，只研究自然语言抽象结构的复杂性。具体地说，就是乔姆斯基层级 (Chomsky Hierarchy) 所定义的复杂性。

1.3 彭罗斯评四种观点

彭罗斯首先讨论了 (1d)， 他称之为“观点 D”。观点 D 认为思维根本无法用科学来解释，现在不能，将来也不能。思维不是物理世界的事物，而是神秘之物。而且，观点 D 中有些部分已经与宗教有关。

彭罗斯并不赞同观点 D。他认为，今日科学固然不能解决思维问题，但这并不意味着将来的科学就不能解释。因此，他不同意神秘主义的观点。他自己也在科学领域内对思维的研究提出了一些可能的方向和设想。他认为量子力学的规律有可能解释思维的非算法方面。这些限于篇幅无法在本文中提出讨论。有兴趣的读者请参阅 Penrose (1989；1994) 的有关章节。

6 比如一个人上街购物，从计划买什么东西、去什么商店，然后是步行或是乘某种交通工具去商店；到了商店以后找到所需商品，察看商品，比较价格，根据商品的质量和价格做出买还是不买的决定；如果买，则交款、取货；如果不买则将商品归还到货架上。然后回家，购物行为终止。这一系列行为中的每一步都是执行一个指令。一步步执行下去，最后结束了，就是一个算法行为，或者说是计算的行为。

然后，他讨论了观点 A，即本文的 (1a)。这种观点通常被称为“强人工智能”，或者“硬人工智能”(hard AI)，也有人称之为“功能主义”(functionalism)[7]。这派学说最极端的主张者认为宇宙间本没有所谓“意识”一事，甚至整个宇宙本身不过就是一个巨大的计算机，而这一巨大计算机的某个子计算过程 (appropriate subcomputations that this computer performs) 引起人体验到的思维 (Moravec，1988)。

彭罗斯分析了为什么会出现这种极端的观点。他认为，首先，20世纪科学中计算性模拟 (computational simulation) 起着越来越大的作用。其次，他认为这种观点产生于一种信念，即物理实体本身就是信息的模式 (patterns of information)；在一定意义上，信息的模式服从于计算数学的规律。比如组成我们身体和大脑的物质，就一直在不断地更新之中，不变的只有其模式。物质本身也不过是一种过渡性 (transient) 的存在，因为物质不断从一种形式转化为另一种形式。比如爱因斯坦著名的公式 $E = mc^2$ 就表明物质可以转化为纯能量，似乎物质转化成了仅仅是理论上的数学的存在。还有，量子力学似乎告诉我们粒子不过是信息的波。因此，认为“自我”与其说是实际物质的持续存在，还不如说是模式的持续，就显得有理了 (Penrose，1994：14)。

彭罗斯当然完全不能同意观点A。他指出，计算机本质上就是一部算法机，也就只能从事计算性的工作，而人的思维却具有非算法的部分，因此计算机不是人脑，也无法完全模拟人脑。强人工智能无法在计算机上实现。

现在来看观点 B，即 1.1 节的 (1b)。这种观点被称为“弱人工智能”(weak AI)。一方面，观点B 和观点 A 一样，认为世界上所有的物理事物的行为都必须服从科学定律，原则上可以计算性地被模拟。另一方面，它并不同意模拟意识的行为本身就是意识。生物性的大脑产生意识，精确的电子模拟意识却不是意识。这里重要的是组成物体的物质是什么，而并不是它们的行为是否是计算性的。

彭罗斯也不同意观点 B，理由如上所述：人脑的行为并非都是算法性的。

彭罗斯认为，观点 C，也就是 1.1 节的 (1c)，最接近真实。观点 C 同意意识、思维是人大脑的产物，这一点跟观点 B 无异。但是，观点 C 认为，并非所有的物理性行为都能够被计算性地模拟。彭罗斯认为，在物理领域内，那种非计算的，也就是非算法的行为会被发现，而且是在当今的物理学定律之外被发现 (Penrose，1994：15)。当然并非所有主张观点 C 的人都接受这一点，有些人就认为现今对物理世界的理解已经很完善，因此并不需要从现有的物理定律之外来解

7 注意，这里的“功能主义”和语言学中主张从语言成分在交际中的作用的角度来分析语言的观点并无直接联系。

释非算法性行为。因此观点 C 根据这一点又可以分为两种，而彭罗斯自己当然是强烈主张现今物理定律无法解释思维的一种。

1.4 自上而下/自下而上和混沌问题

在列出了有关 AI 的四种主要观点之后，有必要稍稍深入到一些技术性问题。一是计算上的“自上而下/自下而上”程序问题，另一个是“混沌理论”(Chaotic Theory)。这两者都与理解思维的非程序性一面有关。

众所周知，在计算机学界，通常将程序分为“自上而下”(top-down) 和“自下而上”(bottom-up) 两类。如果一个程序是自上而下的，则它就首先有一些已经定义好的规则，然后根据规则一步一步建立起程序来。就比如直到管辖和约束理论 (Government and Binding, GB) 为止的生成语法，首先有一些生成式，那些生成式就是已经定义好的规则，然后根据生成式一步步生成出句子来，就是一个自上而下的过程。表现在树形图上，就是先出现树的根 (root) S，然后从 S 分叉出 NP 和 VP 两个子节点，等等。[8]

自下而上的过程则不同。自下而上的过程没有事先定义好的规则，却有一套系统如何“学习”、如何根据已获得的知识来改进其工作的机制。因此，它的规则可能在不断地修改。比如，向计算机输入一组人脸的电子化照片，然后要计算机决定哪几张照片是同一个人，哪些不是。我们并没有事前规定“同一个人”的脸具有什么共同特征，需要计算机在照片之间逐一比较，找出照片上人脸的各种特征，然后根据共同特征的多少得出结论。这就是自下而上的过程 (Penrose，1994：18)。

无人否认，计算机的工作既有“自上而下”也有“自下而上”的，而无论哪一种，都是计算的，也就是算法的。那么人脑的工作是“自上而下”还是“自下而上”的呢？显然也是两者都有。然而，虽然计算机和人脑都具有这两类算法，彭罗斯认为，只有在“自上而下”类的算法上，计算机才显出比人脑强大，而在“自下而上”的算法上，只是在有限的事例上计算机才达到了普通受过良好训练的人的水平 (Penrose，1994：19)。

另一个问题有关混沌理论。

混沌理论涉及一个物理系统的不可预测性。比如说股市的突然上涨或者崩盘，没有一个准确的方法可以预测；一个沙堆在外力的影响下最后会崩塌到什么情况，也不可预测。物理世界某一系统初始状态极其微小的变化可能引起一系列

8 这当然是根据生成语法标准理论 (the Standard Theory, ST) 所做的简化了的说法。GB 的改写式和相应的树形图要复杂许多。

其他变化，而最后的变化可能大到不成比例。就如混沌理论学界经常会说的："(南美) 安第斯山脉的一只蝴蝶扇动了一下翅膀，造成了印度的一场大雨。"

那么，这是不是就是彭罗斯所说的"非算法"行为呢？

不是。股市的上涨和崩盘、沙堆崩塌、蝴蝶扇翅膀和下雨的关系、地震无法准确预报、气象预报无法准确，这种种在混沌理论中研究的问题，并不是非算法的、非决定的。这些行为之不可预测，是实际上 (in practice) 不可预测，并不是原则上 (in principle) 不可预测。比如股市崩盘是由经济状况和投资者心理造成的，如果我们有办法收集到所有和股市有关的经济资料，并且了解到所有投资者在这种经济形势下的心理状态，我们就有可能做出数学模型来准确预测股市的走向。显而易见，这在事实上是根本无法做到的。又比如，如果我们有办法搜集到有关天气的所有数据，并且有极其强大的计算机对这些数据进行分析，原则上我们就能准确预报天气。而这些也是根本不可想象的。仅就目前最强计算机的计算能力而言，连现有能搜集到的数据都远远无法及时处理。

因此，混沌现象和有关算法—非算法的争论没有直接关系。混沌理论讨论的种种现象之所以不可预测，并非是由于它们是非算法的，而是来源于这些现象的初始状态不可测量 (Penrose，1994：21-24)。

2. 彭罗斯的论证

上文已经提到过，彭罗斯的论证是建筑在哥德尔的两个不完备定理和图灵停机不可判定定理基础上的。为了清楚起见，本节首先解释相关概念，引入这三个定理，并概括一下它们之间的关系。限于篇幅，本文对这些内容的介绍非常简约，只能让读者了解一下它们大致的内容。如果要完整、精确地理解这些定理，请根据参考文献继续深入。

2.1 哥德尔不完备定理

20世纪伟大的逻辑学家、数学家哥德尔[9]在1931年发表论文，提出下面两条定理：

(i) 哥德尔第一不完备定理 (the First Imcompleteness Theorem)

一个包括初等数论的形式系统 P，如果是相容的，那么就是不完备的。

(ii) 哥德尔第二不完备定理 (the Second Imcompleteness Theorem)

如果这样的系统是相容的，那么其相容性在本系统中不可证。

9 Kurt Gödel (1906-1978)，奥地利人，出生于捷克。20世纪伟大的数学家、逻辑学家。1940年移民美国，后归化为美国公民。曾任普林斯顿高等研究院教授多年。

一个形式系统，如果从其公理出发不能既推出某个命题又推出该命题的否定命题，则它是相容的 (consistent)[10]。如果一个形式系统的每一可表达命题能够在系统内被证明为真或者为假，那么该形式系统可称作茧自缚形式上完备 (complete) 的。

这里仅引入两条定理，而不介绍它们产生的背景以及在数学、科学和哲学上的重要意义。

2.2 图灵机和图灵机停机问题

图灵机的名称来自于20世纪伟大的英国数学家图灵[11]，他在1936年提出了图灵机的概念。图灵机并不是一种具体的计算机，而是一种抽象机器 (abstract machine)。首先看下面图灵机的示意图：

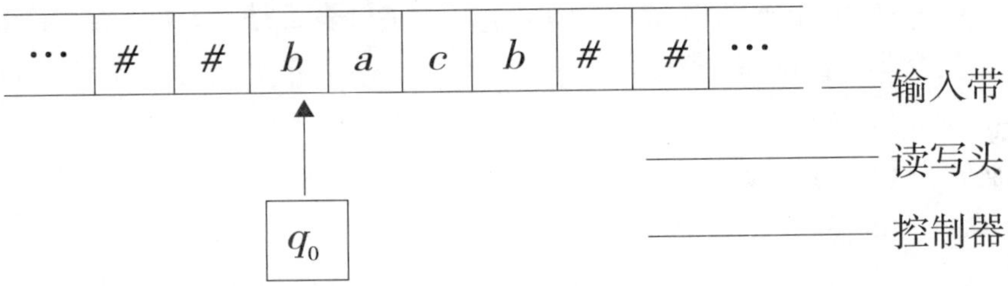

图1：TM 示意图

图1 表示一个非常简单的装置。它由三部分组成： 输入带 (input tape)、读写头 (reading-writing header) 和控制器 (control unit)。输入带分格, 每格上有一个字母或符号。符号 # 表示空白。控制器上用一个有下标的字母 q_0 表示一种状态 (state)。在图灵运行的任何一时刻, 控制器总是处于一定的状态下，其中之一是起始状态 (initial state)。输入带两端的省略号表示它在长度上没有限制。

形式地说，一部图灵机是一个有序四元组 $M = (K, \Sigma, \delta, q_0)$，其中 K 是自动机状态的有穷集合，Σ 是字母有穷集合 , 包含 # 在内, q_0 为起始状态, δ 是指令集。[12]图灵机的运行概括如下：

首先, 输入符号串 (string) 放上输入带。输入带中无输入符号的部分为空白, 用符号 # 表示。

---

10 相容的，汉语文献也译为“一致的”。

11 Alan Turing (1912-1954)，20世纪英国伟大的数学家。他出生于伦敦, 曾在剑桥大学和美国普林斯顿大学学习。他于1936年提出的图林机的概念, 给电子计算机的发明、可计算性理论以及人工智能提供了理论基础。1954年自杀。

12 本文采用了图灵机最简化的定义和描述。

TM 控制器的移动受一组形式为 (q_i, a_j, q_k, X) 的四元组控制，其中 q_i 和 q_k 是状态，a_j 是字母表 Σ 中的一个符号，X 是字母表中的一个符号，也可以是特殊符号L (表示向左移动)、R (表示向右移动) 或 S (表示不移动) 中的一个。这样一个四元组的含义是：如果 TM 在状态 q_i 扫描 a_j，则进入状态 q_k。如果 X 是除 L、R 或 S 以外的其他符号，就用那个符号取代a_j；如果 X 是 L、R 或 S，那么 a_j 不变，读写头相应地向左或向右移动一格，或者不动。如果 TM 到了计算的某一步没有指令可应用了，就停机 (halt)。当 TM 停机的时候，如果输入字母已经全部被扫描完毕，则表示 TM 接受或识别了那个输入符号串，否则就拒绝了输入符号串。[13]TM 可以读取或添写空白符号 #，因此可能将计算延伸至输入带上超出输入符串的部分。因此，它可能无限地计算下去而永不停机。现在举一个例子来说明 TM 的运行：

（2）一 TM 的状态集 K 是 $\{q_0, q_1, q_2\}$；字母表Σ是 $\{a, b, c, \#\}$；起始状态是 q_0，指令集 δ 中的指令为：

$(q_1, b) \rightarrow (q_2, R)$[14]　1

$(q_0, b) \rightarrow (q_1, a)$　2

$(q_1, a) \rightarrow (q_2, R)$　3

$(q_2, a) \rightarrow (q_1, c)$　4

$(q_1, c) \rightarrow (q_1, R)$　5

$(q_2, \#) \rightarrow (q_0, \#)$　6

现在我们具体看一下 (2) 中的 TM 如何运作，接受示意图 1 中输入带上的符号串 **bacb**：

读写头在起始状态下扫描第一个有符号的格子上的 b，根据指令 2 将 b 改为 a，状态改变为 q_1；然后在状态 q_1下扫描格子上的 a，根据指令 3，向右移动一格，状态改变为 q_2，符号不变；此时读写头在第二格上，在状态 q_2下扫描格子上的 a，根据指令4将符号改写为 c，状态改变为 q_1；然后根据指令 5，读写头向右移动一格，状态不变；此时读写头在状态 q_1 扫描 c，再次使用指令 5，读写头向右移动一格，结果读写头扫描符号 b，根据指令 1，向右移一格，再根据指令 6，向右移动一格，扫描#。此时，所有的符号均已扫描完毕，也无其他指令可用(没有在状态 q_0下扫描#的指令)，符号 $bacb$ 被接受，并被改写为 $accb$。

13 这也是采用了最简要的描述。多数文献在定义“停机”的时候，需要读写头正好处于终止状态，而输入符号已经扫描完毕，本文则没有使用终止态这一概念。但各种描述并没有实质的差别。

14 意为：TM 状态为 q_1，读写头扫描字母 b，不改变字母而向右移动，状态转换为 q_2。以下指令的解读仿此。指令后的数字为编号。

但是要注意，假如我们将指令 6 改为 $(q_2, \#) \rightarrow (q_2, \#)$，那么一旦读写头到达了输入右边的#符号上，就会无限地计算下去。[15]如果添上指令 $(q_2, \#) \rightarrow (q_2, R)$，该图灵机将待在一个输入带方格上不断地读写 #，直至无穷。读者可以试一下，假设输入符号是 *acbc*，这个 TM 就会拒绝这个符号串，简单地就因为没有在起始状态 q_0 下扫描 *a* 的指令。

这样的一个TM有其特定的输入字母、指令集，等等，它只能够处理某些语言。比如例 (2) 的 TM 只能用来改写 *b* 为 *a*, *a* 为 *c*，向右移动，等等，功能非常有限。有没有一种图灵机，它能够处理乔姆斯基层级上所有的语言呢？有，那就是通用图灵机 (universal Turing machine，U)。

非形式地说，通用图灵机的原理如下：设有一部图灵机 M_u，我们给这部图灵机提供另一部图灵机 M 的定义和 M 的输入，将 M 编码为 M_u 可以理解的二进制码，然后输入进 M_u，让 M_u 模拟 M 的运算。可以提供给 M_u 的图灵机的定义数量在理论上是无穷的，因此，通用图灵机可以处理任何特殊图灵机所能处理的问题。现实世界的通用电子计算机的计算能力就等同于通用图灵机。

现在我们可以讨论前面提起的停机问题了。这个问题是，对于一任意的图灵机 M 和一任意的输入符号串 *x*，M 是否在输入 *x* 上停机？根据上文有关通用图灵机的概述，我们将 M 和 *x* 的编码输入一通用图灵机 U，让 U 模拟 M 的运算。如果 M 在 *x* 上停机，则 U 也停；如果 M 不在 *x* 上停机，U 也不停。上文已经说过，图灵机的停机有两种情况：一是图灵机接受/识别一输入符号*x*，M停机；另一种情况是，图灵机拒绝一输入符号 *x*，M 停机。停机问题并不区别这两种停机情况，仅仅是问：存在不存在一算法，可以判定任一图灵机是否最终都停机？这就是著名的“图灵停机问题”(Turing halting problem)。

图灵证明，不存在这样一种算法 (Turing, 1936)：

(3) 定理：

不存在一种算法，能判定任意图灵机处于任意格局之下，是否停机。

2.3 讨论和证明

对以上三条定理，不同的著作根据体系的需要，特别是证明过程的需要，有不同的表述。彭罗斯也曾指出了表述上的差异，但表示那些差异与他的论证无关。本文则采用了最简单的表述。现在要问，这三条定理究竟说明了什么？

---

15 这是因为我们假定输入的左、右头有无限的 #。因此一旦达到右边的 #，指令 $(q_1, \#) \rightarrow (q_1, R)$ 就会无限地被执行。

我们知道，在形式化体系中，数学命题及其证明都是用一种符号语言描述的，我们可以从一组有限的公理集开始，用一些机械性的程序，一步步推论，最后证明一条定理。然而，哥德尔的第一不完备定理说，任何一个这样的形式化体系，如果是内部相容的，则必定是不完备的：它包含了既不能证明为真也不能证明为假的命题。哥德尔第二定理则是说，一个形式系统的相容性，在本系统内不可证。图灵停机问题不可判定定理则说，我们原则上无法判定在一部计算机上执行一程序，最终是不是停机。

下面讨论这三条定理之间的关系。

首先，从历史来说，哥德尔定理要早于图灵定理。哥德尔定理在1931年就提出来了，而图灵在1936年才发表了他的著作*On Computable Numbers, with an Application to the Entsheidungsproblem*[16]（《论可计算的数及其在判定问题上的应用》，Turing，1936)。图灵本人承认他的研究受到了哥德尔定理的启发。

其次，图灵定理表述为一条一般化的定理，对任何生成力相当于图灵机的形式系统都适用[17]；哥德尔定理的表述则只指“包括初等数论的形式化系统”[18]，虽然王浩认为它们对任何形式系统也都适用 (Wang，1987；1996)。

最后，哥德尔和图灵的定理实际上都是有关不可判定问题的理论，然而其解释不可判定的方向却恰恰相反。哥德尔说的是在形式系统内存在无法判定是真是假的命题，而图灵定理实际上是说在相当于图灵机的形式系统内不存在判定任意命题是真是假的程序。

需要再提醒一下：无论是哥德尔定理还是图灵定理，它们说的都是“原则上”不可判定，并不是说任意特定的形式系统都存在不可判定的命题，或任意特定的程序是否最终停机都无法判定。这一点对理解这三个定理很重要，否则立刻就有可能误解，仿佛是 TM 无法判定任何程序是否停机，或者任何形式系统都存在不可判定的命题，等等。完全没有这种意思。

彭罗斯在 (Penrose，1989；1994) 中并没有详细讨论哥德尔定理和图灵定理之间的关系。实际上无论是从哥德尔定理还是从图灵定理出发，对于强 AI 而言，所得出的结论无异。因此彭罗斯用了哥德尔－图灵结论 (Godel-Turing Conclusion) 这样的术语。下面就是他的论证和结论。本文对他的论证作了简化和说明，因此只能看作他论证的思路。

16 Entscheidung 是德语词，意为“可判定”。数学史家认为，可能是希尔伯特首先将 problem 拼接在 Entscheidung 上，表示“可判定问题”。

17 和图灵机生成力相同的形式系统有偏递归函数、λ 演算、乔姆斯基层级上最强的语法——无限制短语结构语法，等等。

18 对这一限制性条件还有其他种种不同的表述，但实质等价。

我们可以把所有不同的计算以 C_n 的形式排列起来[19]，因此有

(4) $C_1, C_2, C_3, C_4, C_5, \cdots$

其中 C_q 表示第 q 种计算。对每一种计算来说，我们可以输入不同的数值，表征为 $C(n)$，C 后括号中的数字表示输入的数值。比如我们有计算如下：

(5) $C_{1024}=$ “计算输入数值的平方”

我们就有

(6) $C_{1024}(2)=4$
$C_{1024}(4)=16$

等等。因此，$C_{55}(60)$ 表示计算是第 55 种计算，而输入数值是 60。

现在我们有一计算性程序 A 用以判别 $C_1, C_2, C_3, C_4, C_5, \cdots$在输入数值 n 的情况下是否停机。如一计算 $C_q(n)$不停机，则程序 A 终止。我们可以用 $A(q, n)$ 来表示程序 A 判别当输入为 n 时第 q 种计算的行为，则有

(7) 如果 $A(q, n)$ 停机，则 $C_q(n)$ 不停机。

现在来看一下 (7) 的一种情况：如果 $q=n$，那么，从 (7) 就得到 (8)：

(8) 如果 $A(n, n)$ 停机，则 $C_n(n)$ 不停机。

此时，A的行为不再取决于两个数字q, n，而只由n决定，因此就是 (4) 中的一种计算，因为(4)列举了所有可能的计算，而A本身就是一种计算。假设这种计算就是C_k，我们有

(9) $A(n, n)=C_k(n)$

因为$n=k$, 从 (7) 得到 (10)：

(10) 如果$A(k, k)$停机，则$C_k(k)$不停机。

根据 (9) 来替换，则得到

(11) 如果$C_k(k)$停机，则$C_k(k)$不停机。

显而易见，(11) 是个自相矛盾的命题，而从 (7) 到 (11) 的推理却逻辑严整，无懈可击。 在证明之后，彭罗斯说了下面一段话：“由此可见，我们必须推论

19 根据我们上文对通用图灵机的说明，这一个个计算就可以看成是输入通用图灵机的一个个特殊图灵机。

计算 $C_k(k)$ 实际上不停机，因为根据 (11), 如果停机的话，它就不停机。A (k, k) 也不停机，因为根据 (10)，A (k, k) 与 $C_k(k)$一样。因此，我们的程序A无法确定这一特定的计算 $C_k(k)$ 不停机，虽然事实如此。” (Penrose，1994：75)[20]

这就是说，虽然我们知道一计算 $C_k(k)$ 不停机，程序A却无法证明这一点，而 A 却是一个完好的程序。这就说明，A 不能够囊括 (encapsulate) 我们的理解。结论是：

(12) 人类数学家不用一已知是完好的算法来确证数学上的真命题。(Penrose 1994：76)。

因此，人类的思维一定有一些方面，为作为一种算法机器的图灵机或者通用计算机所无。彭罗斯认为这是无可避免的结论。这就是上文所说的结论 (1c)。

自从这一结论在 Penrose (1989) 中提出之后，在国际学术界引起轩然大波，一时在国际学术出版物上，赞同和反对这一结论的文献都大量出现。反对意见有两类：一类意见是从哲学上来反对结论 (12)，这类意见无疑会有较大的争议，也并无可能否证结论 (12)；另一类是技术上的反对意见，这类意见如果成立，那么结论 (12) 就会被否证。彭罗斯自己则将最常见的技术上的反对意见概括出 20 种，在 Penrose (1994) 中作了解答。本书无法列举所有种种反对意见。读者如果有兴趣的话，可以参考 Penrose (1994) 第二章第六节的有关内容。可以看出，这 20 种反对意见大都是对彭罗斯的证明没有真正的理解所致。

那么，建立彭罗斯理论证明的基础的哥德尔和图灵，他们对这个问题又是什么看法？

毋庸置疑，哥德尔和图灵早在彭罗斯之前就提出过他们各自的看法；当 Penrose (1989；1994) 出版之际，哥德尔和图灵都已不在人世了。有趣的是，虽然哥德尔定理和图灵的定理前后相承，他们两人对强 AI 的看法却完全不同。

哥德尔认为，人的大脑 (brain) 和心智(mind) 不是一回事，心智是独立存在的。他把“心智不能离开物质独立存在”看成是“我们时代的偏见”。他认为大脑的运作是计算性的，但心智却能超越大脑的限制，超越计算规律的限制。因此，人脑无疑超过任何机械。同时他也认为，他自己的两条定理并不能充分证明这一观点，因此晚年曾经想作进一步证明 (Wang，1987；1996)。

不过，哥德尔的观点已经不再是上文提到的观点 C。他有一种神秘主义倾向，似乎认为心智无法以物理世界的科学来解释。这就类似于观点 D 了。

20 以上论证过程公式的编码与原文不一样，引文中的“(9)”、“(11)”等是根据本文的实际情况所作的改动。

图灵则不同。图灵认为人的心智无法离开物质性的大脑而存在，而大脑则和物理世界的其他物体一样是按计算规律运作的。因此，他相信最终机器能够思维，虽然现实世界中还做不到这一点。怎样能够做到这一点呢？他提出了很有趣的思想。他认为，数学家的思维是会犯错的。如果要使得计算机能够思维，那么就必须让计算机也像人类一样会犯错。任何不犯错误的机械不会有智能。显然目前的计算机都是“不会犯错”的机械[21]，因此还没有智能。可以看出，图灵的其实与观点 C 协调，虽然他自己却要采取观点 A 的立场。

然而，虽然本文作者同意彭罗斯的结论，但却发现在他的论证之中有明显的漏洞。这个漏洞不是逻辑上的漏洞，而是因为他忽略了人和计算机所用语言上的差异，无意中假定了人和计算机语言的复杂性等同了。本文下一节就讨论这个问题。

3. 彭罗斯论证的漏洞

彭罗斯在他的研究过程中，始终拒绝考虑语言学问题。他认为思维未必需要以语言为载体。他说：“我自己根本无法相信通常的说法，即普通人类语言对思维和意识是必不可少的。”(Penrose，1989：385) 并且引用了高尔顿 (Francis Galton)[22]、阿达马 (Jacques Hadamard)[23] 和爱因斯坦的话来支持自己的观点 (Penrose，1989：423-424)。同时也要考虑到，当代语言学已经是非常专门化的学科，其研究成果并不容易被学科外的学者理解。即使对彭罗斯这样一位卓有成就的数学物理大师来说，要熟悉当代语言学的理论，也不是一件轻而易举的事情。

同样，彭罗斯也没有考虑到和当代语言学理论密切相关的计算机语言理论问题，也没有证据显示他熟悉计算机语言理论，虽然他对图林机有深切的理解。这一缺陷就给彭罗斯的论证造成致命的漏洞。

我们完全可以接受从高尔顿到彭罗斯的观点，即对意识和思维来说，自然语言并非不可缺少。换一个角度来说就是存在着非语言的意识和思维。但是，仅仅接受这一论点并不能使彭罗斯的论证成立。下文就是作者的论述。

首先，我们得接受一个无法否认的事实，就是，虽然人的思维或意识可以不通过语言为载体来进行，计算机的运算却一定是通过程序语言来进行的。计算

---

21 他所谓的“犯错”是指逻辑上的犯错，而现实中计算机的一切错误都是硬件/软件上人犯的错，造成了程序有“虫”，等等。假如一计算机没有任何人类造成的错误(比如电路设计错误、编程错误，等等)，计算机本身不会犯逻辑错误。

22 法兰西斯·高尔顿 (1822~1911)， 英国科学家，遗传学的先驱之一，达尔文的表兄。

23 雅克·阿达马 (1865~1963)， 法国数学家。

机不存在任何非语言的运算。即使仅从这一角度来分析，把语言分析排除在论证之外就不合理。下面我们可以看到，其实在他的论证中，已经在语言理论上做了假定，虽然他自己还可能没有意识到。

其次，虽然人的思维可以不需要自然语言而进行，但还得承认人类的逻辑思维在多数情况下是通过语言来进行的。进一步说，那些没有使用语言所进行的思维过程，总得通过自然语言才能重建，否则即无法为他人理解。就比如爱因斯坦在创建相对论的过程中，很可能有过大量非语言的思维。但相对论一旦创建成功，爱因斯坦也必须将他的思维过程用自然语言加以整理。这个整理过程将他创建过程中的非语言的思维 (也可能是含糊不清的、甚至非逻辑的思维) 清晰化、逻辑化，使得他的思想成为可以和他人交际的内容。缺了这一环，不存在任何科学理论。因此，根据人类思维不一定需要自然语言而拒绝讨论语言问题就不合理了。

最重要的是，无论是哥德尔不完备定理还是图灵停机问题不可判定定理，都有严格的限制性条件，而这些限制性条件，恰恰就与语言有关。

哥德尔定理的适用范围是一个包括初等数论在内的“足够强”的形式化系统， 我们这里不讨论“足够强”的数学意义，且看容易分辨清楚的图灵机。计算机理论和可计算性理论已经证明，图灵停机不可判定定理的适用范围是乔姆斯基层级上最强的 LRE, 如果是比 LRE 简单的递归语言 (recursive langauge, LR)[24]，则图灵停机问题就可以判定，也就不存在彭罗斯所提出的问题了。反过来说，彭罗斯是从停机问题出发而提出了人类思维可以超过计算机的算法，这就假定了人的语言思维部分和计算机的运算所用的语言都起码是LRE, 否则一切讨论就是无的放矢。很明显，彭罗斯的论证已经隐含了无论是计算机运算还是人类的语言思维都是使用 LRE。然而，这却不是事实。

关于自然语言的形式复杂性，虽然至今没有最后的结论，但语言学界压倒多数的人认为自然语言非上下文无关，即有可能是上下文有关、递归或递归枚举，或者如兰京顿和波斯托所论证的，是一个极大类 (吴道平，2008；2009)。如果上下文有关或者递归的话，则不在图灵停机问题的适用范围之内；如果是递归枚举或者是极大类的话，那当然和图灵停机不可判定定理相关。

然而到目前为止的计算机程序语言却一定不是 LRE 或者 LR，甚至不是 LCS。信息理论和计算机学界一个众所周知的事实就是，迄今为止所有的计算机程序语言，包括现在常用的 C、C++、Java，等等，无一不是用上下文无关语

24 LR 比 LRE 简单，比上下文有关语言 (context-sensitive language, LCS) 复杂。

法 (context-free grammar, GCF) 定义的。这些程序语言的每一语句，其复杂程度都不超过 LCF。如果一程序语言的句子超出 LCF 的复杂性，计算机的编译器 (compiler) 就不会接受那一语句作为输入，也就无法将其编译为计算机的机器语言。

因此，虽然理论上图灵机或计算机能够处理LRE，但实际上通用计算机目前处理的其实只是LRE的一个子集LCF。而对于LCF来说，不存在图灵停机不可判定或者哥德尔不可判定的问题。彭罗斯的论证原则上不错，实际上却无效。

4. 重证彭罗斯结论

4.1 彭罗斯结论的重新证明

然而，彭罗斯的结论却是正确的，虽然他的结论成立并不是因为存在图灵停机不可判定问题，或者哥德尔的两个不完备定理。他的结论正确，是因为人的自然语言的复杂程度远超过计算机程序语言，因此人类使用语言的思维的全部内容中，一定存在计算机程序语言无法表达的部分，因此强人工智能，如 (1a)、(1b)，都不成立。

对以上这一结论及其论证思路，估计会存在以下的反对意见。

第一个问题是，是否人类用以思维和交际的自然语言一定比程序语言复杂?

作者已经在吴道平 (2008；2009) 中讨论过这个问题。我们已经看到，在国际语言学界，压倒多数的人认为自然语言非上下文无关。而且，兰京顿和波斯托二人已经证明，自然语言是 TM 无法完全处理的极大类 (Langendoen, et al., 1984)。

其次，或许会有下面这种反驳意见：我们可以承认自然语言在形式复杂性上远高于计算机程序语言，但这并不能导致下面的结论：简单语言不能表达复杂语言的全部内容。

上面这个反驳，可以用简单的数学证明来回答：

(13) 定理：

自然语言集包含程序语言中不存在的句子。

定理 (13) 成立的先决条件就如上述，程序语言是 LCF，而自然语言是 LRE 或者是极大类。一旦这个条件被证明，定理 (13) 可以根据集合、类的定义和定理推出，因此不需要专门的证明。下面的证明其实不过是将我们已经获得的知识形式化一下而已：

(14) 定理 (13) 的证明

本证明分为两种情况来讨论：

一、令所有自然语言的全部句子为一极大类 L_N，全体程序语言的全部句子为一 LCF 的无穷集 L_P。如果 L_P 包含 L_N 全部的句子，则起码 L_P 和 L_N 等势；因集合 L_P 中的句子{S_{P1}，S_{P2}，S_{P3}, …}可以根据自然数序列枚举，则 L_N 中的句子{S_{N1}，S_{N2}，S_{N3}, …}也必须可以根据自然数序列枚举，才能有下列一一对应：

L_P	L_N
S_{P1} ———	S_{N1}
S_{P2} ———	S_{N2}
S_{P3} ———	S_{N3}
…	

然而 L_N 作为一极大类，其势大于自然数集、实数集、实数所有子集的集，其元素(即句子)无法递归枚举，因此上述一一对应关系不存在。因此必存在 L_N 有而 L_P 无的句子，且这类句子的数量无穷。

二、令全体自然语言的全部句子 L_N 为一复杂性在 LCS 和 LRE 之间的无穷集，全体程序语言的全部句子 L_P 为一 LCF 的无穷集, $L_P \subset L_N$。由于 L_P 和 L_N 均为其势不超过自然数集的无穷集，L_P 和 L_N 均可递归枚举，且两集的元素之间可以建立一一对应的关系，即两集等势。

现在将 L_N 句子以自然数为下标排列，则有{ S_{N1}，S_{N2}，S_{N3}, …}，L_P 中的句子以自然数的子集“可以被 3 整除的自然数”排列[25]，则有{S_{P3}，S_{P6}，S_{P9}, … }。我们可以将 L_P 和 L_N 的句子一一对应如下：

L_P	L_N
S_{P3} ———	S_{N1}
S_{P6} ———	S_{N2}
S_{P9} ———	S_{N3}
…	

25 因为程序语言是自然语言的子集，“可以被 3 整除的自然数”是自然数的子集，因此上面的下标过程合法。

由此可见两集等势。然而，L_N中的句子S_1, S_2, S_4, S_5, S_7，…不在L_P中，且这类句子的数量无穷。因此无论是哪种情况，定理 (13) 都成立。

4.2 回答两种可能的批评

对本文上一节的论证，可能存在着种种批评意见。本节列出两种，是作者本人所想到的最具有基础性的批评。

其一是，我们承认目前所有的程序语言都是用 GCF 定义的。但是，这种定义并不一定导致所有程序语言的句子都是 LCF，就比如有些词典所用定义词项的词 (我们可以将这些词称为“工具词”) 数量较小，而工具词所定义的词项要多得多。因此本文对彭罗斯结论的论证从根本上就不一定成立。

回答可以从两方面来说。从理论上来看，我们所说的“程序语言用 GCF 定义”，指的是程序语言的句法定义而非语义定义，这种定义界定的是程序语言的结构。这和词典用少量的词来定义全部其他的词完全不同，那是语义定义。

既然是句法定义，那么定义所规定的就是，一种程序语言的句法只能是如此。因此，程序语言的任何句子结构也不能超出LCF的范围。

我们知道，本文所讨论的语言复杂性是纯粹句法的复杂性，与句子的其他平面如语义、语用、语音等完全无关。从程序语言句子的实际来看，至今常用的数十种程序语言中，还没有发现任何超出 LCF 的句子。在程序语言上广泛使用的 YACC[26] 编译器代码生成器，要求任何输入 YACC 的句子必须只能是形式为 BNF[27] 的句子，否则就会被认为是不合法的句子而被拒绝。我们知道，BNF 本身就是一种表示 GCF 的语言。

第二个问题可以这样表述：我们承认从句法上来说，程序语言确实无法表达自然语言的全部结构。然而思想的表达和句法结构还不是一回事。我们有什么理由说人类的思想必定要用复杂的语言来表达，而程序语言的简单句法就不能表达人类的全部思想呢？

这个问题的提出有其合理性，我们确实不能够在句子的句法复杂性和句子所表达的思想的复杂性之间画上等号。如果提出一个类似“简单句法表达简单思想、复杂句法表达复杂思想”的命题，那么严格证明这样一个命题绝不简单。

然而，上面第二个问题实际上隐含了命题“简单句法也能表达复杂句法所表达的内容”，而要证明这一命题，就是提出问题一方的任务了。这一命题的严

26 Yet Another Compiler Compiler，是 Unix/Linux 上一个用来生成编译器的编译器。
27 Backus-Naur Form。

格证明，同样也不容易。

作者认为这一命题的证明不会成立。当然这里没有证明，而是一种理论上的推理。试想一下，如果人类所有的思想（包括那些复杂的思想）都可以用简单的句法来表达的话，那么人类语言为什么要有那些超出需要之外的句法呢？这是非常不经济的。在语言发生、发展的过程中，同样也要经过各种句法之间的竞争、试错，等等，很难想象一种不经济的、超过需要的句法会长期存在下去。

那么，有一个问题随之而出：如果就如作者所说的，自然语言包含程序语言所没有的句子，而且程序语言不能表达自然语言所能表达的所有思想，那么，为什么程序语言就不采用复杂程度高于 LCF 的 LCS、LRE 等呢？

原因很简单：对复杂程度高于 LCF 的语言来说，不可判定的情况太多了。比如，是否一语言为空、两语言是否相等、两语言的交是否为空、是有穷还是无穷等对那些语言来说，全不可判定 (Partee, et al.，1993：561)。如果用 GCS 或者无限制短语结构语法 (unrestricted phrase-structure grammar) 来定义程序语言，那种程序语言势必存在大量计算机不可判定的句子。这对计算机的功能来说就是灾难性的。因此，用 GCF 来定义程序语言，实在是不得已之举。

5. 小结

本文分析了彭罗斯结论并重新作了证明。读者可能要问，为什么彭罗斯结论中这么大的一个漏洞，竟然没有人注意到？答案就在于：要从语言学角度来分析强人工智能是否可能这一问题，论证就得具备有关形式语言和自动机以及可计算性理论方面的知识，而既具备这样的知识背景又关注争论的人太少了。显然，作为数学物理大师级人物的彭罗斯不具有相关的语言学知识，否则他必定会利用语言学知识来做他论证的基础。反对他的一方也没有这方面的知识，结果对彭罗斯论证中的漏洞竟然无人提及。

参考文献

Bresnan, J., Kaplan, R. M., Peters, S., & Zaenen, A. (1982). Cross-serial dependencies in Dutch. *Linguistic Inquiry* 13, 613-635.

Chomsky, N. (1956). Three models for the description of language. *SIAM Journal on Computing* 6, 113-124.

Chomsky, N. (1959a). On certain formal properties of grammars. *Information and Control* 2 (2), 137-167.

Chomsky, N. (1959b). A note on phrase structure grammars. *Information and Control* 2 (2), 393-395.

Chomsky, N. (1962). Context-free grammars and pushdown storage. *MIT Electronics Research Laboratory Quarterly Progress Reports* 65, 187-194.

Chomsky, N. (1963). Formal properties of grammars. In D. Luce, R. Bush & E. Galanter (eds.), *Handbook of mathematical psychology*. (Vol. 2, pp. 323-418). New York: John Wiley & Sons.

Chomsky, N. (1967). The formal nature of language. In Eric Lenneberg (ed.), *Biological foundations of language* (pp. 397-442). New York: Harcourt.

Chomsky, N. (1990). On formalization and formal linguistics. *Natural Language & Linguistic Theory* 8, 143-147.

Chomsky, N. (2000). *New horizons in the study of language and mind*. Cambridge: Cambridge University Press.

Chomsky, N., & Miller, G. A. (1958). Finite state languages. *Information and Control* 2 (2), 91-112.

Culy, C. (1985). The complexity of the vocabulary of bambara. *Linguistics and Philosophy* 8, 345-351.

Gödel, K. (1931). On formally undecidable propositions of principia mathematica and related systems. In Jean van Heijenoort (ed.), *From Frege to Gödel* (pp. 596-617). Cambridge: Harvard University Press (1967).

Higginbotham, J. (1984). English is not a context-free language. *Linguistic Inquiry* 15 (2), 225-234.

Levelt, W. J. M. (1974). *Formal grammars in linguistics and psycholinguistics* (Vol. 1). Hague: Mouton.

Linz, P. (1997). *An introduction to formal languages and automata*. Boston: Jones & Bartlett Publishers.

Moravec, H. (1988). *Mind children: The future of robots and human intelligence*. Cambridge: Harvard University Press.

Nagel, E., & Newman, J. R. (2001). *Gödel's proof*. New York: New York University Press.

Partee, B. H., ter M., A., & Wall, R. E. (1993). *Mathematical methods in linguistics*. Dordrecht: Kluwer Academic Publishers.

Penrose, R. (1989). *The emperor's new mind: Concerning computers, minds, and the laws of physics*. Oxford: Oxford University Press

Penrose, R. (1994). *Shadows of the mind: A search for the missing science of consciousness*. Oxford: Oxford University Press.

Shieber, S. M. (1985). Evidence against the context-freeness of natural language. *Linguistic and Philosophy* 8, 333-343.

Turing, A. (1936). On computable numbers, with an application to the entscheidungsproblem. In J. Copeland (ed.) (2004), *The essential Turing* (pp. 5-58). Oxford: Clarendon Press.

Wang, Hao. (1981). *Popular lectures on mathematical logic*. Dover Publications, INC. 中译《数理逻辑通俗讲话》，张家龙等译，科学出版社。

Wang, Hao. (1987). *Reflections on Kurt Gödel*. Cambridge: The MIT Press. 中译《哥德尔》，康宏逵译(2002)，上海世纪出版集团。

Wang, Hao. (1996). *A logical journey.* Cambridge: The MIT Press.

吴道平 (2008)，两分法浅析，《东方语言学》，第3期，26-41页。

吴道平 (2009)，作为极大类的自然语言，《东方语言学》，第5期，26-47页。

Using Phase Theory for Deriving Coordinate Symmetries

John R. te Velde

1. Introduction

In this paper we consider how Phase Theory (Chomsky, 2000; 2001; 2005a,b) can be applied to the derivation of coordinate structures that exhibit certain semantic and inflectional (syntactic) symmetries required for well-formedness or grammatical acceptability. The property of coordinate symmetries presents a fundamental challenge to minimalist approaches because of the design considerations that come into play. It is the general aim of this paper, first of all, to illustrate the substance of this challenge, and then to explore how a phase-based approach can offer worthwhile direction for further research. The next section presents the kinds of coordinate symmetries investigated here and summarizes their properties. Then Section 3 provides an overview of the existing accounts of coordinate symmetries in the generative literature that have or have not employed Phase Theory, and it outlines with a model the aspects of Phase Theory that are particularly relevant to a phase-based account and outlines a model. Section 4 lays out how well the phase-based model fares when deriving some coordinate structures. Alternatives are presented. Section 5 suggests some areas that need further research.

2. The Data and Their Properties

First, let us consider the constructions in (1)-(3) with respect to their coordinate symmetry requirements, both semantic and syntactic:

(1) a. #The woman and the shopping bag went to the mall.
a'.The shopping bag and the purse went to the mall on the back seat of the car.
b. (?) The woman and her shopping bag went to the mall.
b'. The woman and her shopping bag always go to the mall together.
c. *The woman and shopping bag went to the mall together.
c'. The man and woman went to the mall together.

(2) a. #The car ran the light and leaped over the railing.
a'.The car ran the light and flipped over the railing.
b. #The boy ran the light and leaped over the railing.
b'.The boy ignored the light and leaped over the railing.
c. *The car ran the light and flip over the railing.
c'. The car runs the light and flips over the railing.

(3) a. Der Dieb klaute die Kreditkarten und den Laptop (German)
the thief stole the. PL, ACC credit-cards and the. MASC, ACC laptop
b. *Der Dieb klaute die Kreditkarten und (der) Laptop
… the. MASC, NOM
b' Der Dieb klaute die Kreditkarten und Geldscheine
... banknotes
c. Der Dieb klaute Laptop und Zubehör
… -accessories

(1a) is semantically deviant because in this coordinate structure the two subjects *the woman* and *the shopping bag* must share the verb *went*, but they lack sufficient common features for this—most importantly a key semantic feature—possibly [+volition], required of a subject that targets a destination. (1a') avoids this problem by eliminating the need for this volition feature with the addition of *on the back seat of the car*. In this situation *went* is reduced to simply riding along.

(1b') is similar to (1a) because the volitional subject *the woman* is still conjoined with the nonvolitional *her shopping bag*, but the addition of *her* renders shopping bag a part of the first subject and hence under *the woman*'s volition.

(1c) presents a new problem: the two subjects may not share the single determiner *the* before *woman* because this sharing, much like the one in (1a), requires that the two subjects share certain features. The problem is classified here as syntactic unacceptability because it results from a failure of the phonological component, more recently termed the Sensori-Motor (SM) interface (Chomsky, 2005), to realize a second determiner before *shopping bag*. This problem does not occur in (1c') because *man* and *woman* clearly have the semantic and syntactic features in common for sharing the one determiner. Turning now to (2a), the problem here is much like the one in (1a); it is again a problem of coordinate sharing, but in this case two verbs must share one subject. Because a car cannot leap, this sharing is ill-formed in (2a); but a car can both run a light and flip, hence (2a') is fine. The subject *boy* in (2b) is able to leap, but he cannot run a light, and therefore the coordinate sharing is ill-formed. Because a boy can ignore a light, (2b') is fine. (2c), much like (1c), presents a syntactic problem that crashes the derivation at the SM interface: both verbs are not marked with the same tense. (3c') simply illustrates that if present-tense inflection is spelled out on both verbs, the required syntactic symmetry obtains. The German constructions in (3) illustrate new requirements on coordinate symmetries. In (3a) both *die Kreditkarten* "the credit cards" and *den Laptop* "the laptop" can as objects share the one verb *klaute* "stole" because they are both not only things that can be stolen together, each also has the required determiner for indicating Case and gender/number. In (3b) there is a syntactic asymmetry because the determiner *die* before *Kreditkarten* "credit cards" cannot be shared by the two objects because *die* has just the features [PL, ACC] and not the feature [MASC], required for *Laptop*. Determiner sharing is possible in German, as (3b') indicates, when the nouns sharing a determiner have the right features in common: here both have [PL, ACC]. In a similar fashion conjoined nouns can do without a determiner altogether, if they form a logical semantic pair or unit that's appropriate to their grammatical function. In (3c) the two nouns *Laptop* and *Zubehör* "accessories" share key semantic features that allow the non-spellout of the determiner and for them to be objects of one verb, i.e., to be assigned the same Case and theta-role.

The data in (1)-(3) indicate quite clearly that the derivation of coordinate structures must, at least in constructions like these, be able to check for the symmetries that are required at the SM and Cognitive-Intentional (CI) interfaces. In the phase-based grammar model assumed here, semantic symmetries result when lexical items (LIs) are selected from the lexicon. The inflectional symmetries, by contrast, arise in the narrow syntax. How a phase-based grammar with these capabilities must be designed will be investigated in Subsection 3.3. First we turn briefly to some studies that have recently contributed to the discussion of a generative grammar for coordinate structures with an eye toward being derivational and capable of generating the kinds of symmetries seen in (1)-(3).

3. Overview of Some Theoretical Frameworks

3.1 Previous Studies that Address Coordinate Symmetries

The generative literature has a broad array of studies on coordinate structures. Most of them are not primarily concerned with derivational issues of coordinate structures and will be ignored here. We can also safely ignore the studies that focus exclusively on coordinate ellipsis–which involves principles and design factors not directly relevant here. Of the remaining, those that have minimalist goals are Camacho (1997; 2000), Citko (2005), Frazier & Clifton (2001), and te Velde (2005). Johannessen (1998) and Munn (1993) both argue that coordinate structures are basically symmetric; for them coordinate symmetries occur only in the semantics. Though Chametzky (1987) addresses coordinate symmetries, his account, because it is focused on phrase-structural properties and does not have minimalist goals, cannot be adopted directly here. Grootveld's (1994) work is also highly interesting but equally incompatible with a primarily derivational approach. Lasersohn (1995) discusses coordinate symmetries from a semantic standpoint quite extensively, but his theory does not consider the syntactic side nor the selection of LIs from the lexicon. Frazier and Clifton (2001) are concerned primarily with the syntactic side of coordinate symmetries. Their proposal that Copy creates coordinate symmetries in narrow syntax is adopted here as a basic principle. Their study does not directly address semantic symmetries of the kind outlined above. Camacho's work bears directly on the present proposal because it is at least partially derivational (with structural dictates) and concerns tense symmetries in conjoined verb phrases (and is thus concerned with both syntactic and semantic coordinate symmetries). He uses the strategy of expanding the TP domain with the use of the projection ZeitP, following the work by Zagona (1999) (where [Zeit] is a temporal determiner that maps its predicative complement to a time-denoting expression):

(4)

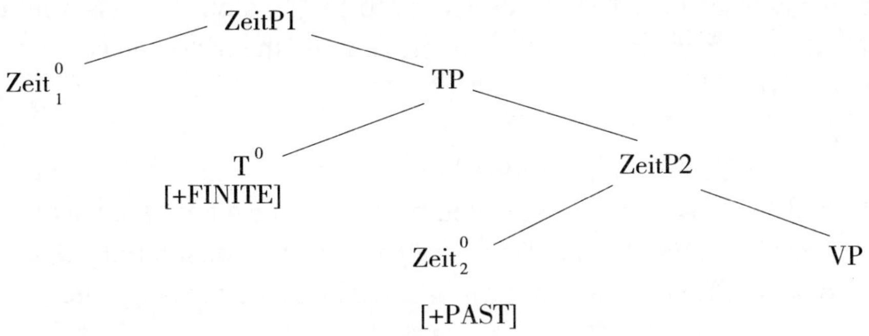

Camacho argues that structural symmetries must be maintained in coordinate structures in the form of Spec-head checking relations; he focuses on the checking relations required for the feature [Tense], arguing that conjoined verbs must without exception have symmetric tense features. This largely representational framework will not be adopted here, as the present proposal aims to be purely derivational in nature. Camacho's aim, to account for the required tense symmetries, is fully supported, however. Wesche (1995) develops an extended X' schema that accounts for coordinate symmetries in a primarily representational framework. It generates coordinate structures as conflated trees, and thus is not compatible with the derivational approach used here. Wesche's aim, to account for coordinate symmetries, however, is the ultimate goal in the phase-based proposal outlined below; further research would undoubtedly benefit from Wesche's study. Citko's (2005) proposal bears most directly on our investigation here. With "Parallel Merge," a combination of Internal Merge (IM) and External Merge (EM) of Chomsky (2001), multidominant (or sharing) structures found in across-the-board (ATB, see Williams, 1978) *wh*-questions can be created. We will discuss this approach in more detail in Section 4.

In the next section we turn to the design of a grammar that aims to be minimalist. Of primary importance are questions of economy such as: What design generates coordinate structures with the least number of operations that at the very least minimally satisfy the symmetry requirements? Which operations are most suitable for this?

3.2 Complexity Considerations in Phase Theory

Chomsky (2000) begins his discussion of complexity considerations with the question of how to restrict access to the lexicon. His assumptions about selection, in fact, lay the groundwork for his theory of phase. He states (op cit, 99-101):

> Suppose automobiles lacked fuel storage, so that each one had to carry along a petroleum-processing plant. That would add only bounded "complexity," but would be considered rather poor design. Something similar might well be true for language.
>
> ...
>
> UG makes available a set ***F*** of features (linguistic properties) and operations *CHL* (the computational procedure for human language) that access **F** to generate expressions. The language L maps **F** to a particular set of expressions ***Exp***. Operative complexity is reduced if L makes a one-time selection of a subset [F] of **F**, dispensing with further access to **F**. It is reduced further if L includes a one-time operation that assembles elements of [F] into a lexicon *Lex*, with no new assembly as computation proceeds.
>
> ...
>
> We assume, then, that a language L maps ([F], Lex) to **Exp**. The next natural simplification would be to reduce access to the domain ([F], Lex) of L.
>
> ...
>
> Is it also possible to reduce access to Lex, the second component of the domain of L? The obvious proposal is that derivations make a one-time selection of *a lexical array* LA from Lex, then map LA to expressions, dispensing with further access to Lex. That simplifies computation far more than the preceding steps. If the derivation accesses the lexicon at every point, it must carry along this huge beast, rather like cars that constantly have to replenish their fuel supply. Derivations that map LA to expressions require lexical access only once, thus reducing operative complexity in a way that might well matter for an optimal design.

Chomsky's strategy for addressing complexity considerations follows the procedures in (5); (5a) and (5b) specify the language, and (5c) and (5d) derive a particular Exp:

(5) a. Select [F] from the universal feature set **F**.
  b. Select Lex, assembling features from [F].
  c. Select LA from Lex.
  d. Map LA to Exp, with no recourse to [F] for narrow syntax.

The operations he proposes for these procedures are Merge, Agree and Move. Four kinds of complexity considerations enter into his account (op cit, 104):

(6) a. Simple operations preempt more complex ones.
  b. Search space is limited (locality).
  c. Access to the features set of **F** is restricted by the procedures in (5).
  d. Computation is locally determined (no look-ahead).

Chomsky determines from these considerations that access to the domain of L should be further restricted with the use of subarrays extracted from the LA. These are placed in working memory and submitted to the procedure in (5d).

In sum, the aspects of Phase Theory that are particularly important in the phase-based approach to be presented are the following:

(7) a. Access to the lexicon is restricted; all LIs for a construction are selected at once before the derivation begins; these constitute the lexical array (LA).
  b. LIs are extracted from the LA as needed for the current/active phase; look-ahead is not allowed.
  c. All LIs are merged and held in working memory until the derivation is transferred to the CI and SM interfaces.

3.3 The Resulting Model and Its Consequences for Conjunction

Following the aspects of design in (7), we outline a grammar model that might be suitable for the derivation of coordinate structures, suitable in the sense that the required coordinate symmetries are obtained by the time the derivation reaches the interfaces. This model has in its basic form the design features outlined in (8) (based on te Velde, 2005):

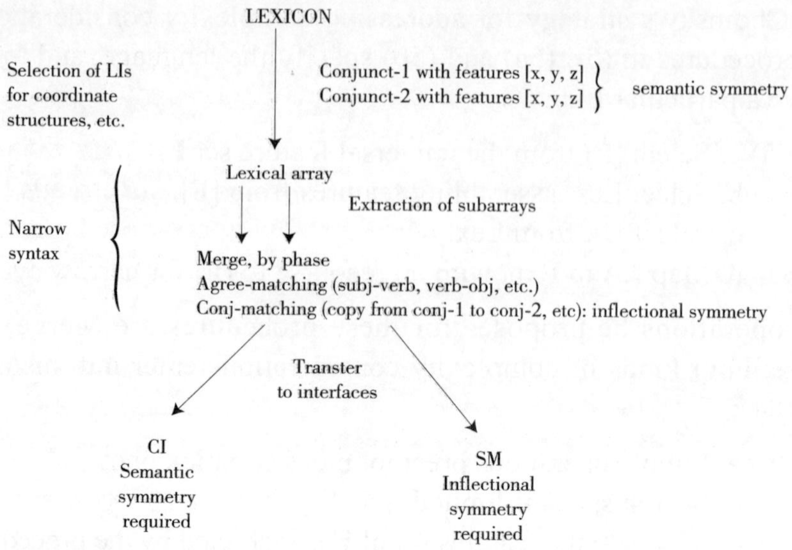

(8) Phase-based grammar model for the generation of coordinate symmetries

In this model Select must have a certain capability so that the LA contains matching items that, when merged in conjuncts of a coordinate structure, have semantic features that are sufficiently symmetric for meeting the requirements of the CI interface. This is anything but a trivial matter, one that we will return to in the next section. Then in narrow syntax there must be a Copy operation, assumed below to be part of the operation "Iterate" for matching the inflectional features from one conjunct onto the next one. In Section 4 we will consider the derivation of several coordinate structures and see to what extent Select and the Copy-Paste operation are able to meet these symmetry requirements, and where the model must be further refined or altered.

The grammar model in (8) entails some consequences for the derivation of coordinate structures. We consider those summarized in (9):

(9) a. Temporary storage of syntactic objects (SOs) is required; this becomes critical in the derivation of coordinate structures so that a merged conjunct can be held while the second conjunct is selected and merged, and then matched with the first one.

b. The matching of merged conjuncts must occur before the derivation reaches the SM interface in order to prevent unacceptable syntactic asymmetries as in (1c), (2c) and (3b).

c. Prior to Merge, the LIs selected for each conjunct must be matched in some manner in order to prevent unacceptable semantic asymmetries like those in (1a) and (2a, b).

The second of these "consequences" directly involves the phase-based framework that I have chosen for deriving coordinate structures that have symmetry requirements. In the next section we turn to some derivations for more concrete illustration of the interconnections between Phase Theory and conjunction.

4. Deriving Coordinate Symmetries with the Phase-based Model

4.1 Syntactic Feature Matching and Phases

To illustrate the connection between syntactic symmetry in a coordinate structure and derivation by phase, I have chosen a construction that is a bit less complex in terms of its symmetry requirements than those above. Its derivation is outlined in (10a-f):

(10) A phase-based derivation of:
Sam loves the band, but he dislikes their music.[1]

LEXICON

↓

a. Select: [Sam loves the band but he dislikes their music][2]
b. Extract: [Sam loves the band]
c. vP-phase: [Sam [*t* loves the band]]-C1→storage in AM (t=copy)
c. Extract: [but he dislikes their music]
d. vP-phase: [he [*t* dislikes their music]]-C2
e. Copy $F_{p, n, ...}$from C1: [Sami [*t* loves $_{[Pres, 3, sg]}$ the band]] } matching in AM
Paste $F_{p, n, ...}$ noto C2: [hei [*t* dislikes $_{[Pres, 3, sg]}$ their music]]
f. Merge C1 and C2;
[Sam [*t* loves the band [but [he [*t* dislikes their music]]]]]

In our analysis of (10) we note first of all that the derivation will crash at the SM interface if the tense markers for the two verbs do not both indicate [+PRES]. In the model assumed here, this symmetry requirement is met

1 Note: Selection from the lexicon occurs just once here. There could arguably be two selections, one for each conjunct, but that approach presents another problem—the question of how *but* is selected without look-back and matching, presumably required to determine that *but* and not *and* is semantically correct. See discussion below.

2 The question of how the LIs are selected so that the semantic symmetry requirements can be met at the CI interface is ignored in this illustration. For further discussion, see Section 5.

because Select chose two present-tense verbs from the lexicon. The ø-features must be valued in narrow syntax and then Copy matches them from the first conjunct onto the second one. To accomplish this matching operation, the derivation must essentially "stand still" while this match is made. Can this be executed in the model outlined in (10)? Furthermore, doesn't this kind of matching require look-back? We consider the second question first. Whether or not this matching operation requires look-back depends on when the various parts of the numeration are transferred to the interfaces. If transfer occurs immediately after the vP-phase in conjunct one (step (10c)), before the second conjunct has been extracted and merged, then look-back is required—if we assume, following Chomsky (2005b: 16), that a phase is immediately transferred to the interfaces once it is complete, and that any operation that has to refer back to what has already been mapped to the interface involves "look-back." Following the assumptions about transfer outlined by Chomsky (2005a), transfer does indeed occur after a vP-phase.

To solve the problem of syntactic feature matching for conjunction in narrow syntax, either the transfer to the SM interface must be delayed until the second conjunct has been merged and matched, or the two conjuncts must be merged simultaneously, i.e., in parallel, with a dynamic matching operation occurring during the merger. Which of these options is feasible?

Below we consider each one.

(11) Option One: delaying transfer of a conjunct to the SM interface

The only justifiable reason for delaying transfer to the SM interface is that a particular phase has not been completed, i.e., Merge has not reached the end of a cycle (assuming Merge is the only structure-building or structure-modifying operation in narrow syntax). Incomplete or ill-defined structures are not interface-ready; the derivational model must presumably be designed to prevent such structures from meeting the interfaces, if a crash is to be prevented. A coordinate structure that consists of only one conjunct is incomplete on the assumption that the presence of a coordinating conjunction in the numeration requires all conjuncts be merged before the coordinate structure is interface-ready. This requirement follows if we assume that a coordinating conjunction has the syntactic feature [+conjoin] to qualify it as a probe for a potential conjunct (goal) in the appropriate domain, in this case the most recently merged LIs. In this syntactic relation a coordinating conjunction functions much like a finite verb when it probes for its object, or T for a subject. In the case of conjunction, the result of a match is Copy which, as stated earlier, provides the next conjunct with the syntactic features it needs to meet the SM interface (if the appropriate LIs have been selected earlier, a point we return to below).

Pursuing this line of reasoning, any merged SO may not transfer to the interfaces, so long as there is a coordinating conjunction in the numeration and another (matching) conjunct has not merged that can transfer with it, along with the coordinating conjunction. However, a serious question arises with this approach to conjunction relating to the capacity of working memory: How many conjuncts can it support before transfer occurs? Working memory has limits, whereas the theoretical length of a coordinate structure is limitless. Maintaining the assumption that narrow syntax and what is transferred to the interfaces are limited by the capacity of working memory, we are forced to conclude that the generation of *n*-number of conjuncts in a coordinate structure relies on multiple transfers of conjuncts, rather than all conjuncts transferring *en toto*[3]. The above considerations lead to the conclusion that every conjunct, regardless of length, must be held back from transfer to the interfaces until the last one and the coordinating conjunction itself are merged. This option must therefore be rejected because it results, at least in some derivations, in an over-burdened working memory. We turn therefore to the other option:

(12) Option Two: merging conjuncts in parallel

A general assumption about narrow syntax is that Merge operations take place in parallel (Chomsky, 2005b: 14). Given the central property of coordinate structures, that a certain degree of syntactic and semantic symmetry is required, it seems logical to approach their derivation along the lines of Parallel Merge operations. Numerous studies (Goodall, 1987; Muadz, 1991; Moltmann, 1992; Grootveld, 1994; Wesche, 1995; te Velde, 1996; among others) have proposed various types of parallel or 3D structures as a way to represent this property, but these proposals are primarily interested in the representation rather than the derivation of these symmetries. In a (purely) derivational approach, Merge would conceivably construct coordinate conjuncts in parallel with each other and thus generate

3 This conclusion forces a modification in the previous assumption that a conjunct is a probe, specifically, the domain of a conjunct as a probe must be restricted, possibly to one phase. More study is required.

the required symmetries. There is a recent proposal along these lines. We consider it in the next section.

4.2 Citko's (2005) Parallel Merge Proposal

Citko (2005) proposes "Parallel Merge" to generate the relations that exist in ATB *wh*-questions of the sort in (13):

(13) What did Sam love *t* and Sally hate *t*?

Merge and Parallel Merge applied in sequence result in the multiple-dominance and sharing relation in (14b) so that *what* is dominated by two nodes and shared by two verbs:

(14) a. Merge *love* and *what*; project love:

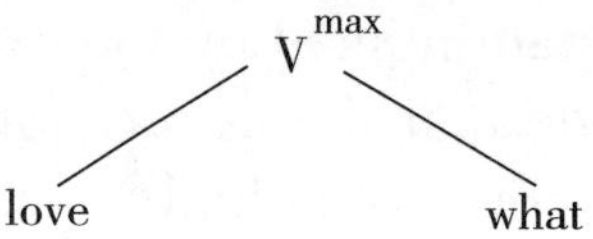

b. Parallel Merge *hate* and *what*; project hate:

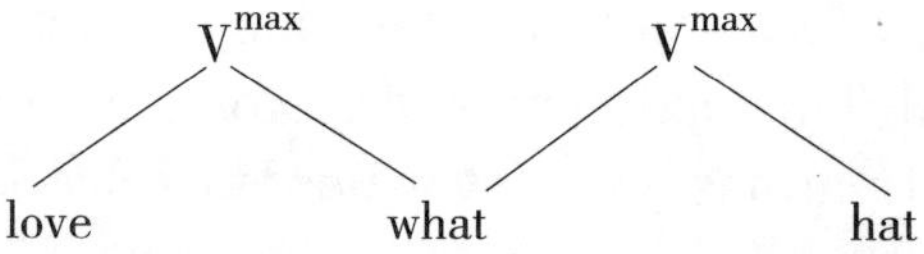

The linearization of the elements in (14b) requires crossing branches:

(15)

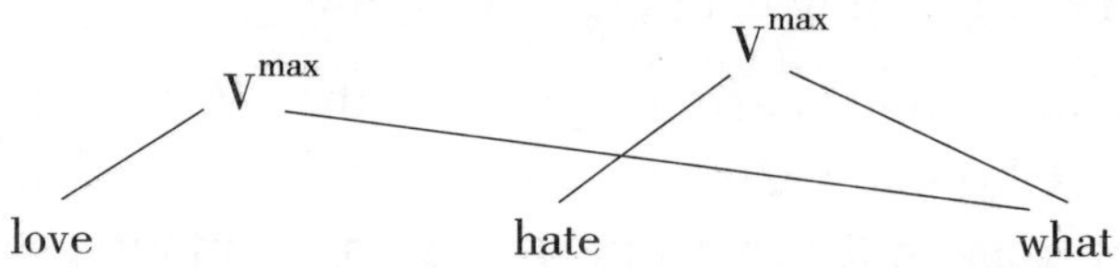

Citko points out that the relations resulting from Parallel Merge do not cause problems for the linearization requirements of syntactic derivation, as formulated by Kayne (1994) in his Linear Correspondence Axiom (LCA), because the LCA, following Chomsky (1995), does not apply until the derivation reaches the SM interface, i.e., its affects remain invisible. As long as Internal Merge (IM) repositions the shared object *what* before the SM interface, the derivation will not crash.

The merit of Citko's proposal is that Parallel Merge requires no new operations or principles: it simply combines the properties of IM and External Merge (EM). It is like EM in that it involves two distinct rooted objects; it is like IM in that it combines the two by taking a subpart of one of them.

Thus, Citko's proposal can account for ATB *wh*-questions, if we assume that "taking a subpart" and Parallel Merge in general are operations that conform with assumptions about Merge and Copy.[4] Beyond those theoretical considerations, Citko's proposal would require an additional linearization rule for constructions such as (1a', c'), (2a', b', c') and (3a, b', c) that do not have IM available to them for lining up the LIs for the SM interface. These constructions do not require any overt displacement like *wh*-movement to linearize the LIs; therefore, the only option for linearizing them after Parallel Merge has generated the sharing relations would be to propose some kind of NP-movement operation that accomplishes this. However, the generative literature provides no arguments or evidence that a realignment operation is necessary in the derivation of, for instance, the constructions in (16):

(16) a. The woman and her purse went to the mall.
b. The car ran the light and flipped over the railing.

In other words, what is transferred to the SM interface follows directly from the Merge operations that construct (16a,b); that is, neither the subject-verb relation in (16a) nor the verb-object relation in (16b) requires an overt realignment that is comparable to the *wh*-movement required in (13). Yet this is what would be required if Merge and Parallel Merge constructed (16a, b); the result would be:

(17) a.

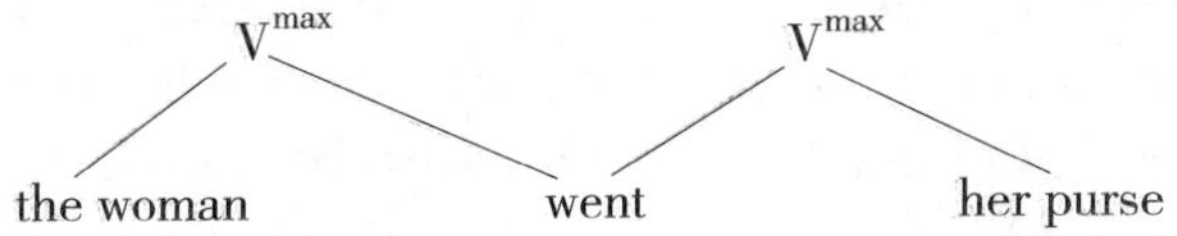

b.

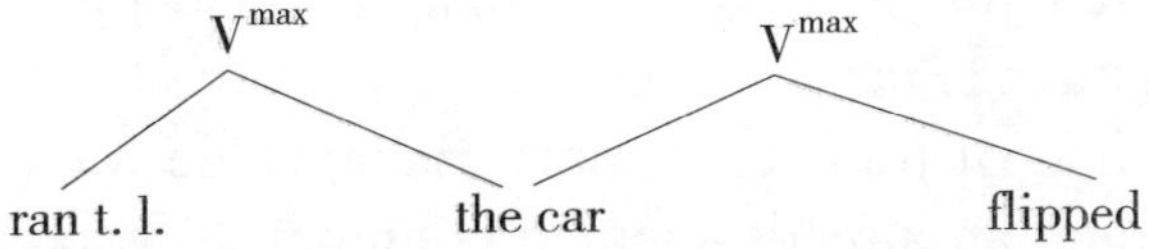

An objection to this argument might be that in narrow syntax there is no linear relation between the SOs. We can counter this objection, however, following this line of reasoning: Merge follows the head parameter of a particular language. If Merge were not sensitive to this parameter, i.e., were

4 Chomsky (2007) states (p. 10): "Citko argues that Parallel Merge is 'predicted' as IM is, but that is not quite accurate. It requires new operations and conditions on what counts as a copy, hence additional properties of UG."

completely non-linear, then overt movement, as it is currently posited, would be required every time orderings like *went–her purse and ran the light–the car* were transferred to the SM interface; presumably such orderings are just as likely as their reverse in a completely non-linear narrow syntax that is insensitive to the head parameter of the language for which it is being used. This is a problem before any conjunction occurs, when further linearization is required. Assuming that Merge is sensitive—at least in the phases—to language-specific parameters, it is necessary to avoid vacuous movement to satisfy the SM interface[5].

In the next section we return to further considerations regarding parallel derivation in coordinate structures.

4.3 Reconsidering Select and Merge

Since it appears that Citko's model will not derive the constructions in (1)-(3) without the addition of ad hoc movement[6], we reconsider Option Two presented in Section 4.1: merging conjuncts in parallel.

At the end of Section 4.1 we rejected Option One, delaying transfer of a conjunct to the SM interface, having concluded that it results in an over-burdened working memory. Option Two avoids the need to delay the transfer of conjunct x until y is merged because they are merged at the same time; without the delay, working memory does not have to hold a merged conjunct until transfer. This advantage does not solve the problem of an over-burdened working memory, however. What is gained from parallel construction of conjuncts is lost in other areas of the derivational component: Whereas in Option One the conjuncts can be transferred linearly, one after the other, in Option Two both/all must be transferred at once. What needs to be transferred "all at once" after the parallel mergers have finished constructing the conjuncts.becomes unmanageably large, at least in many coordinate structures. Further research would have to show whether one or the other method of transfer is more manageable for working memory. Presumably holding an already-merged conjunct in working memory until

5 I am defining "vacuous movement" here roughly as any movement that can be prevented by a Merge operation in the phases that is sensitive to language-specific parameters. For this definition to hold, the design of the grammar would be such that Merge is non-linear, non-sensitive to language-specific parameters only in the VP (V^{max}).

6 We should note that Citko's proposal has nothing to say about how selection from the lexicon can be designed so as to feed the LA with items that can be merged into conjuncts that meet the (semantic) symmetry requirements of the CI interface.

the next conjunct(s) has/have been merged is no greater burden on working memory than merging multiple conjuncts simultaneously (in parallel); the difference in the amount of working memory required in each option might boil down to which transfer method requires more.[7]

These considerations might be moot, however, for neither option comes to grips with two issues described in (18):

(18) Two remaining challenges of coordinate symmetries for a derivational model

a. The selection of LIs from the lexicon

b. How Merge derives coordinate structures: what does "parallel" mean for the cocnstruction of coordinate structures?

The selection problem (18a) is especially acute with Option Two (merging conjuncts in parallel) because with Select as outlined in (7), all of the LIs for all of the conjuncts must be present when Merge begins to construct the conjuncts in parallel. Here again we have an issue of the capacity of working memory. This problem can theoretically be avoided with Option One, delaying transfer, if the LIs for the next conjunct are selected after the first one has been constructed. This reduction in length of the LA (limited to one clause-length conjunct) does not alleviate the working memory problem, however; it actually exacerbates it, for now working memory must hold the merged first conjunct not only while the next one is merged, but also while the LIs for the second conjunct are selected.[8]

It is clear that neither option addresses the two issues in (18). It is also clear at this point, I believe, that Option Two, Parallel Merge, will not provide a solution to the derivation of coordinate structures until the selection issue is solved. Noteworthy is that selection of LIs, as outlined in (7), is also problematic for the derivation of simplex structures. Chomsky, who does not consider coordinate structures in his phase-based proposals, appears to recognize this problem. He suggests a new approach to lexical insertion in his article on design (2005b) that shifts the focus away from

7 A recent study by Feigensona (2008) on the capacity of the human mind to enumerate multiple objects in parallel shows that the limit is three; a marked breakdown of this ability occurs with four and five objects. If the findings of this study of non-verbal objects can be duplicated with verbal objects, then it is unlikely that more than three conjuncts can be constructed in parallel in narrow syntax.

8 This may not seem like a significant increase in the burden on working memory. If we recall the earlier discussion of semantic symmetries, however, and how it depends on the selection of matching LIs, it becomes clear that working memory would be heavily taxed in this approach.

restricting selection, the operation required for lexical insertion, as proposed in his first phase articles (2000; 2001) and outlined in Section 2. He states (2005b, 14): "External Merge yields the 'base structures' of the EST/Y-model and earlier proposals. Since structures are constructed in parallel, *there is no locus of lexical insertion*. Accordingly, the notion of D-Structure is not only superfluous, but unformulable, a more far-reaching and desirable result" [italics added].[9]

With the focus on External Merge (EM) as the primary construction tool, the notion of exical insertion (and Select) has evolved into a different procedure than the one described in Chomsky's earlier (2000) discussions, cited in Section 2, where the focus was on the restriction of access to the lexicon as a way to deal with the complexity issues; hence, the metaphor of the car that refuels rather than carries a petroleum processing plant on board is no longer applicable. With EM eliminating the need for lexical insertion at the base, and the strategy of eliminating levels as a way to deal with complexity issues, Select now directly feeds EM. Now that EM applies more than once for a construction, "lexical insertion" must be understood somewhat differently: it is no longer a "one-time event" like a refueling stop; rather, it is dynamic, occurring "on demand" of EM. Chomsky (2007: 6) describes the way Merge operates this way:

> "A Merge-based system of derivation involves parallel operations. Thus if X and Y are merged, each has to be available, possibly constructed by (sometimes) iterated Merge... But a generative system involves no temporal dimension... generation of an expression is not strictly 'bottomup,' because of the parallelism of operations."

The notion of "on demand" lexical insertion, when combined with the "parallelism of operations," has broad implications for the derivation of coordinate structures. In the derivation of (10), for instance, the entire LA "Sam loves the band, but he dislikes their music" is not selected at once but

9 Chomsky is not referring to coordinate structures here with the word "parallel." Rather, the word means that if Merge constructs [x, y] from x and y, the two LIs are handled in parallel. See further discussion below.

10 The question of how the LIs are selected so that the semantic symmetry requirements can be met at the CI interface is ignored here. I am also ignoring certain details of the derivation, e.g. the label vP, whether transfer to the interfaces occurs after the vP, and how the subjects *Sam* and *he* get a syntactic label (presumably DP).

rather in pairs of LIs. The derivation now proceeds roughly as follows:

(19) The derivation of *Sam loves the band, but he dislikes their music* with lexical insertion on demand of Merge (C = conjunct)[10]

a. Merge *Sam* + *loves* →[$_{VP}$ Sam loves]

a'. Merge in parallel *the* + *band* → [$_{DP}$ the band]

b. Merge VP and DP →[$_{VP}$ Sam loves [$_{DP}$ the band]]

c. Merge T + *Sam* → [$_{TP}$ ~~Sam~~ [$_{VP}$ Sam loves [$_{DP}$ the band]]

d. Copy Fx, y, ... (formal features) from C1; (transfer C1 to interfaces →)

e. Merge *he* + *dislikes* → [$_{VP}$ he dislikes]

e. Merge in parallel *their* + *music* → [$_{DP}$ their music]

f. Merge VP and DP → [$_{VP}$ ~~he~~ dislikes [$_{DP}$ their music]]

g. Merge T + *he* → [$_{TP}$ he [$_{VP}$ he dislikes [$_{DP}$ their music]]

h. Merge *but* + C2 and paste $F_{x, y, ...}$ (formal features) from C1 on C2 → [but [$_{TP}$ he [$_{VP}$ ~~he~~ dislikes [$_{DP}$ their music]] (transfer to interfaces→)

In this derivation I am assuming that the tense feature [+Pres] on *loves* in the first conjunct becomes part of a feature matching procedure when the selection of the LIs for the second conjunct occurs and *loves* is matched with *dislikes* in the second conjunct. With on-demand selection of LIs, the two verbs can be matched for symmetric tense (and other) features. This operation, on-demand selection, and how it controls for semantic symmetries is not indicated in (19); further details and formalization are required. With regard to the formal features, I assume a copy-paste operation; this operation is presumably a subpart of iterated Merge for C2, by which the same formal features would result and formal feature symmetry would obtain automatically without a separate copy-paste operation. With either operation, iteration or copy-paste, the burden on working memory can be reduced, when either is combined with on-demand selection that is controlled for matching LIs. What has been gained from selecting LIs on demand and merging certain SOs in parallel? Clearly the burden on working memory has been reduced in the ways mentioned above, and also by removing the need for holding an LA until Merge is complete. Further reduction of this burden is also achieved through the earlier transfer to the interfaces–as soon as C1 is merged (and copied).[11]

11 The earlier transfer is possible, we must note, only if through on-demand selection the semantic symmetry of the LIs selected can be assured.

In the next section we turn to the question of whether Merge is able to construct the ATB relations found in conjoined *wh*-questions of the kind investigated in Citko (2005).

4.4 Select on Demand in Conjoined *Wh*-questions

In the derivation outlined in (19) the first conjunct could be transferred to the interfaces before the second one was merged, thus reducing the burden on working memory. Is this possible in conjoined *wh*-questions as well? The question arises because in these, there is an ATB relation that extends from the beginning of the first conjunct to the extraction site in the second/last conjunct. There are at least two strategies for deriving this type of construction with the model outlined in the previous section: 1) Begin with the linearly first conjunct and copy its features when merged, which are then pasted onto the second (and all subsequent conjuncts; for simplicity's sake, we will consider an ATB *Wh*-construction with just two conjuncts; obviously n-number of conjuncts are theoretically possible). 2) Begin with the last conjunct and move the most embedded *wh*-element ATB to the first conjunct (the "classic" ATB movement). These two options are outlined in (20):

(20) Two options for the derivation of *What does Sam love and Sally hate?*

Option One:

a. Merge [Sam loves] in parallel with [what]; merge the two: [Sam [loves what]]

b. Merge C + *what*: [what [$_C$ does] [Sam [love ~~what~~]]], copy its formal features

c. Iterate Merge with formal features from C1 (inducing IM of *what*): [what [$_C$ does] [Sally [hate ~~what~~]]]

d. Merge C1 + C2 (with merger of *and*): [what [$_C$ does] [Sam [love ~~what~~ and [what [$_C$ does] [Sally [hate ~~what~~]]]]]

e. Optimize as: [what [$_C$ does] [Sam [love ~~what~~ and [~~what does~~ [Sally [hate ~~what~~]]]]]]

Option Two (a modified "classic" ATB derivation):

a. Merge [Sally loves] in parallel with [what]; merge the two: [Sally [loves what]]

b. Merge C + *what*: [what [$_C$ does] [Sally [love ~~what~~]]]

c. Merge [Sam loves] in parallel with [what]; merge the two: [Sam [loves what]]

d. Merge C + *what*: [what [$_C$ does] [Sam [love ~~what~~]]]
e. Merge C2 + C1 (with merger of *and*):
[what [$_C$ does] [Sam [love ~~what~~ and [what [$_C$ does] [Sally [hate ~~what~~]]]]]]
f. Optimize with ATB Internal Merge:
[what [$_C$ does] [Sam [love ~~what~~ and [what [$_C$ does] [Sally [hate

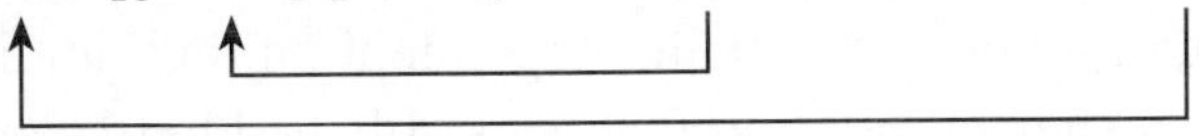

~~what~~]]]]]]

There are a number of discussion points pertaining to (20). We begin with Option Two: This is a *modified* classic ATB derivation in the sense that not all of the LIs for both conjuncts were selected at once at the beginning; rather, they were selected "on demand," so as to reduce the burden on working memory. Because this is otherwise the "classic" ATB derivation, both conjuncts were selected in their entirety, i.e., with redundant elements and IM enabling optimization as a final step before transfer (see below for more on optimization).

Regarding Option One: The copy operation assumed here for transferring the formal features of C1 to C2 (step b) has different output than the copies formed by IM in simplex sentences, as is the case with *what* in (20b), which is a "true" copy. "Copy" in step b is part of "Iterate": it simplifies operations completed in the previous conjunct by supplying the feature matrix from the post-Merge structure, thus assuring the symmetry of syntactic features, for instance the Case of *what*.

The operation "Optimize"[12] has two forms, one in each option. In Option One, it has the form of deletion made possible by the perfect redundancies (complete coordinate symmetries) and does not require IM. What licenses this deletion operation depends on the theory of ellipsis assumed. There are many in the literature (for discussion see Schwabe & Winkler, 2003; te Velde, 2005). In Option Two, ATB IM is required for optimization, resulting presumably in the deletion of redundant elements (see discussion below). I assume that optimization occurs in constructions of this sort because it results in greater interpretive clarity, i.e., it simplifies the CI interface while at the same time reducing the work load of the SM interface. In this sense redundancies arising from coordinate symmetries

12 For further discussion of optimization, see Chomsky (2007: 12-13).

offer the perfect opportunity for optimization.

Case and theta-role assignment in both of these derivations proceeds as it would in simplex sentences (in contrast to the procedure required in Citko's (2005) proposal). At optimization these and all features of *what* in the second conjunct are eliminated, since they are redundant at both interfaces on the assumption that they do not need to occur in speech, and their interpretation, along with not being dependent on their audible spellout, is possible through a sharing relation that is established between the spelled-out *what* at the extreme left edge and the *in situ* copies in each conjunct.

Finally, we consider the question: Which option is preferable? Based purely on which is more minimal, the answer is clearly Option One, because Option Two requires an additional IM operation for the optimization of the construction. In addition to this design advantage, it is questionable that the final (ATB) IM operation in Option Two is motivated. ATB IM does not construct a new SO from two others, as an identical SO is already present in the derivation at the target of this movement. This fact indicates that this movement is also not motivated: there is no edge requirement for it, as it has already been satisfied by a previous IM operation. Simply put, ATB IM is completely redundant, as are the LIs involved in it. Additionally, it creates crossing, rather than nested, paths and thus results in unacceptable ambiguity, as defined in Kayne (1981). By contrast, Option One does not require any redundant IM operations, and it results in fewer copies and a simplified structure in the second conjunct, thus creating exactly the sharing relation that is required for the CI interface:

(21)

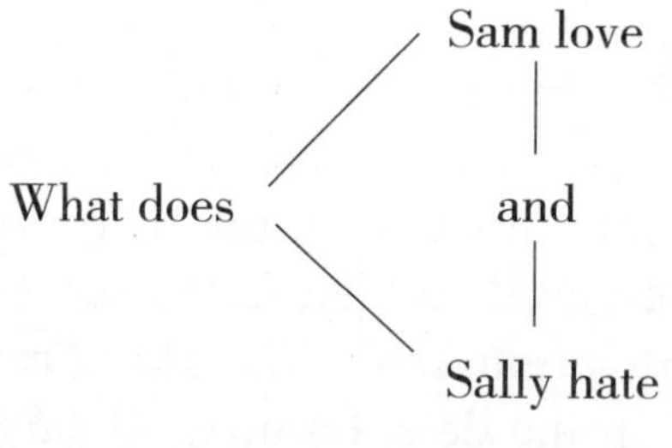

The application of "Iterate Merge" in the derivation of (1a', b', c') , (2a', b', c') and (3a, b', c), as in (20), Option One, would also valuate matching Case and ϕ-features, as required, as each of them is also built on a sharing relation. Accounting for the absence of determiners in (3c) *Der Dieb klaute Laptop und Zubehör* "The thief stole (the) laptop and accessories" requires a closer investigation of the semantic features to determine how the conjoined, bare NPs/DPs can "go determinerless." The challenge is explaining how semantic features of the conjoined DPs, which allow for the non-spelled-out determiner(s), can be accessed in narrow syntax, where elements destined for non-spellout at the SM interface must be so marked.

This problem brings us back to an area of our investigation that has been mostly left to the side: How can the selection of LIs from the lexicon for coordinate structures proceed in such a way that optimally only LIs are selected that form coordinate pairs or sets and as such have the appropriate semantic features? For instance, in (1c'), *The man and woman went to the mall together,* the NPs *man and woman* have matching semantic and syntactic features so that they can share the determiner *the*. The semantic features are part of the LI's feature set in the lexicon, i.e., they come along at selection. How are they matched at selection so that the problem with (1c) **The woman and shopping bag went to the mall together* is avoided? If selection for coordinate structures occurred sentence by sentence, as assumed in the previous model, this kind of matching would be unmanageable in a minimalist sense. But in a model that selects LIs on demand, individual LIs in one conjunct can presumably be more easily matched with their counterparts in another conjunct with a mapping algorithm required, for instance, for matching tense features in (2a', b', c'). Yet, major challenges remain in light of the fact that one conjunct may have already transferred to the interfaces before the LIs for the second conjunct are selected. This problem might be overcome with the use of Copy, but many details need to be worked out. These are complex problems that have rather broad implications and for this reason must be left to the side here.

5. For further research

In addition to the problem just described, there is another that must be left to further research involving a property of coordination that has not been addressed here: asymmetry. Johannessen (1998) builds a theory of coordinate structures based on the premise that all coordinate structures are basically asymmetric, following the work of Munn (1987; 1993). More recent work along these lines in the minimalist framework has been completed by van Koppen (2005; 2006). In (22) are two examples of asymmetric coordinate structures in which a finite verb or a complementizer has a syntactic relation to just one of two conjoined DPs ((22b) from van Koppen, 2003).

13 From J. W. Goethe, "An den Mond."

(22) a. So verrauschte Scherz und Kuss.[13] (German)
so dissipated.$_{3SG}$ joke and kiss
"In this way joking and kissing dissipated."
b. Ik tink **dat-st** **[do en Marie]** dit wykein yn Rome west ha (Frisian)
I think that·$_{2SG}$ [you·$_{2SG}$ and M]·$_{PL}$ this weekend in Rome been have·$_{PL}$
"I think that you and Marie were in Rome this weekend."

Questions that arise regarding the asymmetric agreement patterns in (22) are: Does the asymmetry stem from the manner in which the conjuncts and the shared item are merged? When and how is the agreement relation established so that the inflection on the shared item is singular? In the case of (22a) the singular ending could be due to set formation, by which [*Scherz und Kuss*] is assigned [SG]. This operation involves the selection of these two LIs from the lexicon and thus the solution to the problem mentioned at the end of the preceding section. This solution must involve IM, however, for if the configuration is reversed, asymmetric agreement is not possible:

(23) a. *Scherz und Kuss verrauschte so.
joke and kiss dissipated.$_{SG}$ so
b. Scherz und Kuss verrauschten so
... dissipated.$_{PL}$

In Frisian asymmetry in agreement is related to configuration as well, but also to syntactic category. As (24a) indicates, the same asymmetry is not possible if the agreeing element is a finite verb, and asymmetry is not possible, as in German, in the VSO configuration (cf. b):

(24) a. **Ha** /*Ha-st **[do en Marie]** dit wykein yn Rome west? (Frisian)
Have.$_{PL}$ / Have.$_{2SG}$ [you.$_{2SG}$ and M] $_{PL}$ this weekend in Rome been
"Were you and Marie in Rome this weekend?"
b. **[Do en Marie]** PL **ha** / *ha-st dit wykein yn Rome west
[you.$_{2SG}$ and M] $_{PL}$ have.$_{PL}$ / have.$_{2SG}$ this weekend in Rome been
"You and Marie were in Rome this weekend."

Data like these indicate that agreement is linked to IM and conjunction (constructed by EM, as presented here), and it is possibly linked to the feature valuation of sets formed by conjunction, if we assume that the singular ending on the verb in (23a) does NOT indicate an asymmetric agreement relation with just the first conjunct. These and undoubtedly many other questions must be answered before a phase-based approach to coordinate symmetries and asymmetries can be considered convincing.

References

Camacho, J. (1997). *The syntax of NP coordination*. Unpublished doctoral dissertation, University of Southern California.

Camacho, J. (2000). On the structure of conjunction. In K. Schwabe & N. Zhang (eds.), *Ellipsis in Conjunction*.

Chametzky, R. (1987). *Coordination and the organization of a grammar*. Unpublished doctoral dissertation, University of Chicago.

Chomsky, N. (1995). *The minimalist program*. Cambridge: MIT Press.

Chomsky, N. (2000). Minimalist inquiries: The framework. In R. Martin, D. Michaels, & J. Uriagereka (eds.), *Step by step* (pp. 89-155). Cambridge: MIT Press.

Chomsky, N. (2001). Derivation by phase. In M. Kenstowicz (ed.), *Ken Hale: A life in language* (pp. 1-52). Cambridge: MIT Press.

Chomsky, N. (2005a). On phases. To appear in R. Freidin, C. P. Otero, & M.-L. Zubizaretta (eds.), *Foundational issues in linguistic theory*. Cambridge: MIT Press.

Chomsky, N. (2005b). Three factors in language design. *Linguistic Inquiry* 36, 1-22.

Chomsky, N. (2007). Approaching UG from below. In Uli Sauerland, & Hans-Martin Gärtner (eds.), *Interfaces + recursion = language? Chomsky's minimalism and the view from syntax-semantics* (pp. 1-29). Berlin: Mouton de Gruyter.

Citko, B. (2005). On the nature of merge. external merge, internal merge, and parallel merge. *Linguistic Inquiry* 36, 475-496.

Feigensona, L. (2008). Parallel non-verbal enumeration is constrained by a set-based limit. *Cognition* 107, 1-18.

Frazier, L., & Clifton, C., Jr. (2001). Parsing coordinates and ellipsis: Copy. *Syntax* 4, 1-19.

Grootveld, M. (1994). *Parsing coordination generatively*. Den Haag: Holland Institute of Generative Linguistics.

Johannessen, J. B. (1998). *Coordination*. New York: Oxford University Press.

Kayne, R. (1981). Umambiguous paths. In Robert May, & Jan Koster (eds.), *Levels in syntactic representation* (pp. 143-183). Dordrecht: Reidel.

Kayne, R. (1994). *The antisymmetry of syntax*. Cambridge: MIT Press.

Koppen, M. (2003). First conjunct agreement: Frisian, Tegelen Dutch and Hellendoorn Dutch. Paper presented at the Comparative Germanic Syntax Workshop 18, University of Durham, Sept. 18-20, 2003.

Koppen, M. (2005). *One probe—two goals: Aspects of agreement in Dutch dialects*. Utrecht: LOT.

Koppen, M. (2006). One probe—multiple goals. Paper presented at GLOW 2006.

Lasersohn, P. (1995). *Plurality, conjunction and events*. Dordrecht: Kluwer.

Moltmann, F. (1992). *Coordination and comparatives*. Unpublished doctoral dissertation, MIT.

Muadz, H. (1991). *Coordinate structures: A planar representation*. Unpublished doctoral dissertation, University of Arizona.

Munn, A. (1987). Coordinate structure and X-bar theory. *McGill Working Papers in Linguistics* 4, 121-140.

Munn, A. (1993). *Topics in the syntax and semantics of coordinate structures*. Unpublished doctoral dissertation, University of Maryland, College Park.

Schwabe, K., & Winkler, S. (2003). T*he interfaces, deriving and interpreting omitted structures*. Amsterdam: Benjamins.

te Velde, J. R. (1996). Coordination and antisymmetry theory: Some evidence from Germanic. *American Journal of Germanic Linguistics and Literature* 8, 135-175.

te Velde, J. R. (2005). *Deriving coordinate symmetries: A phase-based approach integrating select, merge, copy and match*. Amsterdam: John Benjamins.

Wesche, B. (1995). *Symmetric coordination: An alternative theory of phrase structure*. Tübingen: Max Niemeyer Verlag.

Williams, E. (1978). Across-the-board rule application. *Linguistic Inquiry* 9, 31-43.

Zagona, K. (1999). Structural case and tense construal. In J.-M. Authier, B. E. Bullock, & L. A. Reed (eds.), *Formal perspectives on romance linguistics* (pp. 305-327). Amsterdam: John Benjamins.

自然语言的非线性特征[1]

司富珍

一、语言符号的线条性"原则"

索绪尔将语言看作是一种符号系统，从符号学理论来看，话语是由符号（可以是包括字、词在内的有意义的声音符号）以串联的方式联结而成的。这一观察无疑具有很强的经验意义。因为话是要一个字一个字地说的，没有谁能够在同一时间点说出两个以上的词来。因此，言语行为从表现形式来看确实具有线条性的特征。也正是因为如此，索绪尔 (1919) 将"线条性 (linearity)"视为语言符号的"两个头等重要的原则"之一，并且认为就其重要性而言，"线条性"与"任意性"不相上下。索绪尔关于线条性的有关论述可以简单概括为：语言符号线条性体现为"一个长度"，并且这个长度"只能在一个向度上测定：它是一条线。"(索绪尔，中译本1996，p.106）索绪尔关于语言符号之间"句段关系 (syntagmes)"和"联想关系 (association)"的论述也是基于这一假设而展开的。我国国内通行的语言学教材大多也都沿袭这种说法，如叶蜚声、徐通锵 (1981)："语言符号的另一个重要特点是它的线条性。语言符号只能一个跟着一个依次出现，在时间的线条上绵延，不能在空间的面上铺开。"(P. 29)

然而，如果我们接受生物语言学有关思想把语言看作是一种具有生物遗传

1 谨以此文纪念恩师方立教授。

2 本研究受北京语言大学科研项目（10YB03）和教育部2010年"新世纪人才支持计划"资助。

属性的内化 (internalized) 的“身体器官 (organ of body)”，并在此基础上严格区分“语言能力 (competence)”和“语言运用 (performance)”这一对概念的话，那么传统语言学关于语言本质的诸多论断都需要重新审视。语言的线条性正是其中之一。我们想说的是：“线条性”其实往往只是一种表象，是从语言使用角度出发得出的结论，或者借用索绪尔的术语，线条性是“言语”的特征，而不是“语言”的特征。它是等级层次复杂有序的句法结构的一种外化的实现 (realization) 形式。

二、从乔姆斯基等级看语言的非线性特征

从语言理论建构的历史事实来看，任何想要直接呈现这种“线条性”的尝试都会导致其语法理论无限庞大而没有任何实际的意义。有限状态马尔科夫过程早期实践的失败就说明了这一问题。众所周知，语言具有“创造性”，按照洪堡特的说法，是“有限手段的无限使用”。言语实践产品的数量是无限的，但掌控它们的语法却是有限而简单的 (否则无法解释语言习得的逻辑问题)。要解释“有限手段的无限运用”，就必须从语言结构的层级性和语法运作的递归性 (recursion)上入手。这是所有的语言理论都必须解释和面对的重要事实。过分强调言语施为过程中的线条性这一表象，往往会抹杀语言结构的层级性和语法运作的递归性。而正是“层级性和递归性”而不是“线条性”构成了语言系统的一个重要的特征。也正是由于看到了这一特点，现代语言学中众多的形式语言学理论都以递归性为基础建构其语法体系，尽管在语言系统在多大程度上能够体现递归性或递归性在多大程度上起作用这类问题上，各种理论的层级并不相同。

乔姆斯基 (Chomsky, 1956) 讨论了形式语言的四个不同等级，即 0 型语法（无限制改写语法）、1 型语法 (语境敏感型语法)、2 型语法 (语境无关语法)和 3 型语法 (有限状态语法)，比较了它们在生成机制方面的差异。在计算语言学界和理论语言学界，人们一般将这一等级称为“乔姆斯基等级 (Chomsky Hierarchy)”[2]。

类型	语法类型	特点	自动机
0 型	无限制改写系统	无限递归	Turing
1 型	语境敏感语法	语境敏感	Liner-bounded
2 型	语境自由语法	语境自由	Pushdown
3 型	常规语法	有限状态	Finite State Markov Process

2 有关介绍和讨论还可参见Partee, Meulen & Wall (1990：452)、方立 (1997) 以及方立 (2000) 等。

比较“乔姆斯基等级”中四种类型的语法，我们可以发现，递归性最高的语法类型是 0 型语法，它是一种无限递归的语法体系；而递归性最差的语法体系则是 3 型语法，它以线条性为主要基础，虽然也试图反映一种有限状态，但却因其弱的层级性和弱的递归性使它成为一种生成能力极弱的语法。所以，尽管自然语言由于还受到其他种种因素的制约，不可能是纯粹“无限递归”的，但近乎以“线条性”为主要基础建立起来的有限状态语法则显然因其弱的生成性和由此导致的理论系统的庞杂无比而成为一种不可取的形式语法理论。3 型语法的代表是“有限状态马尔科夫过程”，按照这种理论，语言具有一个“初始态 (initial state)”、若干“中间状态”，最后达到一个“终结态 (final state)”，这种按照基本通信理论模式建立起来的语法模式以线条性为特征，其基本的操作思想是：由相对靠左的状态或词语依次选择相邻的出现在右边的状态或词语。这种“线条性”的操作方式显然不符合语言层级性的本质。

一个简单的例子是，各种语言中都大量地存在着插入式结构等，它们显然无法用线条性来解释，用有限状态马尔科夫过程来生成它们时也会碰到种种的困难和问题。例如以下的结构：

(1) If S1, then S2.

(2) Either S3, or S4.

(3) The man who said that S5 is arriving today.

以上这三个结构引自Chomsky (1957)，现在我们来尝试以这几个结构为基础来构造新的结构，我们几乎可以任意地将其中一个或两个结构插入到另外一个结构中，造出一个全新的不同的结构来，以下是其中一些可能的结构：

(4) If the man who said that S5 is arriving today, then S2.

(5) If the man who said that S5 is arriving today, then either S3, or S4.

(6) If the man who said that if S1, then S2, is arriving today, then either S3, or S4.

(7) The man who said that either S3, or S4, is arriving today.

(8) The man who said that if S1, then S2, is arriving today.

但以下的结构却是不可能的：

(9) * If the man who said that S5 is arriving today, or S4.

(10) * If the man who said that S5 is arriving today, then if S1, or S4.

(11) * If the man who said that either S3, then S2, is arriving today, then if S1, or S4.

(12) * The man who said that if S1, or S4, is arriving today.

(13) * The man who said that either S3, then S2, is arriving today.

显然，仅仅从线性的原则来看待这些现象，将在解释以上例子里碰到很多的困难。

三、支持语言非线性特点的若干语言事实证据

（一）移位距离测算的非线性准则

各种语言都存在一定数量的移位现象，而移位必须遵循一定的条件，其中一个条件是距离原则。也就是，移位要在尽可能短的距离之内进行，这就是所谓移位的经济性原则。然而移位距离的测算却并非是线性丈量的结果，而是从结构上测算的结果，因此具有非线性的特征。下面用具体的数据来说明这个问题。

以英语为例：

(14) Young children who work hard write stories.

和这个句子相应的一般疑问句是：

(15) Do young children who work hard write stories?

一些语法著做将 do 看作是代动词，如果不去追究术语使用的合适性，单纯地从语义关联来看，那么与 do 相关联的（或者说 do 所“代”的）是 write 而不是work/work hard，尽管从直线距离来看，与 do 直线距离最近的是 work hard 而不是write stories。

同时，和上面的英语陈述句相应的特指疑问句是：

(16) What do young children who work hard do?

而不可能是：

(17) * What do young children who write stories?

同样地，从直线距离来看，与句首距离最近的应该是 work hard, 而不是 write stories，但是发生 WH 移位的却是 write stories 而不是 work hard。

原因其实很简单，移位距离的测算是从结构的角度，也就是以非线性的方式进行的。从这个角度看，说非线性是语言结构的本质特点一点不为过 。

（二）并列结构生成的非线性基础

并列结构的生成过程也可以为语言组织结构的非线性特点提供证据。先来看下面这组例子（以下这三个句子来自 Chomsky，1957：35)：

(18) The scene of the movie was in Chicago.

(19) The scene of the play was in Chicago.

(20) The scene of the movie and of the play was in Chicago.

虽然从听觉/视角的角度来看，句子“The scene of the movie and of the play was in Chicago.”似乎是一线性体，然而这同样也是表象。从其数理基础来看，它实质上是一个非线性的结构体，因为我们可以把它看作是由两个句子并列演算而来。

我们知道，在数学中有这样一种运算关系，如果：

(21) $a \times X \times b = M$

(22) $a \times Y \times b = N$

那么：

(23) $a \times (X + Y) \times b = M + N$

有初等数学知识的人都可以对以上算式进行验证，如假设 $a = 2$，$b = 6$，$X = 5$， $Y = 8$，那么得出：

(24) $2 \times 5 \times 6 = 60$

(25) $2 \times 8 \times 6 = 96$

(26) $2 \times (5 + 8) \times 6 = 156$

有趣的是，在语言学上，以上公式同样成立，并列结构的生成正是运算了这样一种算式运算的规则。我们在各种语言中都可以举出无数这样的例子来，例如：

(27) Obama's and Clinton's supporters must now drop out of the race.

我们完全可以把它看作是由以下两个句子进行如上所述的算式运算的结果：

(28) [[$_{DP}$ *Obama's supporters*][$_{IP}$ must[$_{VP}$ drop out of the race]]+[[$_{DP}$ *Clinton's supporters*][$_{IP}$ must[$_{VP}$drop out of the race]]

= [$_{DP}$ [*Obama's supporters*] + [*Clinton's supporters*]][[$_{IP}$ must[$_{VP}$ drop out of the race]]

（提取公因式一）

= [$_{DP}$ [*Obama's* + *Clinton's*] *supporters*][[$_{IP}$ must[$_{VP}$ drop out of the race]]

（提取公因式二）

在自然语言中我们用“and”等来替代“+”，同时去掉括号，于是句子就成了“Obama’s and Clinton’s supporters must now drop out of the race.”。背后的数学运算规律却是一样的。我们可以用同样的方法来解释汉语的有关现象。

（29）姚明和丁俊晖在北京参拍《中国国家形象宣传片》。

这个句子可以看作是由“姚明在北京参拍《中国国家形象宣传片》”和“丁俊晖在北京参拍《中国国家形象宣传片》”两个句子运用加法运算、提取公因式等方式构造而成 (具体运算过程从略，读者可以参照如前所述的方法自行进行运算)。因此，从线性顺序上看，“姚明”与“在北京参拍《中国国家形象宣传片》”之间并非直接联系的两个成分，但从非线性角度看，则二者其实是零距离连接关系。

仅仅从线条性看语言的结构是无法将语言中的这种运算过程说清楚的。同样地，仅仅从线性角度出发，也无法很好地解释为什么同样是并列结构，却可以联结名词性短语、形容词性短语、动词性短语、介词性短语、句子等不同类型的结构，在解释并列结构中的语类特征和中心语和整个短语之间的关系的问题上也就会碰到很多的尴尬。以上这个例子是由名词性的并列项组成的并列结构的例子。事实上正如很多人所观察到的那样，并列结构中的并列项不仅可以是名词性语类，还可以有形容词、动词、介词、副词等多种语类形式。而这种语类形式上的多样性常常是并列结构讨论中的争论焦点，因为它影响到如何判定并列结构中的中心语的问题，也涉及如何看待并列词 (“和”、“and”) 的语类特征等一系列的问题 (可参见李艳惠，2007；李雪峰，2008 等)。其实，如果我们从非线性的角度来看待其中的数学运算过程，诸多问题将会得到很好的解释。

以下再举几组不同类型的并列结构的例子。

形容词性的并列项组成的并列结构，如：

(30) It is *free*.

(31) It is *very quick*.

(32) It is *free and very quick*.

例 (32) 表面看来是两个形容词“free”和“very quick”之间形成的并列，而实际却是由句 (30) 和 (31) 通过句式的数理演算加合而来，因而是一种句子之间的并列，或者说是命题并列的结果。下面一组汉语例子中的形容词并列的情形与此相似。

(33) 古老的永定河边的确是荒凉。

(34) 古老的永定河边的确是苍桑。

(35) 古老的永定河边的确是荒凉和苍桑。

动词性并列项组成的并列结构，如：

(36) The most constructive task would be to *review* a few leading themes of the biolinguistic program.

(37) The most constructive task would be to *rethink* a few leading themes of the biolinguistic program.

(38) The most constructive task would be to *review and rethink* a few leading themes of the biolinguistic program.

(39) 如何辅导你的下属？

(40) 如何劝导你的下属？

(41) 如何训练你的下属？

(42) 如何辅导、劝导和训练你的下属？

上述两组例子中，句 (38) 是由 (36) 和 (37) 经过加合演算而来，而句 (42) 则由 (39)、(40) 和 (41) 加合而来。就是说，表面上并列的是动词或动词短语，但从深层次上来看，它们都是命题合并的结果，是句子之间的并列。

再如由介词并列项组成的并列结构：

(43) water *on* the Earth

(44) water *in* the Earth

(45) water *above* the Earth

(46) water *on*, *in and above* the Earth

同样地，上面这组例子中，(46) 表面上并列的是介词 on、in 和 above，实质上其生成过程却是一种命题的合并演算，是由 (43)、(44)、(45) 经过加法演算而得出的结果。

类似的还有由副词并列项组成的并列结构：

(47) How to apply Silicone Caulk *smoothly*?

(48) How to apply Silicone Caulk *professionally*?

(49) How to apply Silicone Caulk *smoothly and professionally*?

还有由小句并列项组成的并列结构，如：

(50) I realized that *you were right*.

(51) I realized that *I was wrong*.

(52) I realized that *you were right and I was wrong.*

同理，上例中的 (49) 是 (47)、(48) 两句加法运算的结果，而 (52) 是 (50)、(51) 加法演算的结果。这些例子一方面表明，在表面复杂多样的各种并列结构（如名词性并列结构、动词性并列结构、形容词性并列结构、副词性并列结构、介词性并列结构、小句并列结构）背后有着一致的数学规则。另一方面也表明，表面上并列的并列项之间深层结构中却可能存在着非线性的关系，"[[$_{CP}$ I realized] [$_{CP}$ that] [$_{IP}$ you were right]]] + [$_{CP}$ I realized [$_{CP}$ that [$_{IP}$ I was wrong]]] = [$_{CP}$ I realized [$_{CP}$ that [$_{CoP}$ [$_{IP}$ you were right] and [$_{IP}$ I was wrong]]]]"中"you were right"和"I was wrong"在深层结构中并不相邻，它们之间不构成直接的线性关系，而 (52) 表层所看到的这种相邻的线性关系只不过是经过数理演算之后的结果。因此线性是表象，非线性才是本质特征。这从一个侧面说明了线条性并非语言的根本特性，层级性和递归性才是使得语言可以无限创造地使用的根本原因。

四、余论

现代自然科学的一个倾向性的研究趋势是从非线性的角度来对物质世界的自组织行为进行研究，而根据自组织理论和耗散结构理论的有关论述，可以认为非线性正是组织系统产生非平衡态和耗散结构的内部动力机制，也是自组织的动力源泉。近些年来，人们开始用这一研究视角来观察社会现象，并且业已取得了一些成果，徐通锵 (1997)、王艾录和司富珍 (2002)、司富珍 (2008)等曾讨论认为语言系统是一种开放的自组织系统，本文则进一步讨论认为像其他的自组织系统一样，非线性构成了其中一种非常重要的特性，因此非线性的研究方法同样适用于语言自组织的研究。关于这一点还有很多值得进一步探讨的话题。

参考文献

Chomsky, N. (1956). Three models for the description of language. *IRE Transactions on Information Theory* 2, 113-124.

Chomsky, N. (1957). *Syntactic structures*. The Hague: Mouton.

Chomsky, N. (2010). Poverty of stimulus: Some unfinished business. A speech at GLOW-In-Asian VIII.

Johannessen, J. B. (1998). *Coordination*. New York & Oxford: Oxford University Press.

Moltmann, F. (1992). *Cooridnation and comparatives*. Unpublished doctoral dissertation, MIT.

Partee, B. H., ter Meulen, A. G. B, & Wall, R. E. (1990). *Mathematical methods in linguistics*. Kluwer: Dordrecht.

Sjoblom, T. (1980). *Coordination*. Unpublished doctoral dissertation, MIT.

方　立 (1997)，《数理语言学》，北京语言文化大学出版社。

方　立 (2000)，《逻辑语义学》，北京语言文化大学出版社。

哈肯・赫尔曼 (2001)，《协同学：大自然构成的奥秘》（中译本），凌复华译，上海译文出版社。

胡壮麟 (2001)，《语言学教程》（修订版），北京大学出版社。

李雪峰 (2008)，*A study of the syntactic structure and grammatical features of coordination within the framework of generative grammar*, 北京语言大学硕士论文。

李艳惠 (2008)，短语结构和语类标记："的"是中心语？《当代语言学》第 2 期。

王艾录、司富珍 (2002)，《语言理据研究》，中国社会科学出版社。

司富珍 (2008)，《语言论题：乔姆斯基生物语言学视角下的语言和语言研究》，中国社会科学出版社。

司富珍 (2009)，并列结构生成的数理基础，《现代中国语研究》，第 10 期。

索绪尔, 费尔德南 (1996)，《普通语言学教程》(中译本)，高名凯译，商务印书馆。

徐通锵 (1997)，《语言论——语义型语言的结构原理和研究方法》，东北师范大学出版社。

叶蜚声、徐通锵 (1981)，《语言学纲要》，北京大学出版社。

论元结构与句法语义接口

熊仲儒

方立 (2004) 指出："句法与语义的接口是非常复杂的，是当代语言学家极其关注的问题，是当代语言学研究的重要课题。句法与语义的接口一指句法与逻辑形式的接口，一指句法与词库的接口。"论元结构既是句法与词库的接口，也是句法与逻辑形式的接口。Grimshaw (1990：1) 认为论元结构有两个接口，一是词汇语义结构，一是 d—结构。Chomsky (1981：39) 认为所有的句法表达式都是词库中指示的题元结构的投射。这主要是从句法与词库的接口的角度看待论元结构，但也可以拓展为句法与逻辑形式的接口。因为论元结构是句子语义表达式的一部分。

1. 句法与语义

1.1 论元的动态性与结构的平板性

一个逻辑表达式往往包含个体、谓词、公式与算子四种逻辑范畴，略去算子，我们可以建立如下的句法规则：

（1）$t \rightarrow Pred_n(e^1, e^2, \cdots, e^n)$， $0 \leq n$

"t"是公式的逻辑范畴，基本对应于自然语言中的句子；"Pred"是谓词的逻辑范畴，基本对应于自然语言中的动词、形容词、介词与名词等；"e"是个体的逻辑范畴，基本对应于名词短语。数字起标记论元数目的作用。在这个公式中，谓词的论元数目可以从 0 到 n，即具有 0 元谓词、一元谓词、二元谓词，以至 n 元谓词。比如说：

（2）a. John smiled. t→SMILE (j’)

b. John buttered the toast. t→BUTTER (j’, the toast’)

c. John gave Mary a book. t→GIVE (j’, m’, a book’)

句法规则 (1) 可以计算出 (2) 的语义表达式。尽管如此，它还是很难表达含有状语的句子的语义，如：

(3) a. John buttered the toast slowly with a knife in the bathroom at midnight.

b. John buttered the toast slowly with a knife in the bathroom.

c. John buttered the toast slowly with a knife.

d. John buttered the toast slowly.

为此，人们从本源上理解论元，即将论元理解为数学中的自变量。据此，可建立如下的句法规则：

(4) $t \rightarrow Pred_n(x^1, x^2, \cdots, x^n)$， $0 \leq n$

x 是跟谓词相关的变量的逻辑类。根据规则 (4)，(3) 与 (2b) 的语义表达式可表示如下：

(5) a. BUTTER (j’, the toast’, slowly’, with a knife’, in the bathroom’, at midnight’)

b. BUTTER ((j’, the toast’, slowly’, with a knife’, in the bathroom’)

c. BUTTER ((j’, the toast’, slowly’, with a knife’)

d. BUTTER (j’, the toast’, slowly’)

e. BUTTER (j’, the toast’)

以变量为论元，可以解决含状语的句子的语义表达问题，但也会造成新的问题，它使得谓词不再具有固定的论元结构了，即出现“词无定价，依句辨价”的动态性。如“butter”在 (5a) 中是六元谓词，在 (5b) 中是五元谓词，在 (5c) 中是四元谓词，在 (5d) 中是三元谓词，在 (5e) 中为二元谓词。朱德熙 (2010：170-171) 区分了价与向，其“向”相当于这里的变量，只是略窄一点，如：

(6) a. 我给你用录音机录下来。

b. 我给孩子用录音机录了一段音乐。

朱德熙 (2010) 认为“录”在 (6a) 中为三向，在 (6b) 中为四向。

语义表达式 (5) 也不充分，不能描写出语义蕴含知识。(5) 中的语义有蕴含关系，如 (5a) 蕴含着 (5b，c，d，e)，(5b) 蕴含着 (5c，d，e)，(5c) 蕴含着 (5d，e)，(5d) 蕴含着 (5e)，但这种蕴含关系不能直接推导。

语言组合具有层级性，而句法规则 (1) 与 (4) 反映的却是平板结构 (flat structure)，如：

(7)

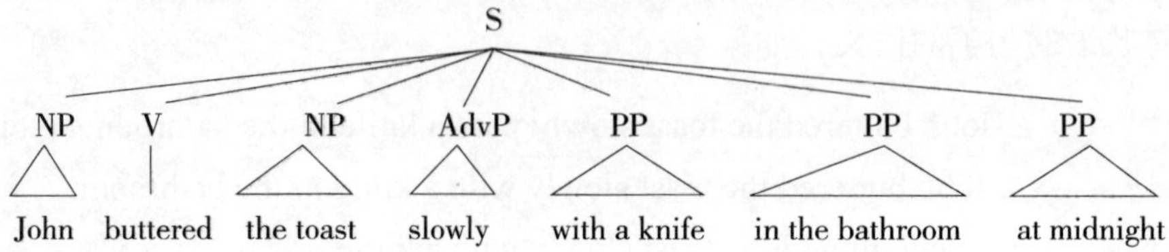

平板的句法结构不能区分主语、补足语与附加语，不能描写人们的成分结构知识；动态的论元结构也不能表达蕴含关系。

1.2 抽象的短语结构规则及其语义表达式

为了反映母语说话者的句法成分知识，生成语法学等语言学理论对主语、附加语、补足语进行了区分。像 X’图示，它就可以清晰地描写主语、附加语、补足语，如：

(8)

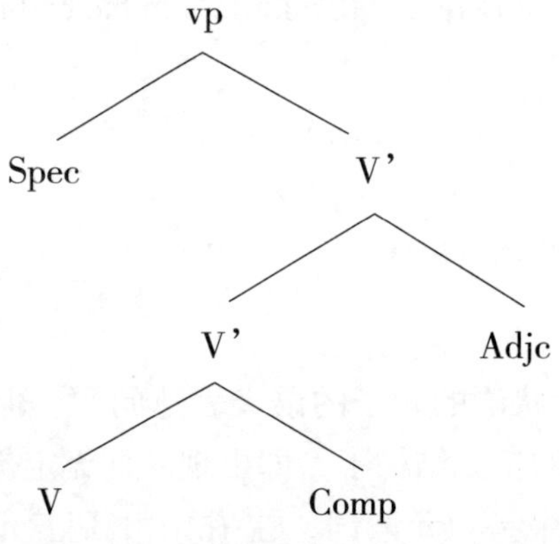

在这个结构，主语与补足语是必有的成分，附加语是可有的成分，可随意地附加在 V’上。句法上的合并操作跟语义学上的组合原则也有相应之处。组合原则是指句子的整体意义是它的部分意义以及它们组成方式的函数。相同词项的组成方式不同，则句子的整体意义也不相同，比如说：

(9) a. 张三喜欢赵颖。

b. 赵颖喜欢张三。

所以语义学家提出语义翻译规则对应于句法规则的假设 (规则对规则的假设)。如：

(10)

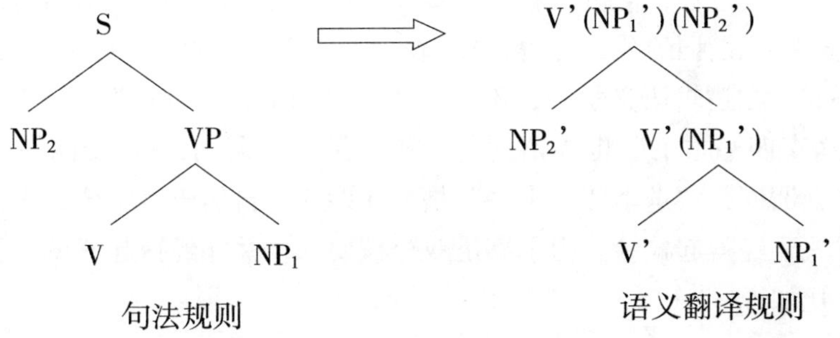

句法规则多，相应的语义翻译规则也很多。为此，语义学家也削减了句法规则，提出“泛函运算规则”[1]。句法规则减少了，词库的信息就会增多。句法学扩充了词库中词项的句法信息 (范畴、论元结构、语义选择、范畴选择等)，然后将所有的短语结构规则用 X'—图示进行描写。语义学也可以扩充词库，如一元谓词 $Pred_1$ 可以登录上逻辑类 <e, t>，二元谓词 $Pred_2$ 可以登录上逻辑类 <e, <e, t>>，三元谓词 $Pred_3$ 可以登录上逻辑类 <e, <e, <e, t>>>。“e”是个体的语义类，“t”是真值的语义类。<e, t> 是说输入一个个体常元 e 就会输出公式 t；<e, <e, t>> 是说输入一个个体常元 e 会输出一元谓词 <e, t>，再输入一个个体常元 e 就会输出公式 t；<e, <e, <e, t>>> 是说输入一个个体常元 e，输出二元谓词 <e, <e, t>>，再输入一个个体常元 e 则输出一元谓词 <e, t>，再输入一个个体常元 e 就会输出公式 t。比如说，一个含有三元谓词的公式，其生成过程可以表示成：

(11) a. <e, <e, <e, t>>> e = <e, <e, t>>

b. <e, <e, t>> e = <e, t>

c. <e, t> e = t

(11a) 是说在三元谓词中输入一个论元 e 生成二元谓词；(11b) 是说在新生成的二元谓词中输入一个论元 e 生成一元谓词；(11c) 是说在新生成的一元谓词中输入一个论元 e 生成公式 t。从 (11) 可以看出公式的生成过程是一种二元的运算，这里运用的计算规则叫“泛函运算规则”。

1 如果 f 是逻辑类 <a, b> 的表达式，并且 a 是逻辑类 a 的表达式，则 f (a) 是逻辑类 b 的表达式。

这种计算过程，用句法学的术语来说，就是三元谓词这个句法体先跟一个句法体合并生成一个二元谓词的句法体，然后这个新的句法体又跟一个句法体合并生成一个一元谓词的句法体，最后这个最新的句法体又跟一个论元合并生成称作公式的句法体，这个叫公式的句法体对应于句子。(11) 虽然表示的是含三元谓词的公式的生成过程，但可以看出，实际上含二元谓词、一元谓词的公式也已经有所表达。一元谓词的公式可由 (11c) 表示，二元谓词的公式可由 (11b-c) 表示。顺便说一句，在逻辑语义学中，不仅“送”是谓词，而且“送李四”、“送一本书”、“送李四一本书”也是谓词。“送”是三元谓词，“送李四”或“送一本书”是二元谓词，“送李四一本书”是一元谓词。自然语言跟公式毕竟不同，它的构造方式要经得起检验。为了满足双分枝要求，并能经得起测试，我们引进功能范畴。比如说：

(12) a. 张三送李四一本书

b.

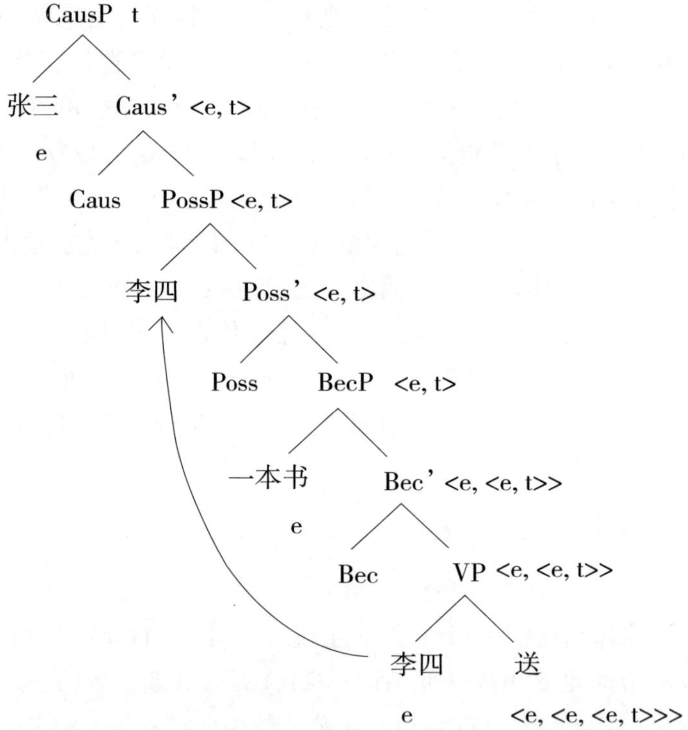

功能范畴可能有逻辑类也可能没有，为简单起见，这里就不为它们指派逻辑类了。“送”是三元谓词，或者说功能范畴 Bec 与 Caus 将为其选择三个事件参与者，所以它的逻辑类为 <e, <e, <e, t>>>。首先输入逻辑类为 e 的“李四”，生成

<e, <e, t>>。由于假定功能范畴不改变逻辑类，所以扩展到 Bec'，逻辑类仍为 <e, <e, t>>。当输入逻辑类为 e 的"一本书"时，生成 <e, t>。由于移位的"李四"是"内部输入"，所以 PossP 的逻辑类还是 <e, t>。最后输入逻辑类为 e 的"张三"，生成逻辑类为 t 的公式。

句法上的必有成分，在语义表达式中也是必有的语义成分。人们通常认为 butter是二元谓词，就是因为它有两个必有的成分，"John buttered the toast"的语义表达式可表示成：

(13) BUTTER (j', the toast')

附加语，在句法上是可选成分，其引进方式可能很多，跟我们研究主旨相关的就是表达成事件的外围参与者。相应地，必有成分被处理成事件的必有参与者。引进事件变量"e"，(3) 中各句与 (2b) 的语义表达式可以分别表示成 (14)：

(14) a. ∃e (BUTTER (j', the toast', e) & SLOWLY (e) & WITH (e, a knife') & IN (e, the bathroom') & AT (e, midnight'))

b. ∃e (BUTTER (j', the toast', e) & SLOWLY (e) & WITH (e, a knife') & IN (e, the bathroom'))

c. ∃e (BUTTER (j', the toast', e) & SLOWLY (e) & WITH (e, a knife'))

d. ∃e (BUTTER (j', the toast', e) & SLOWLY (e))

e. ∃e (BUTTER (j', the toast', e))

根据 P&Q→P，(3) 中各句与 (2b) 的语义蕴含关系在 (14) 中得到了清晰的描写。但是上面的语义表达式还是不太充分，比如说：

(15) a. John buttered the toast.

b. ∃e BUTTER (j', the toast', e)

这个命题也暗含这两个独立的命题：

(16) a. John did some buttering.

b. The toast got buttered.

而 (15b) 不能推导出 (16a) 或 (16b)。如何反映母语说话者的语感呢？看来还有必要发展我们的语义表达式。后来的学者 (Parsons，1990) 建议采用以下语义表达式描述 (15) 与 (16)：

(17) a. ∃e（BUTTER (e) & Agent (e, John’) & Theme (e, the toast’))
b. ∃e（BUTTER (e) & Agent (e, John’))
c. ∃e（BUTTER (e) & Theme (e, the toast’))

根据 P&Q→P 很容易推导 (15) 与 (16) 之间的蕴涵关系。如：

(18) a. ∃e [butter (e) & Theme (the toast’, e) & Agent (John’, e) & past (e)]
→∃e [butter (e) & Agent (John’, e) & past (e)]
b. ∃e [butter (e) & Theme (the toast’, e) & Agent (John’, e) & past (e)]
→∃e [butter (e) & Theme (the toast’, e) & past (e)]

2. 语义表达式与功能范畴

2.1 语义表达式的计算方式

现在的问题是新戴维森事件语义学是如何计算的。最简单的方式仍然是假定动词的价是动态的，逐个登录“BUTTER”的各个词条，如：

(19) a. λe λ x λy [butter (e) & Theme (x, e) & Agent (y, e)]
b. λe λ x λy λP [butter (e) & Theme (x, e) & Agent (y, e) & P (e)]
c. λe λ x λy λP λz [butter (e) & Theme (x, e) & Agent (y, e) & P (e) & WITH (e, z)]

(19a) 将 butter 看作二元动词 {x，y}，(19b) 将 butter 看做三元谓词 {x, y, P}，(19c) 将 butter 看作四元谓词 {x, y, P, z}。

有了谓词的词库信息，我们就可以通过 λ —还原计算出所在句子的语义。λ —还原其实就是一种替换运算，即用常量替换变量，或变量替换变量，如：

(20) a. λe λ x λy [butter (e) & Theme (x, e) & Agent (y, e)](the toast’)(John’)
= λe λy [butter (e) & Theme (the toast’, e) & Agent (y, e)] (John’)
= λe [butter (e) & Theme (the toast’, e) & Agent (John’, e)]
b. λe λ x λy λP [butter (e) & Theme (x, e) & Agent (y, e) &P (e)](the toast’)(John’) (SLOWLY)
= λe λP [butter (e) & Theme (the toast’, e) & Agent (John’, e) &P (e)] (SLOWLY)
= λ e [butter (e) & Theme (the toast’, e) & Agent (John’, e) & SLOWLY (e)]

c. λe λ x λy λP λz [butter (e) & Theme (x, e) & Agent (y, e) & P (e) & WITH (e, z)](the toast’) (John’) (SLOWLY) (a knife’)
= λe λz [butter (e) & Theme (the toast’, e) & Agent (John’, e) & SLOWLY (e) & WITH (e, z)](a knife’)
= λe [butter (e) & Theme (the toast’, e) & Agent (John’, e) & SLOWLY (e) & WITH (e, a knife’)]

(20a) 首先用“the toast’”替换变量 x，接着用“John’”替换变量 y。(20b) 是在 (20a) 的基础上用“SLOWLY”替换变量 P。(20c) 是在 (20b) 的基础上用“a knife’”替换变量 z。这些计算之后还有算子 λ 与变量 e。λ 算子可通过进一步的计算消除，比如说 (20a)，它只计算到 VP，在句法上它可以继续受 T 扩展。过去时制的语义值可表示如下：

(21) λP ∃e [P(e) & Past (e)]

(21) 跟 (20a) 的计算过程可表示如下：

(22) λP ∃e [P(e) & Past (e)]（ λe [butter (e) & Theme (the toast’, e) & Agent (John’, e)]）
= ∃e [λ e [butter’ (e) & Theme (the toast’, e) & Agent (John’, e)] (e) & Past (e)]
= ∃e [[butter’ (e) & Theme (the toast’, e) & Agent (John’, e)] & Past (e)]
= ∃e [butter’ (e) & Theme (the toast’, e) & Agent (John’, e) & Past (e)]

首先用变量“ λe [butter (e) & Theme (the toast’, e) & Agent (John’, e)”替换变量 P，然后用 e 替换变量 e，最后脱括号。(20) 中的 (b) 与 (c) 可仿此计算。(22) 的语义可解读为：

(23) a. 存在一个事件 e，这个事件为 butter’，
b. 在这个事件中，John’ 为 agent，
c. 在这个事件中，the toast’ 为 theme，
d. 这个事件发生在过去。

第二种计算方式是假定动词只有一个价成分，那就是事件论元。这种计算必须假定句法位置也有语义。说句法位置有语义，大概也是不言自明的。比如说 butter，其主语位置的语义是施事，宾语的位置是受事，可表示为：

(24) a. Subj* = λx λe [Agent (x, e)]
b. Obj* = λx λe [Theme (x, e)]

根据该假设，我们可按如下方式计算“John buttered the toast”的语义：

(25) [John buttered the toast]*

a. Pred * = λPred λ e [Pred (e)]

b. butter* = λe [butter (e)]

c. $[_{Pre}$butter]* = λPred λe [Pred (e)] (λe [butter (e)])= λe [λe butter (e)] (e)= λe butter (e)

d. Obj* = λx λe [Theme (x, e)]

e. the toast* = the toast’

f. $[_{Obj}$the toast]* = λx λe [Theme (x, e)] (John’) = λe [Theme (the toast’, e)]

g. $[_{V'}$ $[_{Pre}$ butter]$^\cap$ $[_{Obj}$the toast]]* = λe [butter (e) & Theme (the toast’, e)]

h. Subj* = λx λe [Agent (x, e)]

i. John* = John’

j. $[_{Subj}$John]* = λx λe [Agent (x, e)] (John’) = λe [Agent (John’, e)]

k. $[_{VP}[_{Subj}$John]$^\cap[_{V'}$ $[_{Pre}$ butter]$^\cap$ $[_{Obj}$the toast]]]*
= λe [butter (e) & Theme (the toast’, e) & Agent (John’, e)]

l. Tense* = λP $\exists$ e λTense [P (e) & Tense (e)]

m. -ed*=past

n. $[_{T'}$ed]* = λP $\exists$ e λTense [P (e) & Tense (e)] (past) = λP $\exists$ e [P (e) & past (e)]

o. $[_{TP}[_{T'}$-ed]$^\cap$ $[_{VP}[_{Subj}$John]$^\cap[_{V'}$ $[_{Pre}$ butter]$^\cap$ $[_{Obj}$the toast]]]]*
= λP $\exists$ e [P (e) & past (e)] (λ e [butter (e) & Theme (the toast’, e) & Agent (John’, e)])
= $\exists$ e [(λ e[butter (e) & Theme (the toast’, e) & Agent (John’, e)]) (e) & past (e)]
= $\exists$e [[butter (e) & Theme (the toast’, e) & Agent (John’, e)] & past (e)]
= $\exists$e [butter (e) & Theme (the toast’, e) & Agent (John’, e) & past (e)]

这里假定每个句法位置都有相应的语义，每个词项及其组合也都有语义。(a-c) 计算的是动词位置的“butter”的语义，(d-f) 计算的是宾语位置的“the toast”的语义，采用的是 λ —还原。(g) 计算的是“butter the toast”的语义，采用的是事件等同。(h-j) 计算的是主语位置的“John”的语义。(k) 计算的是“John butter the toast”的语义。(l-n) 计算的是过去时制的语义。(o) 计算的是“John buttered the toast”的语义。

事件等同操作是由 Kratzer (1996) 根据 Higginbotham (1985) 的题元等同操作提出的。事件等同是将两个函数作为输入项，最后输出一个函数的运算，其中事件类型要等同操作。如：

(26) f g → h

<e, <s, t>> <s, t> <e, <s, t>>

$\lambda x_e \lambda e_s[f(x)(e) \,\&\, g(e)]$

f、g、h 是三个函数，e 是个体类型，s 是事件类型，t 是真值类型。<s, t> 是表示由事件 s 映射到真值 t 的函数，<e, <s, t>> 是由个体 e 映射到函数 <s, t> 的函数。输入函数 f 与 g 都有"<s, t>"，实行等同操作，所以输出函数包含"<s,t>"。事件等同实际上也是一种合取操作。

第三种计算方式是由 Kratzer (1996) 提出的，她假定动词有两个价成分，即直接内部论元与事件论元，如：

(27) $\lambda e\, \lambda x$ [butter (e) & Theme (x, e)]

另一论元由 Voice 引进，其值为：

(28) $\lambda e\, \lambda x$ [Agent (x, e)]

根据该假设，我们可按如下方式计算"John buttered the toast"的语义：

(29) [John buttered the toast]*

a. butter* = $\lambda e\, \lambda x$ [butter (e) & Theme (x, e)]

b. the toast* = the toast'

c. [$_{VP}$ butter $^{\cap}$ the toast]*

= $\lambda e\, \lambda x$[butter (e) & Theme (x, e)] (the toast')

= λe [butter (e) & Theme (the toast', e)]

d. Voice*= $\lambda e\, \lambda x$ [Agent (x, e)]

e. [$_{Voice'}$ Voice $^{\cap}$ [$_{VP}$ butter $^{\cap}$ the toast]]

= $\lambda e\, \lambda x$ [butter (e) & Theme (the toast', e) & [Agent (x, e)]]

f. John* = John'

g. [$_{VoiceP}$ John $^{\cap}$ [$_{Voice'}$ Voice $^{\cap}$ [$_{VP}$ butter $^{\cap}$ the toast]]]*

= $\lambda e\, \lambda x$ [butter (e) & Theme (the toast', e) & [Agent (x, e)]] (John')

= λe [butter (e) & Theme (the toast', e) & [Agent (John', e)]]

h. Tense* = $\lambda P\ \exists e\ [P(e)\ \&\ past(e)]$

i. $[_{TP}Tense \cap [_{VoiceP}\ John \cap [_{Voice'}\ Voice \cap [_{VP}\ butter \cap the\ toast]]]]^*$

$= \lambda P\ \exists e\ [P(e)\ \&\ past(e)]\ (\lambda e\ [butter(e)\ \&\ Theme(the\ toast', e)\ \&\ Agent(John', e)])$

$= \exists e\ [(\lambda e\ [butter(e)\ \&\ Theme(the\ toast', e)\ \&\ Agent(John', e)])(e)\ \&\ past(e)]$

$= \exists e\ [\ [butter(e)\ \&\ Theme(the\ toast', e)\ \&\ Agent(John', e)]\ \&\ past(e)]$

$= \exists e\ [\ butter(e)\ \&\ Theme(the\ toast', e)\ \&\ Agent(John', e)\ \&\ past(e)]$

第一种计算方式很简单，但动词没有固定的语义，即多个词条；第二种计算方式与第三种计算方式虽然复杂，但动词的语义是固定的，或为“λe butter (e)”或为“λe λx [butter (e) & Theme (x, e)]”。第三种计算方式将语义直接归为词项，每个词项在词库中都标注有相应的语义；第二种同时将语义赋予词项与句法位置。

2.2 功能范畴

句法位置当然有意义，问题是句法位置为什么有意义。在生成语法中是用词汇标记来解决该问题的，即 V 向补足语指派题元角色，VP 向主语指派题元角色。这种指派的前提是动词有题元可指派。Chomsky (1981) 把动词指派的题元以及由动词短语所指派的题元全部归结为动词的选择性，也就是登录于词库之中，也就是“直接或间接题元标记是由词库决定的词项属性”（p. 38）。如：

(30) butter: {Agent, theme}

动词有了题元，也就可以向题元位置指派题元，题元位置获得了题元，位置也就获得了意义。Kratzer (1996) 的理论是秉持这一传统的，唯一不同的是他改变了动词的论元结构，如：

(31) butter: { theme} 或 butter: {theme, e} 或 butter: <Theme, e>

也就是动词间接标记的题元位置现在不由动词进行题元标记，相对于传统的论元结构来说，动词只有一个题元角色 theme 需要指派。原来由动词间接题元标记的位置改由另一成分即 Voice 直接题元标记，如：

（32）
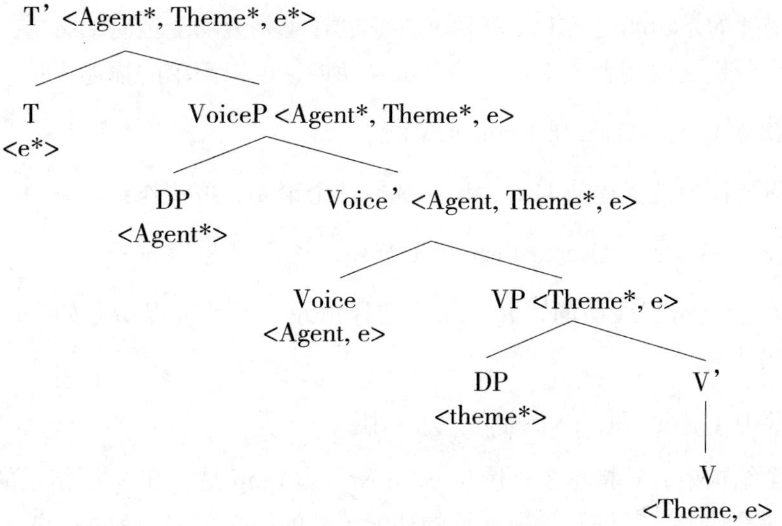

(32) 是说动词有两个论元，一是 theme，一是事件论元 e，记作“<Theme, e>”。它向直接内部论元指派 theme 之后，其论元结构就兑现 (discharge) 了一个theme 论元，记作“<Theme*, e>”。Voice 也有两个论元 <Agent, e>，它跟 VP 合并之后，论元增容为“< Agent, Theme*, e>”，兑现 Agent 后，获得“< Agent*, Theme*, e>”。最后跟 T 合并后兑现为“< Agent*, Theme*, e*>”。有些兑现是跟短语兑现，有些兑现是跟核心对象，如跟 T 兑现 e。后种兑现为题元约束 (θ-binding)，前种兑现为题元标记 (θ-marking)。

Kratzer 的词汇信息在汉语中会碰上问题，因为汉语的直接内部论元可以不实现，如“张三吃大碗”中的受事不能获得定值，如：

(33) λx ∃e [吃’(e) & Theme (x, e) & Agent (张三’, e) & Instrument (大碗’, e)& past (e)]

受事在句法上可根据 Lin (2001) 的形式准允给删除掉，但在语义上不能被删除。所以最合适的方式是在语义上规定动词只有事件论元 e，而没有受事论元。如：

(34) λ e [吃’(e)]

这似乎又回到了第二种计算方式，即需要假定词项与句法位置都有意义。其实不然，因为句法发展到现在，我们完全可以像 kratzer 一样规定功能范畴也有语义。如：

(35) Use： λ xλ yλ f λe [f (e) & User (x, e) & Instrument (y, e)]

(35) 描述的是功能范畴 Use 的语义，它的意思是说功能范畴 Use 有三个论元，其中两个分别是使用者与工具，第三个是动词，可以简单的描述为：

(36) Use：{User, Instrument, V}

还可以更简单地描述成 Use 为动词选择两个论元，可记作：

(37) V-Use：{User，Instrument}

功能范畴扩展动词，并为动词选择论元，据此可以指派如下的具有一般性的句法结构：

(38) $[_{vP}[Spec][_{v'}[v][_{VP}[Comp][V]]]]$

在这个结构中，V 指示事件图景 e，Spec 与 Comp 是 v 在 V 所指示的事件图景里选择的参与者。动词及扩展动词的功能范畴的语义可表示为：

(39) a. V：$\lambda e\lambda P[P(e)]$

b. v：$\lambda x\lambda y\lambda f\lambda e[f(e) \& \theta_1(x, e) \& \theta_2(y, e)]$

动词与轻动词融合以后，其语义值为：

(40) $V\text{-}v^* = \lambda x\lambda y\lambda f\lambda e[f(e) \& \theta_1(x, e) \& \theta_2(y, e)](\lambda e\lambda P[P(e)])$

$= \lambda x\lambda y\lambda e[\lambda e\lambda P[P(e)](e) \& \theta_1(x, e) \& \theta_2(y, e)]$

$= \lambda x\lambda y\lambda e[\lambda P[P(e)] \& \theta_1(x, e) \& \theta_2(y, e)]$

$= \lambda x\lambda y\lambda e\lambda P[P(e) \& \theta_1(x, e) \& \theta_2(y, e)]$

动词“吃”受功能范畴Use扩展，其语义表达式是（无关细节忽略）：

(41) 吃-Use* = $\lambda x\lambda y\lambda e\lambda P[P(e) \& User(x, e) \& Instrument(y, e)](\lambda e[$吃$'(e)])$

= $\lambda x\lambda y\lambda e[\lambda e[$吃$'(e)](e) \& User(x, e) \& Instrument(y, e)]$

= $\lambda x\lambda y\lambda e[$吃$'(e) \& User(x, e) \& Instrument(y, e)]$

忽略看不见的事件论元与功能范畴 Use，可表示为：

(42) a. 吃* = $\lambda x\lambda y[$吃$'(x, y)]$

b. 吃: {User，Instrument}

再比如说动词“butter”，它受功能范畴 Do 扩展，其结果是 (无关细节忽略)：

(43) a. Do： $\lambda x\lambda y\lambda f\lambda e\, [f(e)\ \&\ Agent(x, e)\ \&\ Theme(y, e)]$

b. butter: $\lambda e\, [butter'(e)]$

c. butter-Do* $= \lambda x\lambda y\lambda e\lambda P\, [P(e)\ \&\ Agent(x, e)\ \&Theme(y, e)]$

$(\lambda e\, [butter'(e)])$

$= \lambda x\lambda y\lambda e\, [\lambda e\, [butter'(e)](e)\ \&\ Agent(x, e)\ \&\ Theme(y, e)]$

$= \lambda x\lambda y\lambda e\, [butter'(e)\ \&\ Agent(x, e)\ \&Theme(y, e)]$

这就回到了我们的直觉，即 butter 是二元动词，其论元分别是施事、受事。这里忽略的是事件论元。忽略看不见的事件论元与功能范畴 Do，可表示为：

(44) a. butter* $= \lambda x\lambda y\, [butter'(x, y)]$

b. butter: {agent, theme}

按照目前的结构设置，句法上的双分枝性容易满足，而语义上的双分枝性却很难满足。如：

(45) a. b.

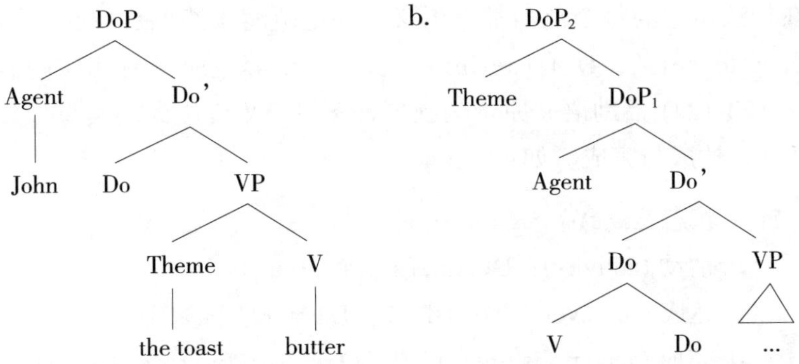

(43) 中的 Do 要求跟动词或受事或施事先合并，而 (45a) 的句法结构则显示动词先跟受事合并。对此，我们的解决办法是借助协约理论或核查理论。我们知道动词要跟轻动词核查，宾语也要跟轻动词核查，可表示成 (45b)，这种核查可能是显性移位也可能是特征移位。(45b) 这样的图示使语义计算成为可能。如：

(46) a. [V-DO]* $= \lambda x\lambda y\lambda f\lambda e\, [f(e)\ \&\ Agent(x, e)\ \&\ Theme(y, e)]$

$(\lambda e\, [butter'(e)])$

$= \lambda x\lambda y\lambda e\, [\lambda e[butter'(e)](e)\ \&\ Agent(x, e)\ \&\ Theme(y, e)]$

$= \lambda x\lambda y\lambda e\, [butter'(e)\ \&\ Agent(x, e)\ \&\ Theme(y, e)]$

b. $[DoP_1]^* = \lambda x\lambda y\lambda e\, [butter'(e)\ \&\ Agent(x, e)\ \&\ Theme(y, e)]\,(John')$

$= \lambda y\lambda e\, [butter'(e)\ \&\ Agent(John', e)\ \&\ Theme(y, e)]$

c. $[DoP_2]^* = \lambda y\ \lambda e$ [butter' (e) & Agent (John' , e) & Theme (y, e)] (the toast')

= λe [butter' (e) & Agent (John', e) & Theme (the toast', e)]

继续跟 T 合并，可以达成“∃-封合”。

Lin (2001) 在引进论元上，是一个功能范畴引进一个论元，一个论元由一个功能范畴引进； Pylkkänen (2008) 虽然对高位涉用范畴与 Voice 采用一一对应的观点，但对于低位涉用范畴，还是会让它引进包括动词在内的三个论元。在我们看来，现在的功能范畴就起着原来谓词的作用，即用来说明个体的性质或两个及两个以上个体之间的关系的。换句话说，功能范畴可以引进一个论元，也可以引进两个论元或三个论元。

3. 功能范畴的语义

3.1 事件义

在句法树上的每个范畴都有语义，功能范畴当然也是如此。如 C 有[force]义，T 有[tense]义，D 有[definite]义。v、n 等也应该有相应的意义。Dowty (1979：123-124) 借助语义原子刻画事件图景，事件图景的类型大致有四类：状态、活动、达成与完成。如：

(47) a. 状态 (state)： $\pi_n (a_1, \cdots a_n)$

b. 活动 (activity)：DO $(a_1, [\pi_n (a_1, \cdots a_n)])$

c. 达成 (achievement)：BECOME $[\pi_n (a_1, \cdots a_n)]$

d. 完成 (accomplishment)：[[DO $(a_1, [\pi_n (a_1, \cdots a_n)])$] CAUSE [BECOME $[\pi_n (a_1, \cdots a_n)]$]]

Rappaport Hovav 和 Levin (1998：108) 也采用类似的方式定义事件图景，她们称之为事件结构模板，如：

(48) a. 活动：[x $ACT_{<MANNER>}$]

b. 状态：[x <*STATE*>]

c. 达成：[BECOME [x <*STATE*>]]

d. 完成：[x CAUSE [BECOME [y <*STATE*>]]]

e. 完成：[[x $ACT_{<MANNER>}$] CAUSE [BECOME [y <*STATE*>]]]

差别在于完成事件的语义表达式，Dowty 将 CAUSE 的第一个论元表达为活动，Rappaport Hovav 和 Levin 则认为个体与活动都可以做 CAUSE 的第一个论元。

“< >”中的斜体部分为词根常量，做下标的词根常量为谓词的修饰语，非下标的词根常量为论元。常量具有开放性，如下面箭头左侧的为常量，右侧是其在事件模板中的位置，如：

(49) a. manner → [x ACT$_{<\textit{MANNER}>}$]
(e.g., jog, run, creak, whistle, etc.)
b. instrument →[x ACT$_{<\textit{INSTRUMENT}>}$]
(e.g., brush, hammer, saw, shovel, etc.)
c. placeable object → [x CAUSE [BECOME [x WITH <*THING*>]]]
(e.g., butter, oil, paper, tile, wax, etc.)
d. place →[x CAUSE [BECOME [x <*PLACE*>]]]
(e.g., bag, box, cage, crate, garage, pocket, etc.)
e. internally caused state → [x <*STATE*>] (state)
(e.g., bloom, blossom, decay, dower, rot, rust, sprout, etc.)
f. externally caused state →[[x ACT] CAUSE [BECOME [y <*STATE*>]]]
(e.g., break, dry, harden, melt, open, etc.)

DO、CAUSE、BECOME 等为语义原子，也称作谓词，最初由生成语义学家提出。McCawley (1970) 将“kill”分解为“CAUSE、BECOME、NOT、ALIVE”，每个谓词都有自己的论元，其句法投射为 (50a)：

（50）
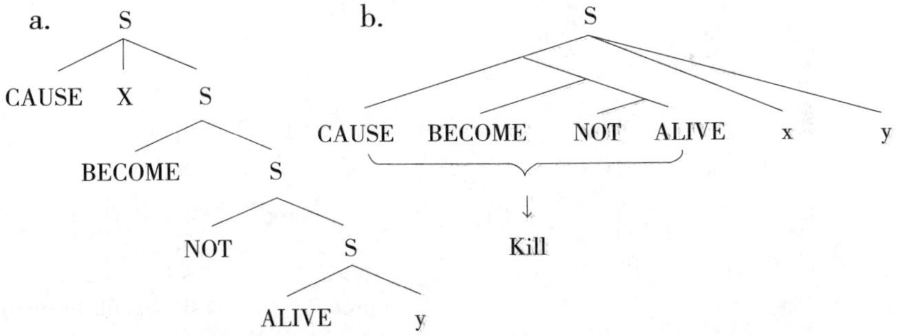

经过谓词提升与主语提升达成如下结构，并插入词汇kill，如 (50b)。

Hale 和 Keyser (1993；2002) 用句法关系表达这些语义关系，如 V 与它的补足语 VP 表达致使关系 (cause)，V 与它的补足语 AP、PP 表达达成关系 (change)。如 (51b)：

(51) a. The cook thinned the gravy.
b. $[_{VP}[_{NP}\text{ the cook}][_{V'}\ [_{V}\ ][_{VP}[_{NP}\text{ the gravy}][_{V'}\ [_{V}\ ][_{AP}\text{ thin}]]]]]$

所表达的语义关系正好对应于事件结构的表达，如：

(52) [[(the cook) ACT] CAUSE [BECOME [(the gravy) <*THIN*>]]]

致使关系，Hale 和 Keyser (1993，2002) 表达为“$e_1 \rightarrow e_2$”，表示一个事件“e_1”导致另一事件“e_2”。“e_1”为“[(the cook) ACT]”，“e_2”为“[BECOME [(the gravy) <THIN>]]”。达成关系，Hale 和 Keyser (1993，2002) 表达为“e→s”，表示一个事件导致一种状态，这里的状态自然是“thin”。Huang (1997) 直接将上层的V诠释为致使义的动词，并作了扩展。他说所有活动动词都是类似于 DO 的谓词的补足语，肇始谓词 (inchoative predicate) 内嵌于 BECOME 或 OCCUR，状态谓词内嵌于 BE 或 HOLD，致使谓词内嵌于 DO 与 CAUSE。如：

(53) a. 哭：　[x DO [x 哭]]
　　b. 看书：[x DO [x 看书]]
　　c. 胖：　[OCCUR/ COME ABOUT [x 胖]]
　　d. 喜欢：[BE/HOLD [x 喜欢 y]]
　　e. 气死：[x DO [x CAUSE [COME ABOUT [y 气死]]]]

如果说 Hale 和 Keyser (1993；2002) 通过结构关系表达语义关系是间接的，那么可以说 Ramchand (2008) 通过句法范畴表达语义关系是直接的，如：

(54)

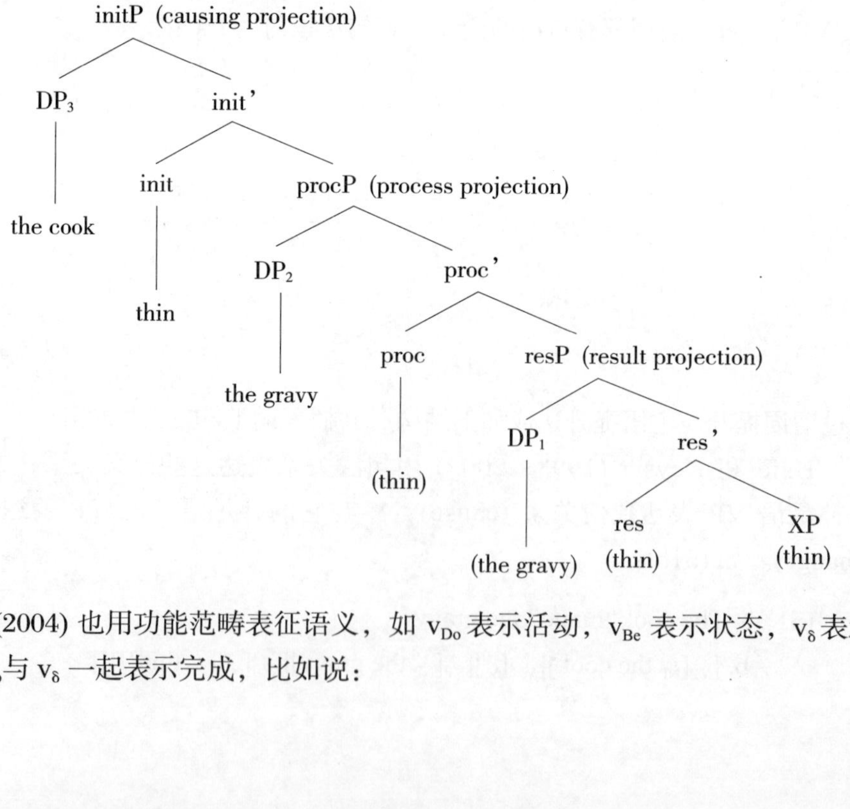

Lin (2004) 也用功能范畴表征语义，如 v_{Do} 表示活动，v_{Be} 表示状态，v_{δ} 表示达成，v_{Do}与 v_{δ} 一起表示完成，比如说：

(55) a. The cook thinned the gravy.

b. [$_{voiceP}$[$_{DP}$ the cook][[$_{Voice}$][$_{vDoP}$[$_{vDo}$]][$_{v\delta P}$[$_{DP}$ the gravy][[$_{v\delta}$][[$_{vBE}$]
[$_{\surd}$ thin]]]]]]]

“thin”为词根，也是 Rappaport Hovav 和 Levin 的状态常量，由 v_{BE} 引进，表示状态。该状态由 v_{δ} 引进，表示达成。接着由 v_{Do} 引进，表示完成。只有 v_{Do} 不能引进个体论元，其他核心都能引进个体论元，如：

(56) a. [$_{v\delta P}$ [the gravy][[$_{v\delta}$][[$_{vBE}$][√ *thin*]]]]

b. [$_{vBE\ P}$ [the gravy][[$_{vBE}$][√ *thin*]]]

Lin (2004) 认为外部论元由 voice 引进，如 (55)，再如：

(57) a. John ran.

b. [$_{VoiceP}$[$_{DP}$ John][[$_{Voice}$][v_{Do}P[v_{Do}][√ *run*]]]]

3.2 非事件义

Ramchand 的理论非常优美，她只用了三个事件核心进行论元的选择。但从汉语的角度看，三个可能不够。Lin (2001) 发现汉语的主语具有非选择性，如：

(58) a. 老王开了一辆坦克车。(施事性)

b. 这辆破车开得我吓死了。(致使性)

c. 高速公路开着一排坦克车。(存在性)

在 Ramchand 的系统中，(58a, b) 可用 init 允准或选择外部论元；(58c) 没有外部论元，其论元可用 proc 选择，但需要进行倒置，所以还需要引进新的范畴，如：

(59) a. [$_{initP}$[老王][$_{init'}$ [$_{init}$开了][$_{procP}$[一辆坦克车][$_{proc'}$ [$_{Proc}$<开了>][XP]]]]]]

b. [$_{initP}$[这辆破车][$_{init'}$ [$_{init}$开得][$_{procP}$[我][$_{proc'}$ [$_{Proc}$<开得>][$_{resP}$[<我>]
[$_{res'}$ [$_{res}$<开得>][$_{XP}$ Pro吓死了]]]]]]]

c. [$_{existP}$[高速公路][$_{exist'}$ [$_{exist}$开着][$_{procP}$[一排坦克车][$_{proc'}$ [$_{proc}$<开>][$_{pathP}$[高速公路]]]]]]

Lin (2001) 认为这些句子都基础生成，由 DO、CAUSE、EXIST 选择主语，如：

(60) [$_{VP}$[$_{NP}$][$_{V'}$ [$_{V}$ {DO, CAUSE, EXIST}][$_{VP}$]]]

如果 EXIST 确实选择论元的话，则 Ramchand 的事件核心系统是不完整的。再如：

(61) a.	写这支笔	切这把刀	垫这本书	喝那个杯子	[工具]
b.	睡火车站	吃饭馆	打室内	读MIT	[处所]
c.	睡上午	飞半夜	打下午	做晚上	[时间]
d.	哭国破家亡	吃头疼	玩趣味	气这个荒谬的结局	[原因]

在 Ramchand 的系统中，(61a) 是由 proc 选择，做路径 (path) 放置于补足语位置；如果 (61b-d) 的宾语也是path，则虽然处理起来简单，但不够明晰。Lin (2001) 用 USE、AT、FOR 为 (61b-d) 选择宾语，虽不够简单，但较明晰，如 (60)。

Pylkkänen (2008) 的涉用范畴 Appl 也不对应于事件谓词，并且 Appl 可以分解为各种下位范畴，如：

(62) a. High APPL：

$\lambda x. \lambda e.$ APPL (e, x)

(collapsing $APPL_{BEN}$, $APPL_{INSTR}$. $APPL_{LOC}$ and so forth)

b. Low-APPL-TO (Recipient applicative)：

$\lambda x. \lambda y. \lambda f$ <e<s, t>>. $\lambda e.$ f (e, x) & theme (e, x) & to-the-possession (x, y)

c. Low-APPL-FROM (Source applicative)：

$\lambda x. \lambda y. \lambda f$ <e<s, t>>. $\lambda e.$ f (e, x) & theme (e, x) & from-the-possession (x, y)

这里的涉用范畴包括其各种下位范畴都不表示事件义。

我们认同 Lin (2001) 与 Pylkkänen (2008) 的观点，也不将引进论元的功能范畴局限于事件义。换句话说，事件义与非事件义的功能范畴都可以引进论元。跟 Lin (2001) 与 Pylkkänen (2008) 不同的是，我们让动词不再选择任何论元。试对比：

(63) a. $[_{UseP}[_{DP}$我$][_{Use'}$ $[_{Use}][_{VP}[_{DP}$大碗$][_{V}$吃$]]]]$

b. $[_{DoP}[_{DP}$我$][_{Do'}$ $[_{Do}$ $][_{UseP}[_{DP}$大碗$][_{Use'}$ $[_{Use}][_{VP}[_{DP}$ $][_{V'}$ $[_{V}$吃$]]]]]]]$

我们指派的结构是 (63a)，“大碗”和“我”由 Use 选择，“吃”不选择论元；Lin (2001) 指派的是 (63b)，在这个结构中只有“大碗”由 Use 选择，“吃”选择直接宾语论元如受事。

4. 结语

语义计算与句法计算一样，可以建立丰富的规则系统，也可以建立简约的原则系统。语义学在词库中为表达式指派逻辑类，在计算上采用泛函运算规则。泛函运算规则使得结构具有了双分枝性。为了用“合取消去律”推导语义间的蕴涵关系，新戴维森事件语义学为动词引进事件论元，并采用合取方式关联各种语义成分。新戴维森事件语义学是 Kratzer 引进 Voice 的理论基础，也是本研究的语义学基础。我们根据新戴维森事件语义学认为动词只是指示事件图景，即以事件为论元，其词库中并不包含直接内部论元。为计算语义，我们扩充了功能范畴的语义信息。为语义计算的顺利进行，动词与功能畴的协约操作及功能范畴与论元间的协约操作 (AGREE) 或核查 (check) 操作成为必需的操作方式。在 Chomsky (1995；2001) 中，核查操作或协约操作只是为了核查形态特征。现在看来，也是为了语义计算。选择论元的功能范畴除了表示事件义之外，还可以表示非事件义。

参考文献

Chomsky, N. (1981). *Lectures on government and binding*. Dordrecht: Foris.

Chomsky, N. (1995). *The minimalist program*. Cambridge: MIT Press.

Chomsky, N. (2001). Derivation by phase. In M. Kenstowicz (ed.), *Ken Hale: A life in language* (pp. 1-52). Cambridge: MIT Press.

Dowty, D. R. (1979). *Word meaning and Montague grammar*. Dordrecht: Reidel.

Grimshaw, J. (1990). *Argument structure*. Cambridge: MIT Press.

Hale, K., & Keyser, S. J. (1993). On argument structure and the lexical expression of syntactic relations. In Kenneth Hale, & Samuel Jay Keyser (eds.), *The view from building 20: Essays in linguistics in honor of Sylvain Bromberger* (pp. 53-109). Cambridge: MIT Press.

Hale, K., & Keyser, S. J. (2002). *Prolegomenon to a theory of argument structure*. Cambridge: MIT Press.

Higginbotham, J. (1985). On semantics. *Linguistic Inquiry* 16, 547-93.

Huang, C. T. (1997). On lexical structure and syntactic projection, *Chinese Language and Linguistics* 3, 45-89.

Kratzer, A. (1996). Severing the external argument from its verb. In Johan Rooryck, &

Laurie Zaring (eds.), *Phrase structure and the lexicon* (pp. 109-137). Dordrecht: Kluwer Academic Publishers.

Lin, Tzong-Hong. (2001). *Light verb syntax and the theory of phrase structure.* Unpublished doctoral dissertation, University of California.

Lin, J. (2004). *Event structure and the encoding of arguments: The syntax of the Mandarin and English verb phrase*. Unpublished doctoral dissertation, MIT.

Parsons, T. (1990). *Events in the semantics of English: A study in subatomic semantics*. Cambridge: MIT Press.

Pylkkänen, L. (2008) *Introducing arguments*. Cambridge: MIT Press.

Ramchand, G. (2008). *Verb meaning and the lexicon: A first-phase syntax*. Cambridge: Cambridge University Press.

Rappaport H. M., & Levin, B. (1998). Building verb meanings. In Butt, & Geuder (eds.), *The projection of arguments: Lexical and compositional factors* (pp. 97-134). Stanford: CSLI Publications.

方　立 (2004)，方序。《现代汉语中的致使句式》(熊仲儒)。合肥：安徽大学出版社。

朱德熙 (2010)，《语法分析讲稿》。北京：商务印书馆。

A Tentative Model for ST and EST

Gao Mingle

The attempt at presenting a unified linguistic model of semantic, phonological and syntactic components was made in the "Standard Theory" and the "Extended Standard Theory." After the publication of *Syntactic Structure*, some transformationalists have published works and articles on the semantic function in the grammar. They tried to put together the syntactic, phonological and semantic components into one single model of a language. Such a unified linguistic model was primarily presented in *An Integrated Theory of Linguistic Description* (1964) by J. Katz and P. M. Postal and in *Aspects of the Theory of Syntax* (1965) by N. Chomsky. The formations proposed in these works were called by Chomsky the "Standard Theory." Katz and Postal illustrated the relationship between the three components with the following diagram:

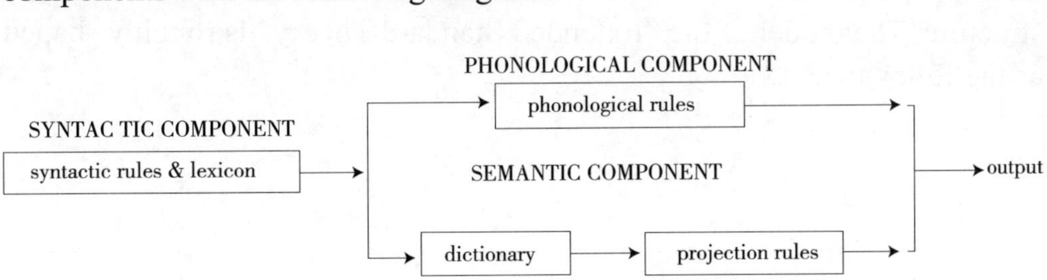

The output of the syntactic component is used as the input to both the phonological and the semantic components. The output of the phonological and semantic components is the linking of the phonological representation of each individual sentence with its semantic interpretation. They think both the phonological component and the semantic component operate on the final sequence of the morphemes generated by the syntactic component. Thus, they further point out that deep structure is the input to the transformational rules which carry out various operations to produce surface structures; this in turn is the input to the phonological component. The transformations do not affect meaning. So they regard the sentence in surface structure as the input to the semantic component.

From the above we see the semantic component only operates on the final sequence of morphemes that is the output of the syntactic component. Little attention is paid to the contribution of syntactic structures to the meaning in deep structure, and it is postulated that the semantic interpretation of the sentence in surface structure is the very representation of the meaning in deep structure. That is to say, the whole function of the semantic component in the grammar is merely interpretative. However, some transformations, such as those specify negatives and questions, do affect the meaning in deep structure. The passive transformation affects meaning in deep structure, too. These facts indicate that the simple interpretation of the sentence is not sufficient to fulfill the function of the semantic component. Later Chomsky improved his "Standard Theory" by putting forward the "Extended Standard Theory" in which he links deep structure and surface structure with the semantic component. This device has solved the problems in the "Standard Theory." The new theory suggests that deep structure, as it undergoes the transformations that may affect meaning, does not contain the whole meanings interpreted in the sentence in surface structure. The model of the "Extended Standard Theory" is roughly shaped as the following:

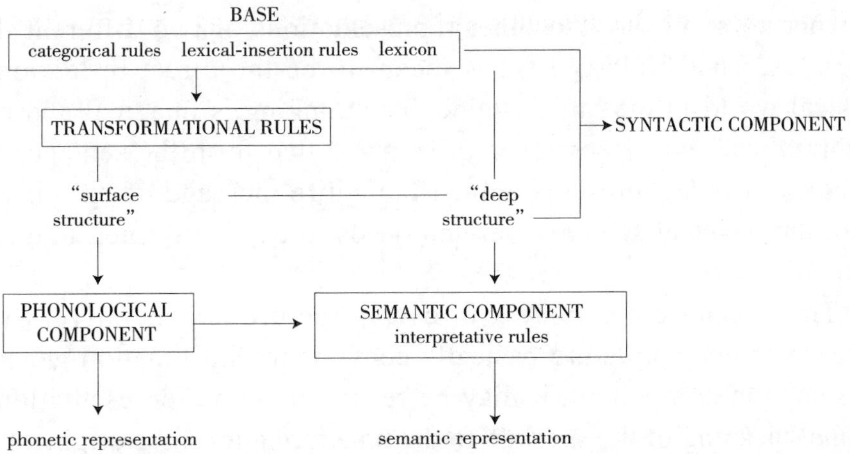

However, in the development of the two theories, there appeared the question of what function the semantic component performs in transformational-generative grammar. Originally, the semantic component only operated as an interpretation on the surface structure. Then Chomsky introduced semantic component also into deep structure. But he did not change the idea that semantic function in deep structure is interpretative. He insisted that the syntactic component constitutes deep structure and the semantic component is subordinate to the syntactic component. This idea is challenged by more and more evidences that show deep structure is much more abstract than what has been thought of and it consists only of semantic relations. The transformations operate on pre-lexical elements, that is, on semantic elements before the assignation of phonological shape. The pre-lexical elements then form the deep structure through the semantic restriction and selection that we refer to as semantic-generative process. The deep structure, which conveys the speaker's meaning or thinking process in a more immediate way, is finally transformed into a sequence of physical symbols, either phonetic or orthographic. For example, the sentence "He likes amusing girls." has two deep structures:

a. He like he amuse girls

b. He like girls amuse people

There exists a deeper structure which generates and puts the semantic elements into the inner form that the sentences a and b take respectively. This generative process belongs to semantic rather than syntactic category.

Sentences a and b are the inner representations of two different thinking processes. The thinking here is meant to be the direct reflection of the physical world in the human mind. The thinking is imaginal and needs to be formalized with a sequence of symbols that form the sentence in deep structure, which represents almost the entire message of thinking. But it is not the physical sentence yet and needs to be transformed into phonetic form.

The semantic component in deep structure is generative. Since the sentence in deep structure basically contains the information generated in the semantic component, it may be regarded as the representation of the original meaning of the speaker. In the transformations, the original meaning undergoes the affection of grammatical rules and the speaker's linguistic performance. Therefore, the meaning of the transformed surface structure is a bit different from that generated in deep structure. Only under an ideal situation might the meaning of the transformed sentence equals that of the sentence in deep structure.

Why do we think the semantic-generative process operates prier to the formation of the deep structure of a sentence? This question entails the knowledge of the relationship between thinking and language. The paper assumes that the semantically generated sentence in deep structure is the medium of thinking and the syntactically transformed sentence in surface structure is the medium of the sentence in deep structure. Both of them are the mediums or representations and symbolizations of the thinking.

To reveal the importance of the semantic function in deep structure, we are supposed to know what semantics involves. There are still many problems to solve in the study of semantics; however, the study of the meaning of linguistic units such as words and sentences are beyond argument. The study of the meaning is bound to deal with the thinking process of the human being. It is the thinking that produces sentences that in turn convey meaning. Sentences are meaning-carriers. The well-known semiotic triangle diagram illustrates the function of thinking.

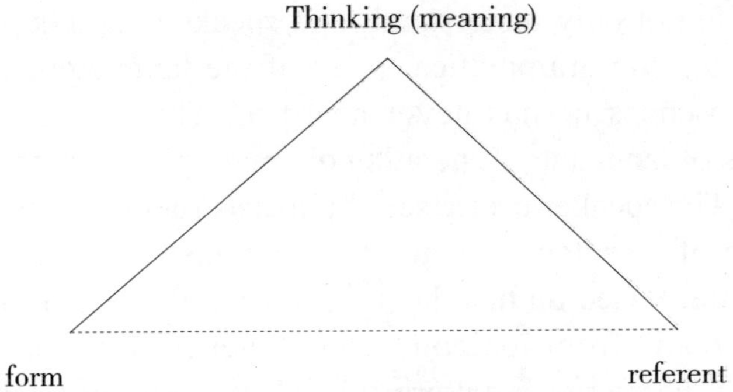

The relationship between the form and the referent is indirect and the form that refers to the referent is arbitrary. Words are frequently used to name things via thinking associated with the form in the mind of the speaker. For example, the form of "book" (i.e., the cluster of letters or sounds) is associated with the thinking of books in general, and this is in turn associated with the physical object to which we apply the word "book." In this view, the thinking is the meaning of the word "book;" the relationship between the form and the object to which it refers is indirect, since they are associated by the process of childrens' language acquisition. A child may learn to speak by imitating adults' utterances. He sees, hears and feels the physical objects before he utters the sounds like "dad," "mamma" or "doll" that name the objects he sees. The child's parents tend to teach him the closest or the most familiar objects by showing or pointing to them. The repeated stimulation forms an association in the child's mind between the sounds and the objects the sounds signify. This kind of association is thought to be the simplest thinking of a little child. The visible objects are the easiest for the child to recognize. With the growth of the child, he has developed his ability in recognizing more and more complicated objects and even actions and the inter-relation between them. He realizes that the sound "mamma" refers to the person featured differently from the person the sound "dad" signifies. When he sees the fact "Dad takes the doll" and hears the sequence of the sounds, he will associate the "doll" and "dad" with the action "takes." Thus, he becomes aware of the relationship between "dad" and "doll." The very sight of the doll in his father's hands causes a thinking or association in the child's mind. We treat the physical objects, people and actions that link the two as the source of deep structure which is operated on by the thinking and association.

Chomsky argued that a child could quickly acquire the language spoken around him. He not only understands and speaks what people say but also creates, by using the grammatical rules of the language he has acquired, many new sentences he has never heard of. This is the creativeness or generativeness of language. Generating or creating new sentences is human's innate ability. The speaker uses a set of phrase structure rules to generate the deep structure of a sentence, which is then transformed into a sentence in surface structure. Based on this theory, choosing the lexical items as "man," "book" and "read" from lexicon, we can generate several grammatical sentences with the phrase-structure rules. But we do not hear or speak the sentence like "The book reads the man." This sentence indicates that there is a process of semantic selection restriction before the deep structure forms. Therefore, the semantic component is the most crucial constituent of the deep structure rather than an interpretative part.

What is the relationship between the semantic components in deep structure and surface structure? To answer this question, let's look at the semiotic triangle diagram again.

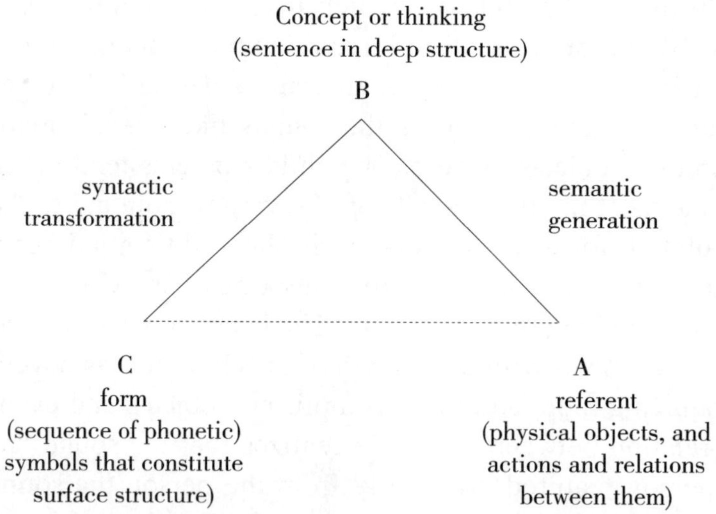

The semiotic triangle diagram here is used to illustrate the relationship between a sequence of phonetic symbols constituting a sentence and what the sentence signifies rather than that between a single word form and a particular object. Point A is the source of deep structure; point B is the thinking process, which forms deep structure by the selection restriction of the semantic-generative process. Point C is the sentence in surface structure transformed from point B. From point A to B is the semantic-generative process which is assumed to generate the sentence in deep structure; and from point B to C is the syntactic transformational process which turns the sentence in deep structure into the sentence in surface structure. The thinking is formalized as the sentence in deep structure by the semantic-generative process from point A to B. The deep structure has no grammatical restrictions like the agreement between the subject and predicate, the tense forms, the two different forms of nominative and objective cases and the word order, etc. All of these grammatical restrictions are finally imposed on the sentence in surface sentence by the application of the syntactic structure rules.

The ability of thinking is unique to human beings and the semantic-generative process is expected to function universally the same. We can see the enormous similarities between natural languages when we have penetrated the barrier of the grammatical surface appearance. These similarities, Chomsky thought, are the universals of human languages. He said: "There are grounds for believing that there are certain formal features which underlie all languages and which constitute a universal grammar. … Deep structures seem to be very similar from language to language, and the rules that manipulate and interpret them also seem to be drawn from a very narrow class of conceivable formal operations." (From "Contributions to the Theory of Innate Ideas") Since the ability of conceptual thinking is unique to the human being, the operations of the semantic-generative process in this thesis are considered to be the universal part of human languages. The semantic-generative process produces the sentence in deep structure that is then arbitrarily presented in surface structure. Mankind may share similarities in the process of perceiving and generalizing the physical world but they express the information derived from the same observation and thinking in different languages. Even in the same language, the same meaning can be conveyed in various surface structures. This phenomenon is called paraphrase of sentences.

Some transformationalists began to realize the significance of semantics in the syntactic study, and developed the theory of generative semantics that suggests a radical reformation of transformational-generative grammar. George Lakoff, one of the generative semanticists, assumed that an interpretative semantic component is not present, since the semantic representation is already present in deep structure; indeed the semantic representation is the deep structure. In this theory, there is a "formation-rule component" which specifies a set of semantic representations, and a "transformational component" which consists of rules correlating semantic representations with surface syntactic representations. The following diagram shows the general operation of the generative-semantic theory.

FORMATION-RULE COMPONENT

↓

"deep structure"

"semantic representation"

↓

TRANSFORMATIONAL COMPONENT

↓

"surface structure"

Lakoff and some other generative semanticists found in their research that English adjectives and verbs belong to one category. They pointed out that many pairs of sentences have the same meaning while one contains a verb but the other an adjective: "I desire that" and "I am desirous of that." In some cases, the phonological forms of verbs and adjectives need not be similar, such as "I regret that" and "I am sorry about that." Moreover, the selectional restrictions on verbs and adjectives are the same. We say "I see that" and "I am conscious of that," but neither "The desk sees that" nor "The desk is conscious of that." Both the verb "see" and the adjective "conscious" have to follow a subject with the feature (+Human). This discovery shows that there is not such distinction between verbs and adjectives in deep structure. The distinction between verbs and adjectives in surface structure is drawn by the transformational rules and it happens to exist in certain languages (such as in English).

How does semantic component function in deep structure? First, we look at the sentence "John caught me." The source of deep structure contains two physical existences: "John" and an action "catch." The order of these elements is not necessarily the same with that of the sentence in surface structure. Sometimes, the symbols of the semantic elements share the same phonological form in surface structure. For instance, the past tense of the verb "hit" happens to be identical with the original form. The sentence in deep structure is supposed to be the following:

past	catch	John	I
(time)	(action)	(doer)	(recipient)

This deep structure is to be transformed into different surface structures that are acceptable in a language. Thus, in English, we have:

a. John caught me.
b. I was caught by John.

The "doer" and "recipient" in deep structure can be arbitrarily presented in different sentences in surface structure. The "doer" in deep structure is not necessarily the "subject" in surface structure, but we are able to recognize it by deciphering the grammatical rules based on which a final sentence structure is formed. The verb form "caught" instead of "catch" indicates the action happened in the past. Since there are many cases that are more complicated than the given examples, a subtler device specifying the relationship between semantic-syntactic elements in deep structure is needed. Charles H. Filmore is the figure who has met the need. In his paper "Universals in Linguistic Theory," he discussed the order of the elements in deep structure and the different functional relations between the elements in deep structure. He used "case" to specify the semantic-syntactic relation in deep structure. The list of cases includes:

Agentive (A): the cases of the typically animate perceived instigator of the action identified by the verb;
Instrumental (I): the case of the inanimate force or object causally involved in the action or state identified by the verb;
Dative (D): the case of the animate being affected by the state or action identified by the verb;
Factive (F): the case of the object or being resulting from the action or state identified by the verb, or understood as a part of the meaning of the verb;
Locative (L): the case which identifies the location or spatial orientation of the state or action identified by the verb;
Objective (O): the semantically most neutral case, the case of anything representable by a noun whose role in the action or state identified by the verb is identified by the semantic interpretation of the verb itself.

Examples:

a. John (A) ran.
b. John (A) opened the door (O).
c. The door (O) was opened by John.
d. The key (I) opened the door (O).
e. John (A) used the key (I) to open the door (O).
f. The door (O) opened.
g. John (D) believed that he would win.
h. John (D) is sad.
i. Chicago (L) is windy.
j. It is windy in Chicago (L).
k. John (A) painted the picture (F).
l. John (A) murdered Bill (D).

The basic structure of a sentence also contains a modality constituent (M) specifying negation, tense and mood, and a preposition (P), a tenseless set of relationships between a verb and a noun phrase (or noun phrases) which are taken as the conceptual symbols of actions and physical objects in this paper. All of these components are unordered. The possible relations are presented with the cases listed above. The basic rewrite rules are presented as:

a. S → M + P
b. P → V + C1 + C2 + Cn
c. C → I + A; A + O. etc.

With these rules, we can produce the unordered symbols as M + V + A, M + V + I + A, etc. Each case-symbol may then be written as a sequence of case-markers symbolized by K and NP. Now the nouns and verbs may be selected. For example, the relations between A and D involve only animate nouns, that is, only nouns with the feature (+Animate) can be selected. The syntactic rules thereafter impose a final surface order on the unordered sets in deep structure. In some languages, this may mean choosing a surface subject and taking a certain surface form to indicate the cases in deep structure. This surface form may be a proposition, an affix or may be in a different morphological form as "I" takes the form of "me" when it follows a verb. Semantic-generative processes in case form are as follows:

S → M + P;
P → V + O + D + A;
P → V + D + A + O;

P → V + A + O + D;
P → V + A + D + O.
John (A); book (O); Mary (D); give (V).

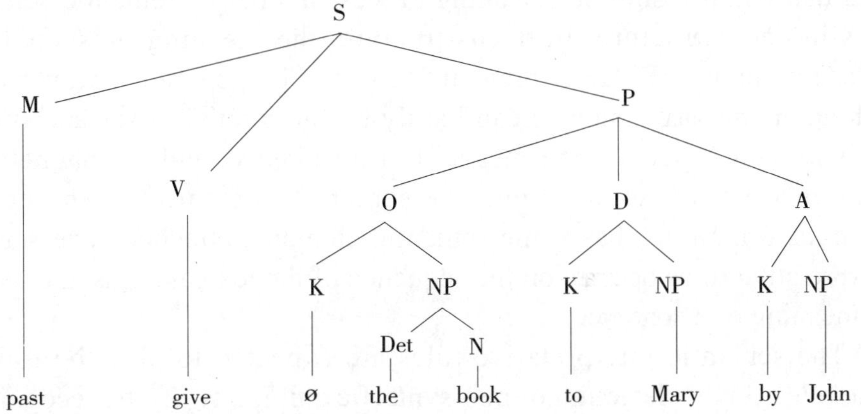

Through syntactic structure transformation, this sequence of semantic symbols may appear in a variety of surface orders:

a. John gave the book to Mary;
b. John gave Mary the book;
c. The book was given to Mary by John;
d. Mary was given the book by John.

All of the four sentences share one deep structure in spite of the different word orders of the sentences in surface structure. Semantic component in deep structure, as we have examined, contains a process of thinking and syntactic transformations in the sentence producer's mind. The speaker produces phonetically represented sentences via the restrictional rules. The form of surface structure, namely the sentence we hear or read, is the output derived from deep structure. The process a hearer or reader follows in understanding sentences in surface structure is interpretative, so we call it semantic interpretation. Since the meaning and semantic-generative process undergo a syntactic transformation involving some restrictions and limitations of grammar, situational contexts and linguistic performance of the speaker, the meaning of the sentence in surface structure in many cases is not completely equivalent to the meaning generated in deep structure. Only under ideal circumstances can the absolute equivalence be possible. Hence, semantic interpretation merely operates on understanding the meaning of the sentence in surface structure.

As we have mentioned, surface structure provides the hearer or reader with the form to understand the meaning generated in deep structure. He has to interpret the sentence in surface structure by means of a certain set of rules that entail a similar reasoning process as that of semantic selectional rules in deep structure. In deep structure, the meaning presented in the surface structure of "He is pregnant" can not be generated. Consequently, such an anomalous sentence can hardly be interpreted in surface structure. Deep structure specifies the meaning of a sentence, and the phonetic form is the medium of its meaning. The sentence, reformed by the grammar and transformations, has some semantic elements attached. The semantic-interpretative rules operate on the sequence of the lexical items and work out the meaning of a sentence.

The semantic-interpretative rules are expected to play the following three roles: 1) the detection of non-syntactic ambiguity; 2) the recognition of semantic anomaly; and 3) the discrimination of paraphrase. These tasks can be carried out by the rules of semantic interpretation. The hearer or reader's interpretative ability is to account for the content of the lexical items in the sentence, to detect the semantic anomaly, to understand the semantic relationship between the lexical items, and to distinguish the semantic features or semantic relations in the sentence. The meaning in deep structure undergoes the reforming process of syntactic-transformational rules to produce the meaning in surface structure. Now we have the following diagram illustrating the tentative model:

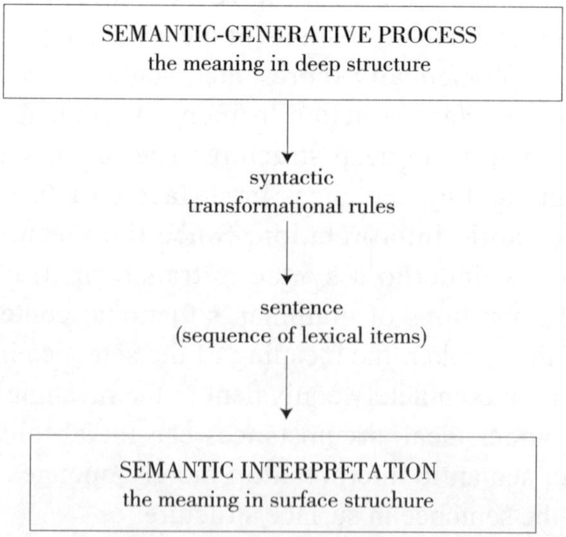

Semantics, which is concerned with the complex contents of man's thinking, is one of the most difficult subjects of linguistics. It is related not only to the language system itself, but also to psychology, thinking and culture. The transformational-generative grammar, attempting at a thorough description of the workings and nature of languages, entails semantic component as its important part. This paper tries to stick out the semantic component by treating semantic-generative process and semantic interpretation as two independent parts on the one hand and two related parts on the other. Since semantics is a mysterious realm in the study of language and many new problems call for solution, the arguments in this paper are open to discussion.

从三种句式的变换再探汉语语法关系

——兼论汉语原型动词与非原型动词的分野

韩玉国

1. 引言

尽管 Keenan (1976) 罗列了主语的数十种性质，但是依然无法从形式的角度来给主语下一个定义，这从一个方面说明了从主语的外部表征即外延入手很难概括其内涵意义。

主语、宾语是功能性概念，纯形式研究应该可以不借助这些功能性概念而独立完成句法分析，但实际情况并非如此，转换—生成语法理论也必须借助主语、宾语这样的表达语法关系的概念展开，这说明它们是句法中的基本范畴。然而就是这个基本范畴却在缺乏形态标记的汉语中争议颇多，位置标准、施受事语义标准，再加上与话题的纠葛，使得语言中最基本的范畴在汉语中却难以确定。汉语“字本位”理论 (徐通锵1997等著述) 主张“‘主语—谓语’框架不适合于汉语的研究”，“适合作为汉语语义句法的结构框架”的“只有‘话题—说明’”，“它可能是汉语语法研究的一种合适的结构框架”。当然这在一定程度上反映了汉语语法关系的复杂性及其给汉语语法研究带来的困难，但我们仍然认为，语法关系作为一种原生概念是任何一种语言句法研究的基础和起点，是无法抛弃的。

2. 词汇主义流派语法关系的确立

Dowty (1982) 这样表达了语法关系原则：一个最终带 n 个论元的动词可以被看作一个带 n-1 个论元的动词通过句法规则与另一个论元结合而产生的。也就是说主语就是那个跟不及物动词组合而构成句子的名词；直接宾语就是那个跟及物动词组合而构成不及物动词的名词。而 Keena-Comrie (1977) 的定义更早也更为具体：

语法关系成分	定义
主语	任何一个与不及物动词结合成为句子的名词短语(term)
直接宾语	任何一个与及物动词 TV 结合成为不及物动词 IV 的名词短语 (term)
间接宾语	任何一个结合 TV/T 短语成为一个 TV 短语的名词短语 (term)
斜格宾语 (oblique object)	任何一个与 (TV/T) /T 短语结合成为 TV/T 短语的名词短语 (term)

对于这种语法关系的定义我们必须注意，词汇主义语法严格区分“谓词—论元”结构与配价结构。Dowty、Jacobson、Keena-Comrie 等人对语法关系的定义都是在最简的句法结构即“谓词—论元”结构中确立的，他们所说的“论元”是必有论元。本文中我们也将论述，汉语中语法关系的确立不仅仅要限于在最简的“谓词—论元”结构中进行，更重要的是其前提条件：基于谓词特定意义的“谓词—论元”结构。最简句法结构即我国配价语法研究中的最小原子句的概念或者“必有论元”结构。沈阳、袁毓林等学者先后在汉语研究中注意到原子句并强调了其在句法研究中的起点作用，而我们在这里要进一步明确的是，主语、宾语这样的语法关系必须在原子句中确定，实际上转换—生成语法的 VP 蕴涵主语 (vp-internal subject) 原则反映的也是同样的思想。类似的还有 Kuroda (1988)、Koopman & Sportiche (1990) 的汉语 VP 蕴涵主语原则 (vp-internal subject for Chinese)。这些提法的共同之处在于：主语、宾语这样的语法关系是由谓词在“谓词—论元”结构中蕴涵的，而这种“谓词—论元”结构指的是逻辑学意义上的，类似于配价语法当中的必有论元配价结构。需要顺便提及的是，我国汉语学界对配价语法的研究相当深入，但如果说存在一些缺憾的话，那么应该是没有自觉地将词语的最简 (或最小) 配价与语法关系直接对应起来。当然其原因是十分复杂的，比如话题与主语的纠葛、受事主语句的确立、次话题问题、词汇意义的

动态性等。对于这些问题的认识不清导致了人们对“词汇意义确立语法关系”持怀疑态度，使得词汇主义语法的理论原则和主张没有得到完整而深入的贯彻。

在“谓词—论元”结构中确立语法关系这种提法并不新鲜，实际上是相当陈旧的。这种模式源于传统命题“主词—谓词”(subject-predicate) 的形式分析，我们称它为句子的命题结构。吕叔湘 (1979) 曾对此提出批评：“主语和宾语这两个名称的来源是逻辑学上的主词和宾词，……古代希腊人把语法上的句子和逻辑上的命题混为一谈，共用 subject 和 predicate 这两个术语。”的确，在汉语中，主、宾语的确定看起来似乎远远不是动词的语义蕴涵及最小原子句所能够解决的。如果单纯地从句法结构定义主语，把跟不及物动词或者说是动词短语结合而形成一个句子的那个名词认为是主语，在汉语中会遇到困难，如：“饭吃了”这样的句子按照这个定义“饭”是不是主语？句首多项 NP 句的语法关系如何确立？实际上我们要特别注意的是“动词的语义蕴涵”这种提法当中的“语义”两个字，因为这表明主、宾语的确立是基于谓词的意义，因此我们要特别提出，谓词的“谓词—论元”结构的确立是基于特定的词汇意义基础之上的。这也就意味着，如果动词的意义发生变化，那么其“谓词—论元”结构也就发生了变化，相应地，主、宾语也会随之变化。进一步说，语法关系相对于词汇的意义具有一定的动态性，由此，我们可以看到，词义分析在范畴语法方案中是相当重要的，正像陆俭明 (2004) 所总结的：“……某个词类序列能形成什么样的句法结构，将会具体表示什么样的意思，主要取决于具体词语的意思……。”基于动态的词义分析确立语法关系也是所有词汇主义 (lexicalism) 语法的一种普遍思潮。袁毓林 (2004) 对此进行了很好的总结。他说道：“采取词汇主义这种研究路子的学者相信，动词的意义跟句法框架相关，动词的句法范畴框架可以从动词的词汇语义上预测。即：句法是词项要求的实现 (投射)，句法框架是动词意义的表层反映；从语义角色或论旨陈列上预测显性的句法。”

对于词汇意义的改变而导致的句法结构改变，Dowty (1979) 进行了细致深入的观察并在此基础上提出一系列词汇改变规则来反映这一变化。Dowty (1982) 提出关系转换规则 (relation-changing rules)，这是在确立语法关系方面十分重要的一种词汇规则。这条规则包括三个方面的内容：关系削减 (relation-reducing rules)、关系重新排序 (relation-rearranging rules) 和关系扩展 (relation-expanding rules)。由于这些规则都导致了动词的范畴变化，所以作者也称之为动词关系变化的范畴变化分析 (category-changing analysis of relation-changing verbs)。关系改变的形态标记是在动词上，因为关系改变的操作是在动词上实现的。关系转换规则是由动词在词汇层面上控制的，比如与格转移、提升与致使化在很多语言中都是词汇层面控制的，而且必定由动词控制，而先前的转换—生成语法则宁可认为是名词移动了。国内学者郭锐 (2000) 将“一头黄头发”从词库中的 NP 范畴改变为句法上的 VP 范畴，其本质就是一种词汇改变规则。

3. 按照词汇规则确立汉语语法关系

由于汉语动词语义的可预见性不强，似乎让人难以把握，因此，我们假设动词的意义变化是由词汇规则控制的，并且导致了论元结构的改变。由于我们将动词的论元结构与语法关系相对应，这样导致的直接结果就是：词汇规则控制的动词语义变化导致语法关系改变，简言之：动词语义决定语法关系。我们将通过对构成汉语存在句、领主属宾句和表非给予义的双宾句的动词语义分析来说明这个问题。我们在具体分析的基础上提出句式的“原型动词”和“非原型动词”概念，并进一步分析由这两种动词投射而成的句子的句法活力的差异。这三类汉语句式的相应例句是汉语学界广为人知的“台上坐着主席团”、“王冕 (七岁上) 死了父亲”和“我吃了他三个苹果”。

3.1 从关系重新排序规则看汉语存在句——“台上坐着主席团”

存在句根据动词语义类型的不同分为静态存在句和动态存在句。我们一方面要通过词义分析探讨静态存在句以解决“台上坐着主席团”这类句子中的语法关系争议；另一方面，还要探讨存在动词表达原型意义 (动作) 的施事主语句和表达非原型意义 (存在) 的处所主语句的语义差别，用以说明动词语义的改变。

3.1.1 静态存在句的语法关系

“台上坐着主席团”所牵涉的争议焦点是如何确定句首 NP 的句法性质，主要有两种观点——话题说和主语倒装说。其中“主语倒装”说早已有之 (黎锦熙 1924、吕叔湘1942等)，这种观点的近期论证者是沈阳、何元建、顾阳 (2001)，他们认为，这个句子是主语倒装句，并指出倒装主语句的几个特点：倒装谓语带“着”；倒装句只有一种语序；倒装句中处所成分不可省略；倒装句中处所成分不能换成时间成分；倒装后的主语有指称。

“主语倒装”说显然是基于变换来确定语法关系的，对此我们要提出的问题是，变换前的存现句与变换后的施事主语句中动词的语义是否发生了改变？显然“倒装”说并不或者说并没有强调“倒装”前后语义的一致性。从朱德熙 (1986) 的“变换分析中的平行性原则”来看，变换前后虽然低层语义关系 (施事、受事等) 没有改变，但是高层语义关系却改变了。具体地说，存现句中的动词表达以某种方式存在，凸显 [+附着] 特征，而施事主语句则只表达匀质的动作状态，没有或者没有凸显 [+附着]义。严格地从语义角度讲，此“坐”非彼“坐”。

基于以上的讨论，我们认为在确定语法关系的过程当中不能依据句子的转换形式，因为转换很难保证语义不会发生变化，这也是词汇语法抛弃转换规则的原因之一，而国内学者如周国光 (1995) 也明确提出对变换应该控制使用。

单纯表示存在的动词“有”是存在句的原型动词，因为它是以基本意义而不是蕴涵意义进入存在句的，存在句是原型存在动词“有”的论元结构 <处所，存在物> 投射而成的。除“有”之外的其他存在动词是通过各种具体动作把事物存在的方式或状态形象地描写出来，也就是袁毓林 (2004) 所说的“不仅表示存在，还指示了具体的存在方式……把两种概念结构整合成一种新的复合性的概念结构，形成一种新的认知图式”。除“有”之外的其他能够进入存在句的动词有一个共同的语义特征，那就是它们都蕴涵 [+附着] 义——尽管这种意义是以不同的方式体现出来的，我们称它们为存在句的非原型动词。

静态存在动词目前大家公认具有这样的语义特征：[−动作, +状态, +附着]，其中的大部分动词朱德熙先生早已指出过是“附着动词”，这些动词含有“附着”语义特征，构句时要求处所成分与之同现 (陆俭明，1993)。按照我们提出的基于动词词汇意义的“谓词—论元”结构决定语法关系的方案，静态存现句中的动词在表达“存在”这个意义上，必须与两个配价成分相联系，而且是两个必有的成分：<处所,存在物>，二者分别对应主语和宾语。因此“台上坐着主席团”这个句子并不是主语倒装句，其主语是表处所的“台上”，而存在物“主席团”是该句的宾语，我们称这样的句子为处所主语句。

虽然名为存在动词，但“坐”类、“挂”类等动词在施事主语句中是原型动词而在存在句中其实是非原型动词。由于同一动词的原型意义与非原型意义的差异导致施事主语句与处所主语句的语义也有所不同，我们在下面两小节分别论述处所主语句的客体排他性和处所主语句的抽象、隐喻的表达。

3.1.2 处所主语句的客体排他性

如果承认倒装说，那么就意味着“台上坐着主席团”不是基础句而是派生句。但问题是“台上坐着主席团”固然能够还原为“主席团在台上坐着”这样的施事主语句，但下面的例句却不能还原：

火车上人坐满了人。→ *许多人在火车上坐满了。→ *许多人人满满地坐在火车上。

柜台前挤满了人。→ *许多人在柜台前挤满了。→ *许多人满满地挤在柜台前。

柜子里放满了古玩。→ *许多古玩在柜子里放满了。→ *许多古玩满满地放在柜子里。

他的话里充满了火药味。→ *火药味在他的话里充满着。→ *火药味充满在他的话里。

街两边满满地坐着人。→ *许多人在街两边满满地坐着。→ *许多人满满地坐在街两边。

上述这些不能还原为施事主语句的处所主语句一方面进一步说明了存在句的非派生性；另一方面也提示我们："动词 + 满"或状语表 [+充满] 义时只能采用存在句表达。我们由此可以推测，处所主语句与施事主语句存在着语义差异：前者可用于表达某处被充满，而后者没有这种语义蕴涵。所谓某处所"被充满"也可以从处所中存在客体的排他性 (或者说是唯一性) 体现出来，这是认知上的"充满"。

处所中客体的排他性指的是处所主语句 (存在句) 中由处所名词指称的处所唯一地存在着由非处所名词所指称的客体——人或者物，这也是存现句与施事主语句的一个重要语义差别。我们可以在处所主语句中自由添加范围副词"只"来凸显这种排他性，实际上处所主语句本身就蕴涵着范围副词"只"，也就是说"台上坐着主席团"蕴涵着"台上只坐着主席团而没有其他人"，而施事主语句则不表达这种排他性。请看下面的例句：

？台上坐着主席团，运动员也在那儿坐着。

？长椅上躺着一个男人，一个女人也在那儿坐着。

？柜子里挂着小张的衣服，小李的衣服也在那儿挂着。

？墙上挂着一幅画，一个月份牌儿也在那面墙上挂着。

？桌子上堆着学生的作业，老师的教案也在那儿放着。

如果把上面例句的前小句换成不表排他性的施事主语句，语感上就会通畅得多。

3.1.3 处所主语句的抽象、隐喻式表达

下面这些例句同样否定了"主语倒装"说，而这些句子表明：处所主语句可用于抽象、隐喻的表达，而施事主语句则不能。例句如下：

脸上挂着笑容。→ *笑容在脸上挂着。

身上背着一家人的性命。→ *一家人的性命在身上背着。

心里刻着仇恨。→ *仇恨在心里刻着。

空气中残留着战争的气息。→ *战争的气息在空气中残留着。

肩上压着千斤重担。→ *千斤重担在肩上压着。

心里亮着一盏灯。→ *一盏灯在心里亮着。

门外蹲着两个石狮。→ *两个石狮在门外蹲着。

庙里卧着一尊大佛。→ *一尊大佛在庙里卧着。

这些例句再次说明：并不是所有的处所主语句都有相应的施事主语句，原因是处所主语句中的动词经历了词义变化而偏离了原型意义表达抽象的存在。

3.1.4 关系重新排序规则：动作动词 → 存在动词

从及物或者不及物动词到存在动词，我们可以假设是词汇规则把普通动作动词作为输入，改变了其意义和句法配价 (syntactic valence)。施事主语句中的动词是这一规则的输入，相应地在处所主语句中的动词则是输出。词汇规则赋予这些动词新的意义，相应地也赋予它们新的句法范畴 (syntactic subcategorization)。由于语义的更新、丰富和抽象，因此存在动词能够进行非常书面化的抽象的或者隐喻式的表达，这就是上两个小节中处所主语句与施事主语句存在语义差别、形成对立的原因。这些分析再次表明，词汇规则导致了动词语义的变化进而改变了原有的配价数目及配价结构，形成了新的原子实体 (原子句)，在句法层面体现为主语和宾语，因此我们认为“台上坐着主席团”中“台上”是主语。

3.2 从关系重新排序规则看汉语领主属宾句——“王冕死了父亲”

3.2.1 领主属宾句的提出及研究现状

郭继懋 (1990) 首先注意到领主属宾句并进行了系统的研究，他的例句有：

王冕七岁上死了父亲。

他飞了一只鸽子。

他倒了三间房子。

他烂了两筐香蕉。

他来了两个亲戚。

他脸上起了一个疙瘩。

(此句应为隐现句，因为“疙瘩”并不是“他”的领有物)

他又一次破灭了建立家庭的希望。

沈家煊 (1999) 再次总结了这些句子的句法、语义特征：这些句子的句首名词是"领有者"，句末名词是"领有物"，句子的整体意义是表示某人获取或丢失了什么，因此是表示一种"施事–动作–受事"的语义关系。同时他还指出，从局部看，"领有物"又可看作是动作的施事。沈家煊 (1999) 通过把"领有者"和"领有物"的对立纳入"施事"和"受事"的对立来解释这种现象，这当然也是一种方法，但是沈家煊 (1999) 同时也注意到这种句子的特殊之处在于谓语动词绝大多数表示"失去"义，而表示"获取"义的极少。既然这种句式中的动词基本上表示失去义，按照失去义动词的语义蕴涵，动词前 NP 与动词后 NP 当然是"领有者"与"领有物"之间的关系，因此再从"施事"、"受事"的关系入手来解决问题就显得不够直接。实际上我们注意到，"失去"并不是领主属宾句例句中的这些动词的典型意义或者基本意义，而是其蕴涵意义，也就是说它们都是该句式的非原型动词。按照我们的方案，基于词汇意义改变的词汇规则改变了词汇的论元结构因而生成了不同一般的句子。

领主属宾句在转换–生成语法理论下有两种解决方案，一种是徐杰 (1999) 的"领有名词提升移位" (possessor raising movement)；另一种是认为有可能存在动词向前移位 (陆俭明、沈阳，2003)。前者认为"张三死了父亲"是经过领有名词的移位转换得来的，其深层结构为：

[e 死了[张三的父亲]]

陆俭明、沈阳 (2003) 列举了以下例句来说明可移位成分的复杂性，并认为有可能存在动词向前移位：

他老伴死了。→ 他死了老伴。
他眼睛瞎了。→ 他瞎了 (只) 眼睛。
工厂围墙塌了。→ 工厂塌了围墙。

转换–生成语法框架下的这两种不同的初始 (树形) 结构 (即经典时期的深层结构) 反映了两种不同的语法关系，这一方面说明了研究者对领主属宾句认识的不同，另一方面也提醒着我们：如果领主属宾句本来就是一种主谓宾句，那么，上述两种移位生成模式就不再必要了。我们注意到，近期国内外转换–生成语法学界对领主属宾句进行了重新分析。黄正德 (2007) 与程杰 (2007)几乎同时撰文并提出相似的主张，基于非宾格动词这一特殊类以"历事" (Experiencer) 这样一个题元角色解决领主属宾句存在的争议。黄正德 (2007) 认为领主属宾句"都属于带有中间论元与内在论元的二元非宾格句：'王冕……'在论元结构里都担任经验者（历事）的角色，在句法结构里都处于标准的主语位置，到达主语位置的手段不是移位，而是合并（Merge，即基底生成 base-generation）。‘王冕’由词汇选出后，直接与谓语结合作为全句主语，与‘父亲’之间没有移位关系”。至于“王冕”是因何以及如何“由词汇选出”的他们未作讨论，文章也没有解释汉语动词非宾格用法的成因。

陆俭明、沈阳（2003）认为：“对上面的构造（即领主属宾句）目前有许多争议。其中有一种意见跟成分移位无关，比如说‘死’的意思不一样，前者意思是‘死亡’，后者意思是‘失去’，所以就是两个不同的结构。这种说法有问题，因为同类的结构相当多，比如‘瞎’和‘塌’就不是这样，因此很难把这类结构都解释为不同意思的动词构成不同的结构。”这种对词义分析的格外慎重的态度具有一定的普遍性，也是不无道理的，原因是避免出现“词无定价，依句辨价”的尴尬局面。马庆株（1983；1998）在分析“扔”类动词时提到它本来是二价动词，只是在双宾语构造中才成为三价动词的。作为二价动词没有给予义，作为三价动词有给予义。从词汇主义的角度看这句话应该反过来说才对：“扔”不凸显其蕴涵义“给予”时是二价动词，凸显其蕴涵义“给予”时是三价动词。对于马庆株的论断，沈家煊（2000）认为：“这样就得承认有两个‘扔’，一个是二价的‘扔’，一个是三价的‘扔’，至少得承认‘扔’有两个义项，一个表示给予，一个不表示给予。”他认为“这样做的代价比较大，因为这样的动词不是一个两个，为数还不少，一一标明有两个义项使系统的简单性受损。更重要的是这仍然违背我们的直觉，任何一部词典都不会在‘扔’下另外列出一个表示给予的义项。”“说‘扔’这类词有两个义项还缺乏心理学上的证据，也就是没有心理现实性。”实际上沈家煊（2000）的观点代表了句式语法（或称构式语法）对词汇主义的质疑和批评，以上观点我们将基于对领主属宾句的进一步分析给予评价。

值得注意的是陶红印（2000）在评价我国配价语法研究时认为，这一研究存在的主要问题是“基本上都可以概括为静态的研究”，“这种研究的主要特征是结合动词的语义特征判断它的论元结构的主要方面”，在此基础上他明确提出：“动词的论元结构其实是开放型的，具有动态变化特征，而且从根本上来说是受制于实际的语言运用的；静态的研究方法不能揭示这个基本的语言事实。”他以动词“吃”为例，运用篇章分析的基本方法和语料库语言学的手段论证了这一观点。

3.2.2 领主属宾句中动词的语义特征

领主属宾句中的这些动词都不是以本义而是以蕴涵义进入该句式的非原型

动词，而任何一种句式都应该根据表达本义的原型动词而不是表达蕴涵义的非原型动词来确立。有趣的是汉语领主属宾句的确立似乎是依据非原型动词，其动因是这类动词的特殊性往往更容易引起关注，那些原型动词因为理所当然，反而被大家忽略了。

我们发现能够出现在领主属宾句中的动词有这样一些 (根据李临定1986)：失去、丢、掉、死、醉、疯、病、牺牲、垮、晕、塌、沉、倒、着、飞、化、落、漏、停、停止、不见、坏、碎、断、断绝、烂、破灭、瞎、聋、失踪等。更多的相关例句如：

他们家族疯了好几个人。(好几个人疯了)
我们又牺牲了一位好同志。(一位好同志牺牲了)
最近这个省连着垮了好几家大公司。(好几家大公司垮了)
这棵树落了很多叶子。(很多叶子落了)
隔壁家里丢了一台电视。(一台电视机丢了)
这孩子掉了两颗牙。(两颗门牙掉了)
十个孩子失踪了两个。(两个孩子失踪了)
这个桌子坏了 (断了) 一条腿。(一条腿断了)
他已经停止了呼吸。(呼吸停止了)
北三环路一带已经断绝了交通。(交通断绝了)

从总体上看，这些动词的语义特征具有非意志性和不可控性，并且体现出中动词 (middle verb) 的特征，也就是说句中的受事成分也可以是施事成分而成为主语，如上面例句中括号内的部分所显示的那样。

上述动词直接 (以本义表达) 或者间接表达 (以蕴涵义表达) [+失去] 这一语义特征。这个“失去”又分两种：第一种表达客体的完全消失，如：丢、失去、掉、死、牺牲、垮、沉、着、飞、落、漏、停、停止、不见、破灭等，表达领有者完全失去了领有物；第二种表领有物失去了功能，如：瞎、聋、醉、疯、病、晕、烂、化、坏、碎、断、塌、倒、断绝等。例如，尽管“眼睛”还在，但却失去了其功能，因此我们说“他瞎了 (只) 眼睛”，这样，我们可以说“瞎”和“死”一样都蕴涵了“失去”义。

3.2.3 领主属宾句的句法特征及原型动词的甄别

我们通过下面这个对领主属宾句的句法特征考察来甄别其原型动词，同时也进一步展示原型动词与非原型动词之间存在的句法差别。

句法项目	用“V没V”或“有没有V过”提问	话题化		关系化	
		句首NP话题化	句末NP话题化	句首NP关系化	句末NP关系化
合格动词	丢、失去、掉、落(例句见A)	全部(例句见B)	丢、失去、掉、落(例句见C)	全部(例句见D)	除“丢、失去、掉、落”以外的动词有些受限(例句见E)

例句：

A：你丢没丢钥匙？你有没有失去过亲人？这棵树掉(落)没掉(落)叶子？
*王冕死没死父亲？*他飞没飞鸽子？*他瞎没瞎一只眼？

B：张三啊，他丢了钥匙。这棵树啊，它总是掉叶子。
王冕啊，他刚死了父亲。张三啊，他去年瞎了一只眼。

C：那把钥匙我丢了。叶子这棵树掉了好多。
*父亲王冕死了。*一只眼睛他瞎了。*那只鸽子他飞了。

D：死了父亲的那个人/烂了两筐香蕉的那个人
丢了钱包的那个人/总是掉叶子的那棵树
塌了围墙的那个工厂/瞎了一只眼睛的那个人

E：他丢的东西/这棵树落的叶子/王冕失去的亲人/这件衣服掉的那颗扣子
*他瞎的那只眼睛/*王冕死的亲人/*他飞的那只鸽子
*他烂的那两筐香蕉/*他破灭的希望/*这个房间碎的那块玻璃

在对这个考察结果进行分析之前，我们有必要介绍一下“关系化”这个概念。关系化(relativization)是Keenan和Comrie(1977)提出的概念。他们认为关系从句(relative clauses，RC)是语言的普遍性质。NP成分的关系化(relativized，例如：the girl that John likes)可及性是有层级性的(the accessibility hierarchy)。以下这个层级表达了简单主句结构中NP位置的关系化的可及性(the relative accessibility to relativization of NP position in simplex main clauses)：

SU>DO>IO>OBL>GEN>OCOMP

即：主语>直接宾语>间接宾语>斜格宾语>领有者>比较句的宾语

以上这个层级性说明了某一句法位置上的名词被关系化的优先顺序，同时也存在着以下三个层级限定(the hierarchy constraints, HCs)：

1. 每种语言的主语一定能够关系化。
2. 任何一个关系从句的构造策略必须适用于关系化可及性层级的某个连续的片段。
3. 适用于关系化可及性层级中某个点的关系从句构造策略原则上停止适用于任何一个较低的点上。

第一点是说任何语言中的主语的关系化具有强制性；第二点是说可被关系化的成分必须是层级性的某一段连续统，而不可能存在间断；第三点是说一个句子当中关系化这种句法操作只能进行一次。

Dowty (1975；1978) 基于蒙塔古语法提出词汇规则理论，并指出，任何一个包括词汇规则和句法规则的句子，词汇规则必须先于任何句法规则使用 (intrinsically ordered before syntactic rules)。其形态操作需要给出语言实体固定的线性次序；句法操作不能打断形态操作形成的成分，而可以打断或者重新排列另一个句法操作形成的成分次序。词汇操作和句法操作的这种关系说明这样一个问题：一旦一个动词经历了词汇操作 (词汇操作改变词汇意义) 形成了一个特定语序的句子，那么这个句子就不能再经历改变语序的句法操作，也就是说它的句法操作能力消失或下降。从上面的考察我们可以看出，“丢、失去、掉、落”这四个动词所在的句子能够经历所有列出的句法操作，说明它们没有经历词汇规则操作改变意义，因而是原型动词；其余动词由于经历了词汇规则操作因而句法操作能力下降，具体表现在：不能用“V 没 V”或“有没有 V 过”提问、不能进行宾语话题化、后 NP 关系化受限。由此，我们也可以断定，“王冕死了父亲”这样的领主属宾句完全可以按照其蕴涵的“失去”义确定语法关系：

失去：<领有者、领有物>

其“谓词–论元”结构中的主词与宾词分别对应主语和宾语。另外，这个句子只有句首NP可以关系化，而根据关系化的层级限定——“每种语言的主语一定能够关系化”，我们也可以断定句中唯一可以进行关系化操作的句首 NP“王冕”是主语。这样，我们就完全没有必要像沈家煊 (1999) 那样把领有者与领有物分别与施事和受事对应再来判断语法关系。

3.3 关系扩展规则与汉语双宾句——“我吃了他三个苹果”

3.3.1 关于非给予义双宾动词

陆俭明 (2002) 提出了非“给予”义双宾结构，他考察出104个能够进入该结构的动词并根据这些词语在动态运用中的变化与影响进行了分类。这篇文章成功地运用词汇意义动态性分析扩展了双宾句的范围。陆俭明 (2002) 认为："'表示取得'义的动词也可以分为'显性的'和'隐性的'两小类。就'买'、'偷'、'抢'、'娶'等动词来说，'取得义'是明显的，固有的；就'拿'、'吃'、'喝'等动词来说，'取得'义是隐性的，非固有的。"他所提出的非"给予"义双宾句也正是根据词汇语义扩展而进行了关系扩展的一类句型。从更深的层次看，这些动词之所以能够有这样的句法表现，完全是词汇扩展规则导致的词义扩展或者说是凸显蕴涵义所致。

陆俭明 (2002) 提到了郭锐 (2002) 的"语法动态性"理论。这种理论认为：词在句法层面上会产生词汇层面未规定的语法性质，这种语言现象称为"语法的动态性"。我们非常赞同"动态性"的提法，但我们认为这种"动态性"的动因是词汇具有句法所要求的语义基础，也就是说语法的动态性根源于词汇层而体现在句法层面。一个词不可能凭空就在句法层面上体现出其语义上未规定的性质，这种变化极其偶然也非常突然，因此有必要增加词汇规则层面来对这一句法性质的变化进行说明。

陆俭明 (2002) 提出的表示"取得义"的"显性的"和"隐性的"动词应该分别对应我们理论框架中的原型动词与非原型动词，那么我们就必须解决这样一个问题：这两类动词并不完全等同，一定存在着某些方面的句法差别，这些差别是什么？

3.3.2 双宾句中原型动词与非原型动词的句法差别

我们对陆俭明 (2002) 中104个非"给予"义双宾动词进行了多种句法特征的考察，考察项目包括：主语主题化、直接宾语主题化、间接宾语主题化、主语无标记关系化、直接宾语的无标记关系化、间接宾语的有标记及无标记关系化。只有两个考察项目将下面这样15个比较特殊的动词与其他动词区别开来："罚、借、没收、拿、挪、挪用、骗、欠、抢、敲诈、赊、收、偷、赢、要"。而这15个动词共同的语义特征似乎都是"无偿得到钱款或有价物品"。从获取手段上看有正当的"罚、借、没收、收、欠、赊、赢"，不正当的"挪、挪用、骗、抢、敲诈、偷"和中性的"拿、要"，这些动词能够进行所有考察项目的句法操作。

两项具有区别特征的考察项目是：无标记的直接宾语关系化和无标记的间接宾语关系化。我们在上文并没有交代所谓的标记性和无标记性关系化。标记性关系化是指句法成分在关系化过程中在成分被提取的原位置有一个占位的代词，通过该代词来标明语法关系，例如："张三没收了李四五百块钱"这句话的有标记间接宾语关系化是"张三没收了他五百块钱的那个人"；无标记间接宾语关系化是“张三没收了五百块钱的那个人”；直接宾语没有标记性关系化形式而只有无标记关系化形式，如“张三没收李四的那五百块钱”。

下面是这两个考察项目的例句：

A：无标记直接宾语关系化考察例句

张三拿 (要、偷、敲诈、抢、骗、赢、欠、收、没收、借、罚) 李四的那一万块钱。(原句：张三拿了李四一万块钱。)

张三挪用 (挪) 公司的那十万块钱。(原句：张三挪用了公司十万块钱。)

张三赊那家公司的货物。(原句：张三赊了那家公司很多货物。)

*张三吃了那个人的那三个苹果。(原句：张三吃了他三个苹果。)

*张三修了王家的那三扇门。(原句：张三修了王家三扇门。)

*张三发现了王家的那五个秘密。(原句：张三发现了王家五个秘密。)

*校长处分一班的那五个人。(原句：校长处分了一班五个人。)

*大队拆王家的那五间屋。(原句：大队拆了王家五间屋。)

*小明糟蹋我的那几张宣纸。(原句：小明糟蹋了我好几张宣纸。)

*我穿过舅舅的那件毛衣。(原句：我穿过舅舅一件毛衣。)

*我戴过舅舅的那顶帽子。(原句：我戴过舅舅一顶帽子。)

*老刘抽小孙的那支香烟。(原句：老刘抽了小孙一支香烟。)

……

B：无标记间接宾语关系化考察例句

张三拿 (要、偷、敲诈、抢、骗、赢、欠、收、没收、借、罚)了一万块钱的那个人。(原句：张三拿了李四一万块钱。)

张三挪用 (挪) 了十万块钱的那家公司。(原句：张三挪用了公司十万块钱。)

张三赊了很多货物的那家公司。(原句：张三赊了那家公司很多货物。)

*张三吃了三个苹果的那个人。(原句：张三吃了他三个苹果。)

*张三修了三扇门的那家。(原句：张三修了王家三扇门。)

*张三发现了五个秘密的那家。(原句：张三发现了王家五个秘密。)

*张三得了 (赚了) 五百块的那个人。(原句：张三得 (赚) 了李四五百块钱。)

*张三搬了五张床的那一家。(原句：张三搬了王家五张床。)

*大家分了五亩土地的那一家。(原句：大家分了他家五亩地。)

*师范大学调了五个人的那所大学。(原句：师范大学调了北大五个人。)
*小明糟蹋了好几张宣纸的那个人。(原句：小明糟蹋了好几张宣纸。)
*我穿过一件毛衣的那个人。(原句：我穿过舅舅的那件毛衣。)
*我戴过一顶帽子的那个人。(原句：我戴过舅舅的一顶帽子。)
*老刘抽了一支香烟的那个人。(原句：老刘抽了小孙一支香烟。)
……

A 组例句中打“*”号的句子虽然表面上看起来都是合语法的句子，但却是宾语为定中结构名词短语的主谓宾句，而不是关系化名词短语。作为关系化名词短语，这些例句是不可接受的。

通过考察，我们基本可以肯定上面的15个动词是非“给予”义双宾句的原型动词。非原型动词 (或非典型动词) 构成的双宾句中直接宾语的关系化或者不能说，或者形成了歧义——本来应该是一个动词短语做定语的偏正短语变成了一个宾语为偏正短语的主谓宾句。这些非原型双宾动词所导致的间接宾语的关系化必须出现占位代词“他”或占位名词短语“第三人称代词+名词”来标明语法关系，只有这样其间接宾语关系化才能够进行，而原型动词所导致的直接宾语关系化和间接宾语关系化则不存在这样的问题。这说明非原型动词在经历关系化等句法操作时可能会恢复为原型意义，使得句法操作受到阻碍，只有借助占位成分标明原有的语法关系才能维持相应的非原型意义。

袁毓林 (2004) 从论元结构与句式结构互动的角度对我们提出的这些非原型动词进行了解释，他认为是表达精细化 (elaboration) 这种语用动机促动了句式套用和动词代入，比如为了具体表示给予或取得的方式就用“灌、踢、吃、花”等动词代入“送、给”类动词擅长的“NP (A) +V+NP (D) +NP (P)”句式。袁毓林的这种看法很有见地，其分析方式也完全采用了词汇主义立场，但是我们认为采用“蕴涵意义”这种说法更具有概括性。“精细化”的成分必然是下位成分，下位成分当然蕴涵上位成分。但是需要注意的是，这种蕴涵必须是直接的或者足够直接的蕴涵，而不能是间接的或者模糊的蕴涵，比如“吃、穿、戴”直接蕴涵“消费”或者“取得”义，而“啃、嚼、尝、披、围”作为典型的动作动词则非常模糊地蕴涵“消费”、“取得”义，因而不能进入双宾句。所以，我们可以说，某句式当中的非原型动词与原型动词之间不是“套用”的关系，而是蕴涵的关系，没有这种语义基础，“套用”是无法发生的。

4. 语法关系的确立："谓词–论元"结构与题元角色连续统

上一节我们从汉语三个典型句式入手着力说明基于动词词义的"谓词–论元"结构确定语法关系的可行性与必要性，但有些问题还是不能解决，比如"石头砸碎了玻璃"、"太阳融化了冰"这样的句子。因为按照"谓词–论元"结构，其主词应该是人而非工具。因此我们仍然需要题元角色等级这样的概念。

Dowty (1991) 提出原型施事和原型受事的概念 (proto-agent，proto-patient)，二者各自具有一系列动词性蕴涵：一个论元可能同时具有两种原型角色特征，只是程度不同。在此基础上他提出了题元角色的层级性概念 (role hierarchies)。之前，他 (Dowty，1989) 提出了"个体题元角色" (individual-thematic-role) 这一概念以避免角色名称的模糊性，因为题元角色具有非离散的 (nondiscreteness) 的特点，也就是说某种程度上是一个连续统。原型角色无法穷尽性地对论元进行分类，比如有些论元没有合适的角色名称或者有些论元具有同一角色的部分特征。"个体题元角色"这种命名方式避免了这些不足，如：动词 build 的两个题元角色分别是 builder 和 buildee。

Dowty (1991) 明确了原型施事与原型受事的性质并在此基础上提出论元选择原则 (argument-selection principle)，在语义与句法接口的层面来讨论主语和宾语。

> 论元选择原则：一个带有语法主语和宾语的谓词，那个负载着最多的谓语所蕴涵的原型施事性质的论元被词汇化为该谓词的主语；而负载着原型受事性质最多的那个论元被词汇化为该谓词的宾语。

我们认为论元选择原则暗含的一个前提条件是主语、宾语由动词的词汇意义所蕴涵，而主语和宾语被界定为施事性质与受事性质的词汇化成分，二者的区分在于其性质更趋向于原型施事还是更趋向于原型受事，这样，动词的论元就成为在原型施事与原型受事这个连续统上游移的成分。

由于我们基于动词语义确定语法关系，所以主语、宾语这样的概念是完全与题元角色相对应的——主语对应于具有施事特征的论元序列，而宾语对应于具有受事特征的论元序列。相关的"受事主语句"及主谓谓语句这样的涉及语言作格性质的语法关系我们将另文讨论。

由于主词与宾词对应的不仅仅是施事和受事，而是具有施事特征的论元序列和具有受事特征的论元序列，因此"谓词–论元"结构的表达方式就有了相应的改变。原来单个的主词和谓词我们换作个体论元角色的表达方式，如"打"的

“谓词—论元”结构为：

打：[打者（施事论元序列），被打者 (受事论元序列)]

属于施事论元序列的“打者”与属于“被打者”的受事论元序列分别与主语和宾语相对应。

参考文献

Dowty, D. R. (1975a). Toward a theory of word formation for montague grammar. *Texas Linguistic Forum* 2, 69-96.

Dowty, D. R. (1975b), The Montague-adjukiewicz system of syntactic-semantic categories as a linguistic theory of syntactic category and grammatical relation. Paper presented at the 1975 annual meeting of the Linguistic Society of America.

Dowty, D. R. (1978). Governed transformations as lexical rules in a Montague grammar. *Linguistic Inquiry* 9.

Dowty, D. R. (1979) *Word meaning and Montague grammar: The semantics of verbs and times in generative semantics in Montague's PTQ*. Reidel Publishing Company.

Dowty, D. R. (1982). Grammatical relations and Montague grammar. In Pauline Jacobson, K. Geoffery, & D. Pullum (eds.), *The nature of syntactic presentation*. London: Reidel Publishing Company.

Dowty, D. R. (1989). On the semantic content of the notion of thematic role. In Chierchia, Partee, & Turner (eds.), *Properties, types and meaning.* Vol. 2. Dordrecht: Kluwer.

Dowty, D. R. (1991). Thematic proto-roles and argument selection. *Language* 67.

Edward L. K. (1976). Towards a universal definition of “subject”. In Charles N. Li (ed.), *Subject and topic*. Academic Press Inc.

Edward L. K., & Comrie, B. (1977). Noun phrase accessibility and universal grammar. *Linguistic Inquiry*, 8 (1), 63-99.

Koopman. H., & Sportiche, D. (1990). The position of subject. *Lingua* 1, 211-258.

Kuroda (1988). Whether we agree or not: A comparative syntax of English and Japanese. In William J. Poser (ed.), *Japanese syntax*. Standford: CSLI.

Chomsky, N. (1970). Remarks on nominalization, In R. Jacobs, & P. Rosenbaum (eds.), *Readings in English transformational grammar*. Waltham: Ginn.

程　杰 (2007)，论分离式领有名词与隶属名词之间的句法和语义关系，《现代外语》第1期。
方　立 (1993)，《美国理论语言学研究》，北京语言学院出版社。
郭　锐 (2000)，表述功能的转化和“的”字的作用，《当代语言学》第1期。
郭　锐 (2002)，语法的动态性和动态语法观，在“商务印书馆语言学出版基金发布会暨青年语言学者论坛——21世纪的中国语言学”(2002.1.17-18) 会上发表（转引自陆俭明，2002）。
黄正德 (2007)，汉语动词的题元结构与其句法表现，《语言研究》第4期。
李临定 (1986)，《现代汉语句型》，商务印书馆。
陆俭明 (1993)，《八十年代中国语法研究》，商务印书馆。
陆俭明 (2002)，再谈“吃了他三个苹果”一类结构的性质，《中国语文》第4期。
陆俭明 (2004)，“句式语法”理论与汉语研究，《中国语文》第5期。
陆俭明、沈阳 (2003)，《汉语和汉语研究十五讲》，北京大学出版社。
吕叔湘 (1979)，《汉语语法分析问题》，商务印书馆。
马庆株 (1983)，现代汉语的双宾构造，《语言学论丛》第十辑，商务印书馆。
马庆株 (1998)，动词的直接配价和间接配价，袁毓林、郭锐主编《现代汉语配价语法研究》第二辑，北京大学出版社。
沈家煊 (1999)，《不对称和标记论》，江西教育出版社。
沈家煊 (2000)，句式和配价，《中国语文》第4期。
沈　阳、何元建、顾阳 (2001)，《生成语法理论与汉语语法研究》，黑龙江教育出版社。
陶红印 (2000)，从“吃”看动词论元结构的动态特征，《语言研究》第3期。
徐　杰 (1999)，两种保留宾语句式及相关句法理论问题，《当代语言学》第1期。
徐通锵 (1997)，《语言论》，东北师范大学出版社。
袁毓林 (2004)，论元结构和句式结构互动的动因、机制和条件——表达精细化对动词配价和句式构造的影响，《语言研究》第4期。
周国光 (1995)，确定配价的原则语法方法，沈阳、郑定欧主编《现代汉语配价语法研究》，北京大学出版社。
朱德熙 (1986)，变换分析中的平行性原则，《中国语文》第2期。

汉语方位关系歧义的Prolog语言实现[1]

吴　平

1. 理论背景

英语中方位关系歧义属于典型的介词附属歧义 (PP attachment ambiguity)。这是由于句中表示地点方位的介词短语能够被分析为可以修饰不同的名词成分所造成的歧义。例如，(1) 中的介词短语“in a bus”既可能是修饰“Joe”的，也可能是修饰“Mary”的，因此，这就造成了 (1) 中的句子所表示的方位关系是歧义的。

(1) Joe saw Mary in a bus.

这一类的歧义情况完全可以通过句法的不同层次结构表示出来。在 (2a) 中，PP修饰的是“Joe”，这时句子的意思是“乔在汽车上看见了玛丽”。在 (2b) 中，PP则修饰的是“Mary”，这时句子的意思是“乔看见了汽车上的玛丽”。

1 本文得到教育部“新世纪优秀人才支持计划”资助，项目编号NCET-09-0245。特此致谢。

（2）a.

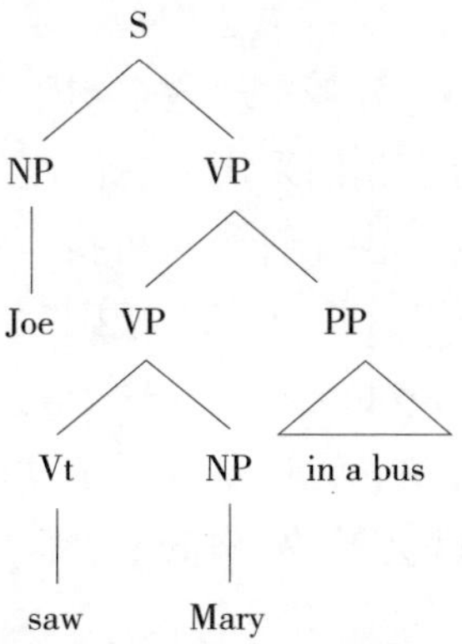

b.

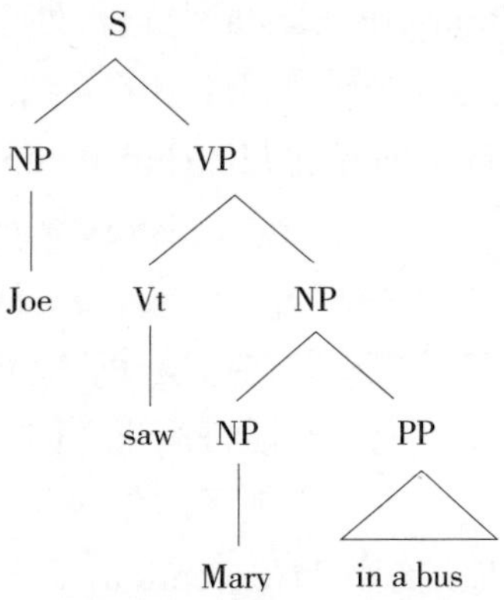

在 Prolog 语言中，例 (1) 中的句子所含有的方位关系歧义是通过“标示括弧法”(labelled-bracket marker) 在结构层次上进行自动分析 (parsing) 的 (见 (3))，其效果完全等同于 (2a) 和 (2b) 通过树形图所表示的歧义识别。

(3) a. Tree = [s, [np, [pn, joe]], [vp, [vt, saw], [np, [np, [pn, mary]],
[pp, [p, in], [np, [det, a], [np, [n, bus]]]]]]]

b. Tree = [s, [np, [pn, joe]], [vp, [vp, [vt, saw], [np, [pn, mary]]],
[pp, [p, in], [np, [det, a], [np, [n, bus]]]]]]

现在具体说明 (3) 中的自动分析所涉及到的基本理论思想。本文所选用的 Prolog 语言的版本是 SICStus Prolog 语言，它是由瑞典计算机科学院开发的。它最大的特点是广泛适用于多种类型的计算机工作平台。Prolog 语言的句法分析器 (parser) 主要包括计算机可执行语法和算法 (句法分析策略) 这两部分。在本文中，我们所使用的计算机可执行语法是指名为 Bridge & Harlow-GRN (简称BH-GRN) 的语法规则标记系统 (详见 Bridge & Harlow, unpublished)。它与传统语言学中所使用的短语结构规则之间最大的区别在于：短语结构规则中的重写规则“−−→”在 BH-GRN 语法规则标记系统中则相应地被处理成两种二元谓词“−−→/2”和“==⇒ /2”，分别用于句法规则和词汇规则。

句法自动分析离不开分析策略 (parsing strategy) 的选择。一般说来有这样三个方面的选择：a. 采用自上而下 (top-down) 的还是自下而上 (bottom-up) 的分析方法；b. 采用从左向右 (left-to-right) 的还是从右向左 (right-to-left) 的分析方法；c. 采用深度优先 (depth-first) 的还是广度优先 (breadth-first) 的分析方法。这实质上关系到具体采用哪种算法 (algorithm) 的问题。

Prolog 语言采用的不管是从左向右还是从右向左的分析策略，都有可能遇到各自的麻烦。具体地说，当我们采用从左向右的分析策略对句子“John saw

Mary on Sunday”进行处理时，由于计算机可执行语法中包含了“vp → vp pp”这类具有递归性质的句法规则，使用 Prolog 语言实现这个句子的过程中便会出现“向左递归”(left-recursion) 的问题。而当我们采用从右向左的分析策略对句子“John saw a history teacher”进行处理时，由于计算机可执行的语法中包含了“vp → v np np”这类句法规则，这时便产生了一个隐含规则“np → ∈”(希腊字母“∈”在这里代表空语符)。于是使用 Prolog 语言对这个句子实现的过程中会出现“空语符产生”(∈-production) 的问题。无论是出现了“向左递归”的问题，还是出现了“空语符产生”的问题，都会导致 Prolog 语言的程序无法正常地继续执行(execution)。

此外，句法自动分析还需要考虑深度优先还是广度优先的问题。所谓深度优先的策略，是指每次沿一条途径 (path) 向下搜索 (search)，如果失败，则回到前面的分枝点 (branching node) 再沿另一条途径向下搜索，直到成功为止。所谓广度优先的策略，是指逐层对所有可能的途径都进行搜索，直到成功为止。在 Prolog 语言中，通常采用的是深度优先的策略，它被称作回溯 (backtracking)。回溯的意义在于，它能够发现自然语言中那些具有歧义结构的表达式。这是因为，通过回溯，可以搜索出所有可能的成功途径。

Prolog 语言的实质是一种受限制的一阶逻辑语言。Prolog 语言所采用的这种一阶逻辑被称为定子句逻辑 (definite clause logic)。简明地说，定子句逻辑的公式可以表示为 (4)：

(4) $\alpha_1 \wedge \cdots \wedge \alpha_n \rightarrow \alpha_{n+1}$

这个公式包括前、后两项。前项是 $\alpha_1 \wedge \cdots \wedge \alpha_n$，后项是 α_{n+1}。前项表示的是 n 个 α_i 的合取关系，后项通常由一个单数项来表示。符号“→”表示蕴涵关系，通常被称为蕴涵联结词。整个公式表示的是：前项中的合取蕴涵后项中的结果。

如果我们以短语结构规则“S → NP VP”为例的话，那么与这条规则相对应的定子句应该表示为 (5)：

(5) $\forall xs \forall ys \forall zs\ (np\ (xs, ys) \wedge vp\ (ys, zs) \rightarrow s\ (xs, zs))$

定子句逻辑表达式 (5) 的描写非常精确和严密。从更加直观明了和易于与其他的例子相比较的考虑出发，我们可以适度地放宽对精确度的要求而将 (5) 的定子句表达式简化为 (6) 的表达式。

(6) $\mathrm{NP}\ (x_0, x_1) \wedge \mathrm{VP}\ (x_1, x) \rightarrow \mathrm{S}\ (x_0, x)$

使用定子句来表示的语法被称作定子句语法 (Definite Clause Grammar，简称作“DCG”)。显然，定子句语法是一种逻辑语法。Prolog语言的程序设计采用的是霍恩子句 (Horn clause) 的表达方式。[2]霍恩子句的核心思想是：它是一种最多含有一个正文字 (也称作原子公式的文字) 的子句，正文字 (positive literal) 只出现在子句的左部。霍恩子句的基本形式可以表示为 (7) 中的表达式。其中，左部的 P 是正文字，右部的 Q_1、Q_2 和 Q_n 等则都不是正文字。

(7) $P: Q_1, Q_2, \cdots Q_n$

既然 Prolog 语言的逻辑基础就是定子句逻辑，那么使用定子句来描写 Prolog 语言的语法就再合适不过了。如下的表达式 (8) 是把 (6) 中的定子句翻译成 Prolog 语言后的表达形式：

(8) $s\ (X_0, X)$:- $np\ (X_0, X_1), vp\ (X_1, X)$.

拿 (6) 和 (8) 进行对比的话，我们可以看出，在 Prolog 语言中，原本位于蕴涵联结词左边的合取关系式在 Prolog 中语言中出现在右边，并且表示合取关系的符号被逗号“,”所替换。(6) 中的后项在 (8) 中则出现在蕴涵联结词的前面。蕴涵联结词则被 Prolog 语言中表示“如果”(if) 的符号“:-”所替代。作出这些改变显然是出于维护霍恩子句的表述要求。这样一来，我们能够发现，定子句的集合实际上可以看作是霍恩子句集合的子集 (更进一步的论证详见 Pereira & Shieber, 1987: 15-17)。

在 Prolog 语言所使用的霍恩子句中，出现在符号“:-”左边的部分称为表头，出现在其右部的称作表体。表头至多只能含有一个谓词，而表体则允许含有多个谓词。(8) 中的表达式显然是符合这样要求的合格表达式。需要特别注意的是：在通常的蕴涵复合式中，出现在蕴涵联结词左边的是前提，出现在其右边的是结论；但是，在霍恩子句中的情况刚好相反，即在符号“:-”左边出现的是结论，在其右边出现的则是前提。

(9) $s\ (Y, (X_0, X))$:- $np\ (Y, (X_0, X_1)), vp\ (Y, (X_1, X))$.

定子句语法最显著的特点是：复合项通常体现为谓词/论元的结构，并且充当论元的项具有递归性。因此，我们把 (8) 中的定子句扩展为 (9) 中的定子句，其结果同样是合格的。

2 霍恩子句的概念是由美国数学家和逻辑学家 Alfred Horn 于1951年首先提出，并因此得其名。

2. 方位关系歧义的句法自动分析

就方位关系歧义而言，汉语事实与英语事实情况有所不同。从例 (10) 可以看出，与例 (1) 中的英语句子在语序上乍看起来都是一致的汉语句子，即“NP + Vt + NP + 在 + NP_loc”，通常并不具有歧义的性质。

(10) a1. 刘强写几行字在黑板上。
　　a2. 刘强种几棵果树在院子里。
　　b1. 刘强放一本书在桌子上。
　　b2. 刘强挂一幅画在墙上。
　　c1. 刘强说书在桌子上。
　　c2. 刘强认为画在墙上。

略加分析后，我们会发现 (10a) 和 (10b) 中的“在”与 (10c) 中的“在”句法范畴不同：前者是介词，在小句中引导方位短语；后者却是动词，在小句中起谓词的作用。这样一来，语序“NP + Vt + NP + 在 + NP_loc”在 (10a) 和（10b）中的基本结构关系就可以更确切地分析为“NP + Vt + NP + $_{PP}$ (在_p + NP_loc)”，它在 (10c) 中的基本结构关系则可以分析为“NP + Vt + $_{S}$ (NP + 在_v + NP_loc)”[3]。造成 (10a)、(10b) 两组与 (10c) 不同的主要原因是主句动词 (matrix verb) 的性质不同。我们不妨称 (10a) 中的“写”和“种”与 (10b) 中的“放”和“挂”这一类动词为论元动词 (argument verb)，它们要求携带一定数量的论元来满足其句法结构上的合格性。与论元动词相对立的是，(10c) 中的“说”和“认为”这类动词则是命题动词 (proposition verb)，它们要求携带命题小句来满足其句法结构上的合格性。[4] (10a) 与 (10b) 之间的差别在于：(10a) 中的动词要求携带的是两个论元，即我们通常所说的及物动词（或称二价动词）；(10b) 中的动词要求携带的则是三个论元，即我们通常所说的双及物动词（或称三价动词）。英语中与 (10b) 在语序和结构层次上完全一致的例句见 (11)。显然，(11) 中的例句是不可以作前面的 (2b) 中那样的结构层次的分析的。

(11) a. John put a book on a table.
　　b. John hang a picture on a wall.

3 “NP_loc”表示的是方位名词词组。另外，下标形式表示的是后面括弧中的语序所充当的句法成分。

4 针对及物动词是否可以携带论元或者命题的句法事实，从各种视角进行研究的文献有很多。举例来说，Kiparsky & Kiparsky (1971：328-358) 从句法角度所讨论的事实动词 (factive verb) 实际上就是命题动词的典型例子。另外，从认知功能的角度出发，Givón (1990：515-986) 把动词分为操纵类动词 (manipulation verb) 和认知-言语类动词 (cognition-utterance verb)。就句法功能而言，前者大致相当于论元动词，后者大致相当于命题动词。

综上分析，与英语句子“Joe saw Mary in a bus”在语序上存在着一致的层次结构的汉语句式是 (10a) 和 (10b)。但是，“NP + Vt + NP + PP”这一语序在英语中可以作歧义的层次结构分析，即如 (2a) 的“NP + $_{VP}$ ($_{VP}$ (Vt + NP) + PP)”和 (2b) 的“NP + $_{VP}$ (Vt + $_{NP}$ (NP + PP))”，在汉语中却只存在一种层次结构的划分可能，即如 (2a) 的“NP + $_{VP}$ ($_{VP}$ (Vt + NP) + PP)”。

从词类序列的角度来看，汉语中含有“在 + 处所”(可以表示为“在 + NP_loc”) 的句式主要包括四种情况：(1)“NP + Vt + NP + 在 + NP_loc”，例如“刘强放了一个钱包在桌子上”；(2)“NP + 在 + NP_loc + Vt + NP”，例如“刘强在桌子上放了一个钱包”；(3)“在 + NP_loc + NP + Vt + NP”，例如“在桌子上刘强放了一个钱包”和 (4)“NP + Vt + 在 + NP_loc + NP”，例如“刘强放在桌子上一个钱包”。沈家煊 (1999) 从完形 (gestalt) 感知的认知原则出发，对于这四种句式的整体意义进行了系统性的对比分析，所得出的结论非常有价值。值得注意的是，在这四种句式中，对于第二种句式的讨论尤为集中 (施关淦，1980；朱德熙，1981；王政红，1988；齐沪扬，1994；崔希亮，2001a)。究其原因在于，在现代汉语中这种句式属于较为典型的歧义句式，而另外三种句式却不是典型的歧义句式。举一个经典的例子来说，我们通常认为，“刘强在火车上写了一条标语”是歧义句，但是“在火车上刘强写了一条标语”、“刘强写了一条标语在火车上”和“刘强写在火车上一条标语”却不是歧义句。因此，汉语中存在方位关系歧义的语序不是“NP + Vt + NP + 在 + NP_loc”，而是“NP + 在 + NP_loc + Vt + NP”。[5] 现代汉语“在”的介词用法是由古汉语的动词用法发展演变而来的；“在”的动词用法则保持了其原有的动词性质，这种分析已经有历时研究的证明 (张赪，2002)。张赪 (2002：247) 的研究指出，“在”引导表示方位关系的介词词组出现在动词词组之前的用法开始超过其出现在动词词组之后的用法是在魏晋南北朝时期。这种情形一直延续至今。这说明，现代汉语中带有表示方位关系介词词组的典型句式应该是“NP + $_{PP}$ (在 + NP_loc) + $_{VP}$ (Vt + NP)”，而不是“NP + $_{VP}$ (Vt + NP) + $_{PP}$ (在 + NP_loc)”。显然，在英、汉两种语言中，表示方位关系的介词词组在句法结构中所占据的典型位置是不一样的。

从句法分析的角度进一步来看，我们认为，造成汉语中方位关系歧义的结构层次原因要比英语的情况复杂。之所以这样讲，这是因为造成英语语句中方位关系歧义的是单纯的介词附属 (PP attachment) 的原因，比如，“in + NP_loc”只能是构成 PP (见前面的例 (2))。但是，按照我们的分析思路，汉语中的“在 +

5 范继淹 (1986) 专门对比研究了作为介词短语的“在 + NP_loc”出现于不同句法位置时的不同句法和语义特征。

NP_loc”有时可以理解为PP，有时则更适宜于理解为VP。正是这一句法特征，体现出了汉语语序“NP + 在 + NP_loc + Vt + NP”有可能表示的是方位关系的歧义。

现代汉语中的“在”可以看作是兼类词，兼属动词和介词。这种观点应该是没有问题 (朱德熙，1982：174；吕叔湘，1980：571-574)。至于语序“NP + 在 + NP_loc + Vt + NP”中的“在”，大多数对此作专门研究的学者都认为是属于介词的用法 (朱德熙，1980；1981；范继淹，1986；俞咏梅，1999；崔希亮，2001a)。不过，我们倒是更倾向于采纳施关淦 (1980) 的观点，他认为“NP + 在 + NP_loc + Vt + NP”中的“在”既有分析为介词的可能，又有分析为动词的可能，并认为这是造成这一语序存在歧义的原因。[6] 当我们把“在”看作是动词时，语序“NP + 在 + NP_loc + Vt + NP”所包含的是并列的动词结构，进一步地讲，是由并列的述宾结构所构成的联合结构。[7] 这就是说，从句法角度看，汉语语序“NP + 在 + NP_loc + Vt + NP”是一种歧义的格式。那么如何确定“在”究竟是动词还是介词呢？这实际上可以通过对句法结构中的谓语部分进行提问来加以判断。(12a) 中只有一个动词结构，句中的“在”是介词。(12b) 中含有两个并列关系的动词结构，句中的“在”是动词。

(12)		提问	回答
	a. 刘强在抽屉里找钥匙。		
		刘强在哪儿？	—
		刘强干什么呢？	在抽屉里找钥匙。
	b. 刘强在教室里写作业。		
		刘强在哪儿？	在教室里。
		刘强在干什么呢？	写作业。

如果上述分析成立的话，那么恰恰是说明了从句法角度来看，汉语语句中方位关系歧义的出现的确不能像英语中的类似情况那样归因于介词词组附属关系的不同。

(13) a. 刘强在米饭里找一颗沙粒。

b. 刘强在地图上找上海。

c. 刘强在作业本上发现一个错字。

6 有一点必须强调说明，我们同意的是施关淦 (1980) 的分析结论。施文的论证过程采用的是句式变换分析法，这与我们的操作方法不同。对于施文的论证过程中问题的批评可以详见王政红 (1988)。

7 我们在此遵循的是朱德熙 (1982：161) 的分析方法，他特别强调了并列的动词结构与连谓结构的区别。

(14) a. 刘强在办公室里写论文。

b. 刘强在阅览室里看杂志。

c. 刘强在草丛里捉蛐蛐。

(15) a. 刘强在火车上写一条标语。

b. 刘强在电梯旁发现一名罪犯。

c. 刘强在树上挂一条横幅。

(13) 中各例与 (12a) 属于同一类情况。与这些例子相应的结构层次是如 (16) 所做的分析，即 “$_{s}$(NP + $_{vp}$ ($_{PP}$ (在 + NP_loc) + $_{VP}$ (Vt + NP)))”。显然，在这样的具有状中性质的结构层次中，“在 + NP_loc” (PP) 与 “Vt + NP” (VP)” 是修饰与被修饰的关系。换言之，这种结构层次的分析方法重在强调 PP 与被其所修饰的 VP 之间的关系。

(16)

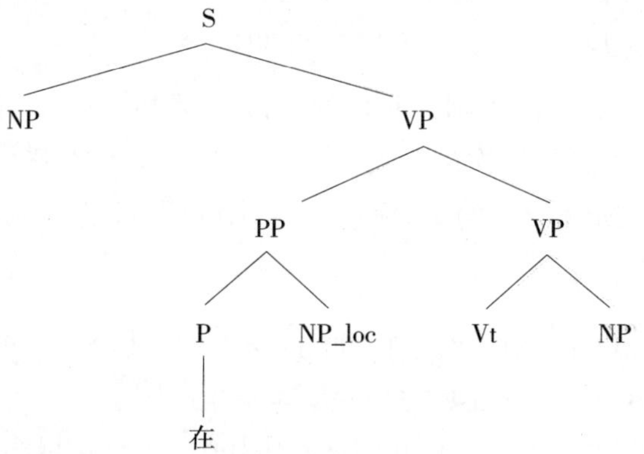

(14) 中各例则是与 (12b) 属于同一类情况。与这些例子相应的结构层次是如 (17) 所作的分析，即 “$_{s}$ (NP + $_{vp}$ ($_{VP}$ (在 + NP_loc) + $_{VP}$ (Vt + NP)))” 。这种结构层次的分析方法显然是在强调主语 NP 与两个并列的动词词组之间的关系。

(17)

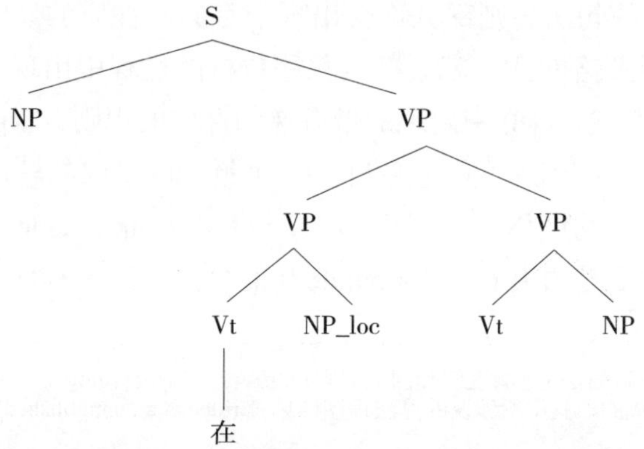

现在我们使用"Bridge & Harlow 语法规则符号"(Bridge & Harlow Grammar Rule Notation，简称 BH-GRN) 来描述句子"刘强在火车上写一条标语"。这个句子具体所涉及的句法与词汇规则见 (18)。在 (18) 中的规则符号中，"vp_zai"表示的是"$VP_{在}$"，"v_zai"表示的是"$V_{在}$"。此外，出于描述简明的考虑，方位词组不再进一步地分析为"名词 (N) + 方位词 (Loc)。

(18) 句法规则

```
s --> [np, vp].
vp --> [vp_zai, vp].
vp_zai --> [v_zai, np_loc].
vp --> [vt, np].
np --> [det, n].
vp --> [pp, vp].
pp --> [p, np_loc].
```

词汇规则

```
np ==> [liuqiang].
v_zai ==> [zai].
np_loc ==> [huocheshang].
det ==> [yitiao].
n ==> [biaoyu].
vt ==> [xie].
p ==>,[zai].
```

根据 (18) 中的句法和词汇规则，我们便可以使用 Prolog 语言对句子"刘强在火车上写一条标语"作结构层次的分析了。[8] (19) 显示的是对整个句子进行分析的结果。由标示括弧法所分析出的结果表明，这个句子可以是具有 (16) 和 (17) 两种结构层次的可能的。

(19)

```
Tree = [s, [np, liuqiang], [vp, [vp_zai, [v_zai, zai], [np_loc, huocheshang]],
        [vp, [vt, xie], [np, [det, yitiao], [n, biaoyu]]]]]?;
Tree = [s, [np, liuqiang], [vp, [pp, [p, zai], [np_loc, huocheshang]],
        [vp, [vt, xie], [np, [det, yitiao], [n, biaoyu]]]]]?;
no
```

(19) 中的自动分析结果可以通过自上而下或自下而上两种不同的分析策略来实现。由于这类句子的句法规则部分都会出现带有递归性质的规则，因此，如果是采用自上而下分析策略的话，就会造成程序执行的过程中出现"向左递归"的问题 (详见本文第 1 部分)。(18) 中出现的带有递归性质的规则："vp → vp_zai vp"和"vp → pp vp"。为了解决"向左递归"的问题，可采取的解决方法是加强在进行深度搜索过程中的约束作用。根据 Bridge et al. (unpublished) 所提出的自上而下、从左向右且深度受约束 (depth-bounded) 的算法，这一程序如 (20) 所示：

8 本文中所有的计算机可执行语法 (句法规则和词汇规则) 的编写及其在 Prolog 语言中的实现结果均是在 SICStus 版本的环境下完成的。其中所涉及的算法程序详见 (Bridge et al, unpublished)。

```
(20) td_ parse (Cat, Depth, [Cat, Word], [Word|Rest of String], Rest of String) :-
          (Cat ⇒ [Word]).
     td_ parse (Mother, Depth, [Mother|Dtrs], SO, S):- Depth>0, NewDepth is
          Depth-1, (Mother)→Daughters),
     td_ parse_dtrs (Daughters, NewDepth, NewDepth, Dtrs, Sos).
     td_ parse_dtrs ([ ], _ , [ ], S, S) .
     td_ parse_dtrs ([Cat|Cats], Depth, [Dtr|Dtrs], DS, S) :-
          td_ parse (Cat, Depth, Dtr, SO, S1),
          td_ parse_dtrs (Cats, Depth, Dtrs, S1, S).
```

根据 (20) 的程序，可以使用调入 (call) 方式对 (18) 中的计算机可执行语法进行自动分析，分析结果如 (21) 所示。

```
(21) |? - td_parse (s, 78, Tree, [liuqiang, zai, huocheshang, xie, yitiao, biaoyu], [ ]).
```

由于(18) 中的计算机可执行语法中含有“向左递归”的问题，如果采用自下而上的分析策略就可以直接避免自动分析中的这类麻烦。根据 Bridge et al. (unpublished)，我们可以采用 (22) 中的程序。

```
(22) shift (Stack, [[LHS, Word]|Stack], [Word|Words], Words) :-
          (LHS⇒[Word]).
     reduce (Stack, [LHS|Rest], Input, Input) :-
          reduce_aux (Stack, [ ], LHS, Rest).
     reduce_aux (Rest, [[Cat|Cont]|StackTop], [LHS|[[Cat|Cont]|StackTop]], Rest) :-
          (LHS→[Cat|RestCats]),
          matchstack (RestCats, StackTop).
     reduce_aux (Cat|Cats], RevStack, LHS, Rest) :-
          reduce_aux (Cats, [Cat|RevStack], LHS, Rest).
     matchstack ([ ], [ ]).
     matchstack ([H|T1], [H|_ ]   |T2]) :-
          matchstack (T1, T2).
     sr_pase (Stack, Stack, Input, Input).
     sr_parse (Stack, ResultStack, Input, ResultInput) :-
          shift (Stack, NewStack, Input, NewInput).
          sr_parse (NewStack, ResultStack, NewInput, ResultInput).
```

```
sr_parse (Stack, ResultStack, Input, ResultInput) :-
        reduce (Stack, NewStack, Input, NewInput).
        sr_parse (NewStack, ResultStack, NewInput, ResultInput).
parse (Input, Start):-
        sr_parse ([  ], [Start], Input, [  ]).
```

适合于 (22) 的调入方式如 (23) 所示：

(23) |?- sr_parse ([ ], Tree, [liuqiang, zai, huocheshang, xie, yitiao, biaoyu], [ ]).

具体地说，(22) 中自下而上的程序采用的是移进—归约的策略。移进—归约的分析器 (shift-reduce parser) 含有两个数据结构：一个是栈 (stack)，另一个是缓冲区 (buffer)。栈中所存的是需要按照固定顺序进行分析 (parsing) 的语符串。这里所说的固定顺序是指越是靠前输入的语符，越是靠后进行分析这样的顺序。这是因为最先输入的语符占据的是栈底的位置，它只能在最后被取出并接受分析；与此相反，最后输入的语符则占据的是栈顶的位置，因而最早被取出并接受分析。缓冲区所存的是未经处理过的语符串。全部的分析过程可以归纳为两种类型的操作过程。一种是移进 (shift) 过程，另一种是归约 (reduce) 过程。在整个分析过程的每一步骤上，选取哪种操作的问题是一个自始至终需要面对的问题，这也就是所谓的“冲突”(conflict) 问题。具体地说，“冲突”包括移进—归约冲突 (简称“移归冲突”) 和归约—归约冲突 (简称“归归冲突”) 两种情况。

Prolog语言本身所采用的是一个自上而下的分析策略。不过，Prolog 语言在执行移进—归约的语法分析器以后，就可以实现自下而上的分析。在 Prolog 语言中，栈是以表 (list) 的形式来体现的。表中的各个项 (item) 可以是词，也可以是语法范畴。熟悉 Prolog 语言的读者都知道，表中的第一项通常被称作表头 (head)，是各项中最早得到分析的部分。因此，表头的地位相当于栈顶的地位。表头和栈顶之间最明显的差别在于：表头的位置总是居于表的最左端，而栈顶的位置则总是居于栈的最右端，也就是说，表头和栈顶所占据的是两个完全相反的位置。但是，这种差别并不影响执行后分析结果的正确性。此外，有待执行分析的词语串则相当于缓冲区中的输入。

事实上，可供选择的分析策略是多种多样的。例如，除了上述的两种分析策略之外，我们还可以采用左角分析法 (left-corner parsing)。这种分析策略被认为是一种包含有自上而下和自下而上两种模式的混合分析策略。根据 Bridge et al. (unpublished)，我们可以采用 (24) 中的程序。

```
(24) parse (Phrase, S0, S) :-
         leaf (SubPhrase, S0, S1),
         lc (SubPhrase, Phrase, S1, S),
     leaf (Phrase, [Word|S], S) :-
       (Phrase ⇒[Word])
     lc (Phrase, Phrase, S, S).
     lc (SubPhrase, SuperPhrase, S0, S) :-
          (Phrase →[SubPhrase|Rest]),
          Parse_rest (Pest, S0, S1),
          lc (Phrase, SuperPhrase, S1, S).
     parse_rest ([ ], S, S)
     parse_rest ([Phrase|Phrases], S0, S) :-
          parse (Phrase, S0, S1)
          parse_rest (Phrases, S1, S)
```

不过，应用左角分析法的话，计算机可执行语法应该描述为如 (25) 所示：

```
(25) s (s (NP, VP)) --→ [np (NP), vp (VP)].
     vp_zai (vp_zai (VP_zai, VP) --→ [vp_zai (VP_zai), vp (VP)].
     vp_zai (vp_zai (V_zai, NP_loc)) --→ [v_zai (V_zai), np_loc (NP_loc)].
     vp (vp (PP, VP)) --→ [pp (PP), vp (VP)].
     pp (pp (P, NP)) --→ [p (P), np (NP)].
     np (np (PN)) --→ [pn (PN)].
     np (np (Det, N)) --→ [det (Det), n (N)].

     pn (pn (liuqiang)) ==⇒ [liuqiang].
     np_loc (np_loc (huocheshang)) ==⇒ [huocheshang].
     n (n (biaoyu)) ==⇒ [biaoyu].
     vt (vt (xie)) ==⇒ [xie].
     v_zai (v_zai (zai)) ==⇒ [zai].
     det (det (yitiao)) ==⇒ [yitiao].
     p (p (zai)) ==⇒ [zai].
```

适用于 (24) 的调入方式如 (26) 所示：

```
(26) | ?-parse (Tree, [liuqiang, zai, huocheshang, xie, yitiao, biaoyu], [ ]).
```

无论采用哪一种具体的分析策略，我们还可以就句子中的某一具体成分进行分析。在 (27) 中，“在火车上”被专门提取出来进行分析。分析的结果表明，“在火车上”可以被看作是动词词组，这时这个词组又可以进一步分析成动词“在”+ 方位词组“火车上”；它又可以被看作是介词词组 (pp)，这时这个词组又可以进一步分析成介词“在”+ 方位词组“火车上”。

```
(27) X=vp_zai,
     Tree=[vp_zai, [v_zai, zai], [np_loc, huocheshang]]?;
     X=pp,
     Tree=[pp, [p, zai], [np_loc, huocheshang]]?;
     no
```

概括地讲，以上的分析表明，使用 Prolog 语言能够实现对“刘强在火车上写一条标语”这一类包含有方位关系歧义的句子及其内部成分作出结构层次上的自动分析。

3. 方位关系歧义的语义自动分析

上一节 (15) 中的句子都是有歧义的，其意义既可能分析成类似第 (13) 中那样的语义表现，也可能分析为类似 (14) 中那样的语义表现。我们分别以第 (13a)、(14a) 和 (15a) 为例来分析其相应的逻辑语义表达式，如 (28) ~ (30) 所示：

(28) 刘强在米饭里找一颗沙粒。

$\exists x \exists y$ [**沙粒**(x) ∧ **米饭里**(y) ∧ **在**(x, y) ∧ **找**(**刘强**, x)] [9]

(29) 刘强在办公室里写论文。

$\exists x \exists y$[**论文**(x) ∧ **办公室里**(y) ∧ **在**(**刘强**, y) ∧ **写**(**刘强**, x)]

(30) 刘强在火车上写一条标语。

语义分析1：$\exists x \exists y$ [**标语**(x) ∧ **火车上**(y) ∧ **在**(**刘强**, y) ∧ **写**(**刘强**, x)]

语义分析2：$\exists x \exists y$ [**标语**(x) ∧ **火车上**(y) ∧ **在**(x, y) ∧ **写**(**刘强**, x)]

以下，我们试图通过 Parsons (1990) 的事件语义学 (Event Semantics，简称 ES) 对此类句式的逻辑语义特征作出比古典逻辑更为深入的描写和分析，并在此基础上提出这一句式的事件语义表达式在 Prolog 语言中的实现方案。

从事件语义学的角度来看，Parsons (1990：21；167-185) 认为所有句子的

9 这里用黑体汉语词来表示与之相对应的逻辑词项。并且，出于分析的简便，本文把所有普通名词的语义类型都简化处理为e。

语义，总的来说，基本上都可以归纳为表示事件 (event) 和表示状态 (state) 这两类。它们之间的区别是由句中的事件动词 (event verb) 和状态动词 (state verb) 的性质所决定的。在具体操作上，Parsons 对事件动词取的是比较宽泛的外延，它们不仅包括完成动词 (accomplishment verb) 和实现动词 (achievement verb)，而且包括表示进行体 (progressive) 的动词。事实上，完成动词和实现动词大致分别相当于我们通常所说的持续动词和瞬间动词，它们都可以选择用进行体来表示。完成动词使用进行体来表示时是指动作本身所持续的状态，如“刘强不停地跑”和“刘强说个没完”，实现动词使用进行体来表示时是指动作完成后所形成的可持续的状态，如“刘强开着客厅的窗户”和“刘强点着一根蜡烛”。

在这里，我们更为关注的实际上并不是事件动词内部小类的区别，而是采纳 Parsons 的做法，将所有动词视为只有事件动词与状态动词之分。事件动词，无论是用于表示经过持续过程完成的事件，还是用于表示瞬间完成的事件，都隐含有行为动作可完成性的语义内涵，Parsons 称这类动词具有事件的“终结性” (culmination)。与事件动词不同的是，状态动词则隐含有对某一状态的固有和恒定的语义内涵，Parsons 称这类动词具有状态的“保持性” (holding)。如下的 (31) 从是否具有“终结性”和“保持性”的角度区分了事件动词和状态动词。

(31)

事件动词	状态动词
[＋终结性]	[－终结性]
[－保持性]	[＋保持性]

既然事件动词所表示的可持续动作都具有“终结性”，那么判断一个动词是属于事件动词还是属于状态动词的一个最常用的方法就是问这个动词所表示的行为动作 (或动作行为完成后所形成的状态) 持续了多长时间。相反，对于不存在“终结性”的状态，我们不能够问某一状态持续了多久了这样的问题。

判断一个动词是属于事件动词还是属于状态动词的一个最常用的方法是问这个动词所表示的行为动作 (或动作行为完成后所形成的状态) 持续了多长时间。[10] 举例来说，我们可以提问“刘强找那本小说找了多长时间了？”“刘

10 我们对《汉语水平词汇与汉字等级大纲》(北京语言学院出版社，1992年出版) 的甲级词 (1033个) 中的动词进行了统计分析。统计结果表明，在总共274个动词中，事件动词有237个，约占86%；状态动词有46个，约占17%。其中，状态动词包括“爱、表示、不如、差、朝、当、得、懂、反对、方便、该、感到、高兴、够、关系、过、好像、会、加、觉得、例如、了解、没、怕、认识、认为、是、说明、算、同意、为 (wéi)、为了、希望、习惯、喜欢、相信、想、像、向、姓、以为、有、愿意、在、占、知道”。事件动词主要由非状态动词组成，且由于数量较多，在此从略。从统计的结果来看，我们至少可以得出两点初步的结论：一是事件动词所占的比例要远多于状态动词所占的比例；二是某些动词既可以做事件动词，也可以做状态动词，如“当、得、该、过、说明、算、想、在、占”等。

强写作业写了多长时间了？”，但是我们却不能问“*刘强是中国人多长时间了？”“*刘强具有所有男人的优点多长时间了？”。*那么，“在”被分析为动词时，在其相应的语义层面上究竟是事件动词还是状态动词呢？我们认为“在”可以是方位事件动词，如“刘强在家”和“刘强在操场上”等中的“在”；也可以是方位状态动词，如“颐和园在海淀区”和“纽约在美国”等中的“在”。这是因为，对于“刘强在家里”，我们可以提“刘强在家里多长时间了？”，但是，对于“颐和园在海淀区”，我们一般却不问“*颐和园在海淀区多长时间了？”。可见，“刘强在家里”是一个表示方位处所的方位事件，但“颐和园在海淀区”却是一个表示方位处所的方位状态。[11]

如果我们分别用e和s来指事件和状态，那么“刘强在家”和“颐和园在海淀区”可以按照事件语义学的思路分别分析成如 (32) 和 (33) 的逻辑表达式。[12]

(32) ∃e∃x [**家**(e, x) ∧ **在** (e, **刘强**, x)]

(33) ∃s [**在** (s, **刘强**, **海淀区**)]

有了以上铺垫，我们再来考察“NP + 在 + 处所 + VP”句式中“在”的事件语义特征。我们在上一节的分析指出，从句法层次结构的分析来看，“在”可以是介词，也可以是动词。那么，从逻辑语义关系的角度看，前一个“在”关涉的对象是与宾语受事 (或主题等其他题元角色)，而后一个“在”关涉的对象却是主语施事。

进一步分析，我们可以发现，如 (28) 的句子所表示的是简单事件 (simple event)，而如 (29) 的句子所表示的则是复合事件 (compound event)。

(34) **简单事件**

例句：刘强在米饭里找一颗沙粒。

逻辑语义分析：∃e [**在** (e, **沙粒**, **米饭里**) & **找** (e, **刘强**, **沙粒**)]

(35) **复合事件**

例句：刘强在办公室里写论文。

逻辑语义分析：∃e[**在** (e, **刘强**, **办公室里**) & ∃e' [**写** (e', **刘强**, **论文**)]]

在 (34) 中，“在”涉及“刘强找一颗沙粒”这一事件的宾语受事所在的处所。而在 (35) 中，“在”涉及主语施事者，可能形成另一个事件。“刘强在办

11 Allen (1987：196) 持与 Parsons 相同的观点：“状态动词描写的是状态，不能自由地使用进行体来表示，……非状态动词描写的是事件，可以不受限制地使用进行体来表示。”(注：黑体部分是与原文字体保持一致的)

12 按照事件语义学的分析方式，把通常的 n 元谓词改变成 n+1元谓词，增加一个事件或状态论元。

公室里”这一涉及施事者处所的事件所延续的时间覆盖了“刘强写论文”的事件所延续的时间，前者这个“大”事件包孕了后者这个“小”事件。

根据上述的分析，(30)中句子的逻辑语义是有歧义的。换言之，这类句子既可表现简单事件，也可表现复合事件。所谓歧义事件句可以指对这类句子的语义分析，如(36)所示：

(36) **歧义事件**

例句：刘强在火车上写一条标语。

逻辑语义分析1：∃e [**在** (e, **标语**, **火车上**) & **写** (e, **刘强**, **标语**)]

逻辑语义分析2：∃e [**在** (e, **刘强**, **火车上**) & ∃e'[**写** (e', **刘强**, **标语**)]]

复合事件与简单事件之间最显著的区别在于，复合事件包含了一个以上的事件（最常见的情况是两个事件）。

当“刘强在火车上写一条标语”在句法上分析为“s (NP + vp (PP (在 + NP_loc) + VP (Vt + NP)))”时，这个句子在语义上相对应的逻辑表达式就是(36)中的逻辑语义分析1。用较为通俗易懂的话来讲，(15)中的逻辑式说的是主语论元(subj-argument)刘强“在某处做某件事”，重在说明事件发生的处所(参见朱德熙，1982：183；沈家煊，1999：98；陆俭明、沈阳，2003：419-422)[13]。当这个句子在句法上分析为“s (NP (刘强) + vp (PP (在火车上) + VP (写一条标语)))”时，它在语义上相对应的逻辑表达式就是(36)中的逻辑语义分析2，这个逻辑式说的是主语论元刘强“出现在某处并且做了某事”，重在强调刘强所处的方位及其相关行为。

在特定的复合事件中，事件与事件之间存在着某种较为恒定的关系。这种关系的具体表现之一就是事件间的时间关系。事件间的时间关系可以通过时段语义学(interval semantics)作出精确的描写。时点(moment of time)和时段(interval of time)是时段语义学中的基本概念。时段是由时点的集合所组成。从这个意义上说，时段可以看作是时点的派生概念。根据Cann (1993：235)所下的定义，对于任一时段的集合I来说：

(37) $I = \{ i \subseteq T \mid ((t_i \in i) \wedge (t_k \in i) \wedge (t_i < t_j < t_k)) \rightarrow (t_j \in i) \}$

当“NP + 在 + 处所 + VP”的句式表示的是复合事件时，其基本模式是涉及施事者处所的“大事件”包孕着另一个“小事件”。这种包孕关系体现为：小事

13 沈文和陆文是从认知心理学的完形理论和句式语法(construction grammar)的角度来讨论作为介词词组的“在 + NP_loc”出现于VP之前时句式本身所具有的整体意义。我们认为，对于句式意义的讨论，事件语义学的分析原理与句式语法的具有异曲同工的效果。

件的发生时间一定出现在大事件的持续过程当中。以句子“刘强在办公室里写论文”为例，“刘强在办公室里”这个大事件所持续的时间一定长于并包孕“刘强写论文”这个小事件所经过的时间。因此，我们可以通过以下的逻辑语义分析来描述这两个事件的上述关系。

(38) $\exists e\ \exists \mathbf{I}\ [\mathbf{I} \subseteq T_e$ & 在(e, 刘强, 办公室里) & $\exists e'\ \exists \mathbf{I}'\ [\mathbf{I}' \subseteq T_{e'}$ & $\mathbf{I}' \subseteq \mathbf{I}$ & 写 (e', 刘强, 论文)]]

(38) 中的时段 **I** 表示的是事件 e，即“刘强在办公室里”所持续的时间，时段 i' 表示的是事件 e'，即“刘强写论文”所持续的时间，而时段 **I** 与 **I'** 一定具有这样的关系：$\mathbf{I}' \subseteq \mathbf{I}$。对 (36) 中例句的逻辑语义分析 2 也可作类似的描述。

事件语义逻辑表达式的生成基础是类型理论，我们所需要做的就是在谓词的论元中添加一个表示事件的 e。由于添加了一个论元，不及物动词 Vi（或动词词组 VP）的语义类由原来的 <e, t> 提升为 <e, <e, t>>。及物动词 Vt 的语义类则相应地提升为 <e, <e, <e, t>>>。就总体的原则的而言，语义的生成过程遵守规则对规则的假设。但是事实上语义的生成过程中，根据实际分析的需要，不仅会出现需要提升语义类的情况，而且也会出现需要重新设定语义类的情况。(39) 中以“刘强在办公室里写论文”为例，对它所表示的复合事件的生成过程进行具体说明。

(39)

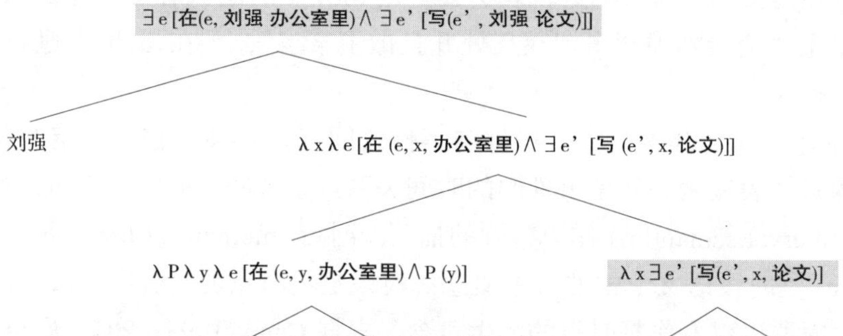

从 (39) 中可以看出，表示事件动词的“在”，其语义表达式是 $\lambda z \lambda P \lambda y \lambda e$ [在 (e, y, z) $\wedge$ P (y)]，其相应的语义类则是 <e, <<e, t>, <e, <e, t>>>>。(39) 中的阴影部分的逻辑表达式均为通过类重设而得来的。具体地说，“写作文”的逻辑表达式由“$\lambda x_2 \lambda e'$[**写** (e', x_2, **论文**)]”被重设为“$\lambda x \exists e'$ [**写** (e', x, **论文**)]”，其语义类也相应地由 <e, <e, t>> 被重设为 <e, t>。整个句子的逻辑公式由“ λe [**在** (e,

刘强, 办公室里) ∧ ∃e’ [**写** (e’, **刘强, 论文**)]]”被重设为“∃e [**在** (e, **刘强, 办公室里**) ∧ ∃e’[**写**’(e’, **刘强, 论文**)]]”，其语义类也相应地由 <e, t> 被重设为 t。类重设的具体操作方法是通过 (40) 中相应的阴影部分的逻辑表达式来体现的。

(40)

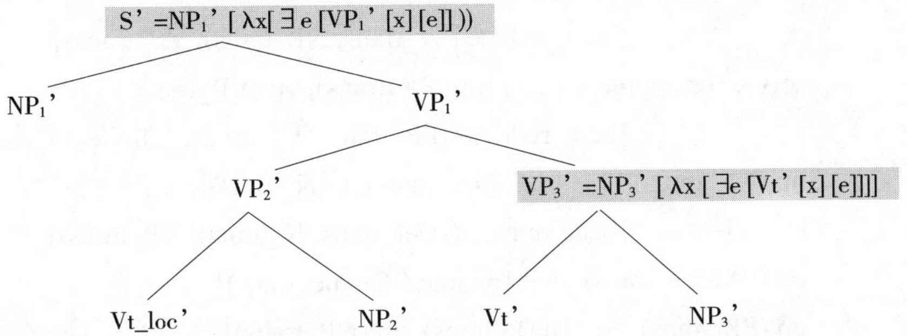

运用类重设的手段显然是为了在生成的过程中维护组合性原则 (principle of compositionality)，以保证生成过程的顺利完成。我们认为自然语言中的具体词汇在字典中都是各自特定的语义词条信息，采用类重设的目的就是要使得具有各自特定形式和特定语义类的逻辑词汇组合生成合格的逻辑翻译的公式。这种做法在面向计算语言学的逻辑语法研究中应用广泛 (Pereira & Shieber，1987)。我们在此所采用的类重设的具体做法得益于 Bridge et al. (unpublished) 在处理同类问题时做法的启发。不难看出，这种类重设的实质是类下降 (type-lowering) (详见吴平，2004)。

接下来，我们通过使用 BH-GR N来编写与句子“刘强在火车上写一条标语”相关的句法和语义规则。(41) 中的规则将使我们能够在 Prolog 语言中实现这个句子在逻辑语义层面上的歧义解读。

(41) **句法规则**

```
s (S_trans) --> [s (S_event_loc), s (S_event)],
                {beta_reduce ((S_event_loc & S_event), S_trans)}.
s (S_event_loc) --> [np (NP_trans), vp (VP_trans)],
                {beta_reduce ((NP_trans, X^exists (E, ((VP_trans, X), E))),
                S_event_loc)}.
s (S_event) --> [np (NP_trans), vp (VP_trans)],
                {bete_reduce ((NP_trans, X^exists (E, ((VP_trans, X),E))),
                S_event)}.
```

s (S_trans) ---→ [np (NP_trans), vp (VP_trans)],
{beta_reduce (NP_trans,X^exists (E, ((VP_trans, X), E))), S_trans)}.

vp (VP_trans) ---→ [vt (VT_trans), np (NP_trans)],
{beta_reduce (Vt_trans, NP_trans), VP_trans)}.

vp (X^Temp_trans) ---→ [pp (PP_trans), vp (VP_trans)],
{beta_reduce ((PP_trans, (VP_trans, X)), Temp_trans)}.

np (NP_trans) ---→ [det (Det_trans), n (N_trans)],
{beta_reduce ((Det_trans, N_trans), NP_trans)}.

np (PName_trans) ---→ [pname (PName_trans)].

pp (PP_trans) ---→ [p (P_trans), np (NP_trans)],
{beta_reduce ((P_trans, NP_trans), PP_trans)}.

词汇规则

det (Q^P^exists (X, [Q, X] & [P, X])) ==⇒ [yitiao].

n (X^[biaoyul, X]) ==⇒ [biaoyu].

np (P^exists (X, [huocheshang], X] & [P, X])) ==⇒ [huocheshang].

pname (P^[P, liuqiang]) ==⇒ [liuqiang].

vt (P^Y^S^[P, X^[zai2, S, Y, X,]] ==⇒ [zai].

vt (P^Y^E^[P, X^[xie1, E, Y, X]]) ==⇒ [xie].

p (P^P1^X1^[P, Y2^(zai1, X1, Y2] & [P1, X1])]) ==⇒ [zai].

在定子句语法中，所有的非终结符都可以带有由多个变元组成的复杂特征集，从而起到对规则的制约作用。我们从 (41) 中定子句语法的句法规则部分还可以看出，每一条句法规则还通过花括号中的测试条件来进一步约束规则的生成能力。测试条件在这里具体引入的是β-化归 (beta-reduction) 的概念。[14]所以说定子句语法是一种基于制约的语法 (constraint-based grammar)，采用制约的目的是试图避免上下文自由语法 (context-free grammar，简称CFG) 的缺点。上下文自由语法因其生成能力过强而会生成出不合语法的句子。除此之外，定子句语法在提出之初就充分考虑到了它的句法和词汇规则都能够直接成为 Prolog 语言的程序，而无需专门设计一个分析程序。因此，在 Prolog 语言中采用定子句语法的优越性便是显而易见的了。

14 所谓的β-化归就是通常所说的λ变换 (λ-conversion)。更为确切地讲，β-化归是指 $\lambda x[\alpha](\beta) \equiv \alpha'$，其中α’是使用β替代α中的x的结果。

我们在上一节讨论了对句子“刘强在火车上写一条标语”进行自动分析时会遇到“向左递归”的问题。又由于在执行这个句子的逻辑语义自动分析时会涉及高阶逻辑的情况，因此，在相关的程序部分，除了前文所介绍过的 (22) 中的程序之外，我们还需要加入移进归—约算法执行高阶逻辑时的定义 (详见Bridge et al. (unpublished))，如 (42) 所示。

```
(42) beta_reduce (Var, Var) :-
         var (Var),!.
     beta_reduce ((Arg^Expr, Arg), NewExpr) :-!,
         beta_reduce (Expr, NewExpr).
     beta_reduce ((Functorl, Arg1), Arg2), NewExpr) :-!,
         beta_reduce (( Functor1, Arg1), Functor2),
         beta_reduce ((Functor2, Arg2), NewExpr).
     beta_reduce ((Functor1, (Functor2, Arg1)), NewExpr) :-!,
         beta_reduce ((Functor2, Arg1), Arg2),
         beta_reduce ((Functor1, Arg2), NewExpr).
     beta_reduce (Var^Expr, Var^NewExpr) :-!,
         beta_reduce (Expr, NewExpr).
     beta_reduce (~(Expr), ~(NewExpr)) :-!,
         beta_reduce (Expr, NewExpr).
     beta_reduce (QuantExpr, NewQuantExpr) :-
         QuantExpr =..[Qfier, Var, Body],
         quantifier (Qfier),!,
         beat_reduce (Body, NewBody),
         NewQuantExpr =..[Qfier, Var, NewBody].
     beta_reduce (CompExpr, NewCompExpr) :-
         ComExpr =..[Connective, Expr1, Expr2],
         connective (Connective),!,
         beta_reduce (Expr1, NewExpr1),
         beta_reduce (Expr2, NewExpr2),
         NewCompExpr =..[Connective, NewExpr1, NewExpr2].
     beta_reduce (Pred | Args], NewExpr) :-
         atomic (Pred),!,
```

```
    NewExpr = ..[Pred | Args].
beta_reduce ([Functor, Arg], NewExpr) :-!,
    beta_reduce ((Functor, Arg), NewExpr).
beta_reduce ([Expr], NewExpr) :-!,
    beta_reduce (Expr, NewExpr).
beta_reduce (Expr, Expr).
```

(43) 是应用 (42) 和 (22) 的程序执行 (41) 中的句法和词汇规则所得出的语义自动分析的实现结果。符号 _A、_B、_C 和 _D 都是 Prolog 语言中常见的变项。存在量词"∃"在 Prolog 语言中表示为"exists"。

```
(43) a. | ?-parse ([liuqiang, zai, huosheshang, xie, yitiao, biaoyu], X).
        X= s (exists (_A, exists (_B, huocheshang1 (_B) & zai1 (_A, _B) &
            exists (_C, biaoyu1 (_C) & xie1 (_A, liuqiang, _C)))))?
        yes
     b. | ?-parse ([liuqiang, zai, huocheshang, liuqiang, xie, yitiao, biaoyu], X).
        X=s (exists (_A, exists (_B, huocheshang1 (_B) & zai2 (_A, liuqiang, _
          B))) & exists (_C, exists (_D, biaoyul (_D) & xie1 (_C, liuqiang, _D))))?
        yes
```

4. 结语

我们在本文中首先对比了方位关系歧义在英、汉两种语言中的不同句法特征。方位关系歧义在英语中通常是由介词附属关系的不同所造成的，并且表示方位关系的介词词组在句法的线性语序中的位置是出现在 VP 之后。汉语中表示方位关系的"在 + NP_loc"通常出现在 VP 之前，其句法成分被认为既有可能分析成 PP 又有可能分析成 VP，并且会由此造成汉语中的方位关系歧义现象。

在语义层面上，我们采用的是事件语义学的分析手段。表示方位关系歧义的逻辑式与句法的结构层次分析相互对应。根据逻辑分析所提供的信息，我们可以清楚地看到，"在 + NP_loc"既能够表示事件发生的场所又能够表示主语论元出现的场所。

参考文献

Allen, J. (1987). *Natural language understanding*. Menlo Park: Benjamin/Cummings.

Bach, E. (1976). An extension of classical transformational grammar. In Saenz, R. (ed.), *Problems in linguistic metatheory: Proceedings of the 1976 conference at Michigan State University*. Department of Linguistics, Michigan State University, 183-224.

Bridge, D., & Harlow, S. (Unpublished). *An introduction to computational linguistics*.

Cann, R. (1993). *Formal Semantics: An Introduction*. Cambridge: Cambridge University Press.

Clocksin, W., & Mellish, C. (1981) *Programming in prolog*. Berlin: Springer-Verlag.

Colmerauer, A. (1978). Metamorphosis grammars. In L. Bole (ed.), *Natural language communication with computers: Lecture notes in computer science* (pp. 133-89). Berlin: Spring-Verlag.

Dowty, D. (1979). *Word meaning and Montague grammar*. Boston: Reidel.

Givón, T. (1990). *Syntax: A functional-typological introduction* (Vol. 2). Amsterdam: John Benjamins.

Goldberg, A. E. (1995). *Construction: A construction grammar approach to argument structure*. Chicago: University of Chicago Press.

Janssen, T. M. V. (1997). Compositionality. In J. van Benthem, & A. ter Meulen (eds.), *Handbook of logic and language* (pp. 417-470). Amsterdam: Elsevier.

Kiparsky, C., & Kiparsky, P. (1971). Fact. In Steinberg, & Jacibivitz (eds.), *Semantics: An interdisciplinary reader*. Cambridge: Cambridge University Press.

Lappin, S. (ed.). (1996). *The handbook of contemporary semantic theory*. Oxford: Blackwell Publishers.

Parsons, T. (1990). *Events in the semantics of English: A study in subatomic semantics*. Cambridge & Londong: the MIT Press.

Partee, B. H. (2004). *Compositionality in formal semantics: Selected papers by Barbara H. Partee*. Malden: Blackwell Publishing Ltd.

Pereira, F. C. N., & Shieber, S. M. (1987). *Prolog and natural language analysis: CSLI lecture notes 10*. Chicago: University of Chicago Press.

Pereira, F. C. N., & Warren, D. H. D. (1980) Definite clause grammars for language analysis—a survey of the formalism and a comparison with augmented transition networks. *Artificial Intelligence* 13, 231-78.

Vendler, Z. (1967). *Linguistics in philosophy*. New York: Cornell University Press.

Xu Liejiong, & Lee, T. (1989). Scope ambiguity and disambiguity in Chinese. In *Papers from the 25th Chicago Linguistic Meeting of the Chicago Linguistic Society*, 451-65.

陈宗明 (1993)，《汉语逻辑概略》，北京：人民出版社。

储泽祥 (1997)，《现代汉语方所系统研究》，武汉：华中师范大学出版社。

崔希亮 (2001a)，“在”与空间方位场景的句法表现及语义映射，《中国语言学报》第10期。

崔希亮 (2001b)，《语言理解与认知》，北京：北京语言文化大学出版社。

戴浩一 (1988)，时间顺序和汉语的语序，《国外语言学》第1期，黄河译。

范继淹 (1986)，论介词短语“在 + 处所”，《范继淹语言学论文集》，北京：语文出版社。

方经民 (1999)，论汉语空间方位参照认知过程中的基本策略，《中国语文》第1期。

方　立 (2000)，《逻辑语义学》，北京：北京语言文化大学出版社。

黄华新 (2005)，《逻辑与自然语言理解》，长春：吉林人民出版社。

陆俭明、沈阳 (2003)，《汉语和汉语研究十五讲》，北京：北京大学出版社。

吕叔湘 (1979)，《汉语语法分析问题》，北京：商务印书馆。

孟庆海 (1986)，动词 + 处所宾语，《中国语文》第4期。

齐沪扬 (1994)，“N + 在 + 处所 + V”句式语义特征分析，《汉语学习》第6期。

齐沪扬 (1998)，《现代汉语空间问题研究》，学林出版社。

沈家煊 (1999)，“在”字句和“给”字句，《中国语文》第2期。

沈家煊 (2000)，句式与配价，《中国语文》第4期。

沈　阳 (1998)，带方位处所宾语的动词及相关句式，《语言学论丛》第20辑，北京：商务印书馆。

施关淦 (1980)，关于“在 + Np + V + N”句式的分化问题，《中国语文》第6期。

王政红 (1988)，“在 + Np + V + N”句式的歧义原因，《南京师大学报》第2期。

吴　平 (2003)，英语结构歧义在 Prolog 语言中歧义消解方案，《外语与外语教学》第6期。

吴　平 (2004)，“含有量化名词词组的及物性结构的语义分析及其在自然语言处理中的实现问题”，《语言科学》第1期。

吴　平 (2004)，“NP + 在 + 处所 + VP”句式的逻辑语义分析，《哲学动态》逻辑专刊。
俞咏梅 (1999)，论“在 + 处所”的语义功能和语序制约原则，《中国语文》第1期。
张　赪 (2002)，《汉语介词词组词序的历史演变》，北京：北京语言文化大学出版社。
朱德熙 (1980)，汉语句法里的歧义现象，《中国语文》第2期。
朱德熙 (1981)，“在黑板上写字”及相关句式，《语言教学与研究》第1期。
朱德熙 (1982)，《语法讲义》，北京：商务印书馆。
邹崇理 (1995)，《逻辑、语言和蒙太格语法》，北京：社会科学文献出版社。
邹崇理 (2002)，《逻辑、语言和信息》，北京：人民出版社。

《语言的动态性》介绍

刘　伟

Ronnie Cann、 Ruth Kempson 与Lutz Marten合著的《语言的动态性》(*The Dynamics of Language*) 2005年由 Elesvier 出版社出版。该书是继2001年出版的《动态句法：语言理解的流动性》(*Dynamic Syntax: The Flow of Language Understanding*，著者：Ruth Kempson、 Wilfried Meyer-Viol、 Dov M.Gabbay) 之后的又一部关于动态句法的专著，它延续了《动态句法：语言理解的流动性》一书中所建立的动态句法的基本思想，即从构建话语释义的角度来解释语言的结构特征。但该书的写作宗旨与《动态句法：语言理解的流动性》有所不同，具体体现在两个方面：一是把目标读者圈定为语言学研究者，关于形式化的内容尽量做到言简意赅；二是注重把动态句法的形式系统应用于尽可能广泛的语言问题，如以日语为代表的中心语在后语言的句法难题，以及如何模拟被心理语言学家列为一大挑战的日常会话。

全书共分九章。其中第一章是全书的出发点，阐明动态句法把解析作为基本语言能力的论点，第二至第四章为动态句法技术细节；第五到第八章分析具体语言事实；第九章总结动态句法如何解释理论语言学所需解答的一些理论问题。

第一章首先阐明动态句法的语言知识观，即所谓语言能力，就是处理语言输入的能力，也就是解析语言的能力；语言产出的过程与解析过程相似，唯一的区别是说话人知道要说什么。这种语言知识观更符合大众对语言知识的理解，因为对大多数人来说，掌握一门语言意味着可以听懂别人说的话并可以用这门语言进行交流。动态句法认为，语言的组合性问题和以代词为代表的语境依赖问题直接反映了语言在语境中使用的特点，个体语言的结构特征都可以用在语境中构建逐渐扩展的结构来解释。解析是语言官能的基本任务，句法和语义的解释都应从语言处理的动态性角度重新审视。动态句法定义了树扩展 (tree growth) 的概念，反映了实时处理语言输入的动态过程，并在这一动态过程中解释自然语言的结构特征。

第二章介绍了动态句法的形式模型, 包括如何构建语义内容表征，以及语义内容表征扩展的过程和技术细节。动态句法建立的形式模型模拟的是在一定语境中按从左到右的线性顺序构建语句信息内容的过程，所采用的模型构件是句法学界常用的树结构，但是树结构中节点的修饰是句子的逻辑式或组成该逻辑式的次名项 (subterm), 表示的是句子及词语的释义，而不是语法范畴或词语本身。节点的修饰中包括语义内容、语义类别和节点关系标示，其中语义内容由 Fo(X) 表示，如 Fo(sing’(John’)) 表示的是 John sang 的语义内容；语义类别由 Ty(X) 表示，如 Ty(t) 表示当前的表达式指谓的是真值 (truth value)；节点关系由 Tn(X) 表示， 如 Tn(0) 表示根节点。动态句法构建的形式模型最重要的特点是动态性，具体体现在树结构是从最初只含一个根节点的部分树逐步扩展为根节点由命题逻辑式修饰的完整树图，驱动树结构扩展的是节点上的需求 (requirement)、词项行为和计算规则。所谓需求，是指当前节点或相关节点上所要满足的目标，在不断满足需求的过程中，解析过程得以扩展。动态句法对词项的处理符合近年来“大词库小语法”的趋势，词项在句法中起到更重要的作用。词项信息既包括语义内容，又可添加需求或构建部分树。计算规则定义的是从一个部分树转换到另一个部分树的过程，其作用可能是消除需求、移动表示当前节点的指针或者整合终端节点上的信息。本章对技术细节的描述力求深入浅出，尽可能以非形式化的语言解释形式化的工具，并以简单句、内嵌句、左向外置结构和照应语为例加以说明。本章的最后一节定义了动态句法模型中的合式性 (well-formedness) 的概念。如果一个语串可构建出根节点语义类型为 t 的命题逻辑式，并在构建的过程中应用了语串中所有词语的词项行为，而且最终的树图中不含有未满足的需求，那么这个语串是合乎语法的；否则，语串不合乎语法。

第三章以英语关系从句为例，介绍动态句法如何应用标示不足 (underspecification) 的概念解释句法现象。动态句法中的标示不足包括两种，一是树图位置的标示不足，二是语义内容的标示不足。前者是指一个待定节点 (unfixed node)，即在最终的根节点语义类型为 t 的树图中位置暂时不确定的节点；后者是指由元变量 (metavariable) 修饰的语义内容，将由语境中提供的信息来赋值。待定节点是解释长距离依赖的关键，而语义标示不足是解读照应语的关键。动态句法对关系从句的处理体现了这两种标示不足之间相互作用的关系。

与生成语法、中心语驱动短语结构语法以及词汇功能语法所不同的是，动态句法不是认为树图中存在一个专门位置，由句子中左向易位成分 (left-dislocated expression) 占据，并与句子结构中的某个节点存在映射关系。因此，动态句法处理关系从句时，不是把关系子句连词分析为变量约束的算子，而是通过链接 (LINK) 操作，复制中心语投射的名项，从而构建结构之间的照应关系。第四章和第五章就是在这种思想指导下考察不同语言的关系从句和右向外置结构。在对这些结构给出解释的同时，从释义过程如何更新的角度，来探讨语言的共性与个性。

第四章以关系从句为例，解释照应关系与结构构建过程之间相互作用的机制，并探讨不同语言在这一相互作用过程中可能存在的差异。就关系从句而言，不同语言之间的差异主要体现在两个方面，第一是关系词的照应属性，第二是局域性限制 (locality constraint)。在有些语言中，如英语，关系词本身就可以提供中心语所投射的名项的拷贝，因此关系从句中不需要出现复指代词；而在另一些语言中，如阿拉伯语，关系词只是起到引入链接操作的作用，中心语名项的拷贝要由其他照应手段提供，如复指代词。此外，还有些语言中的关系词兼具英语和阿位伯语关系词的特点，如爱尔兰语和希伯来语。局域性限制涉及的是中心语投射的名项的拷贝所出现的位置。在有些语言中，如英语，要求中心语名项的拷贝处在与中心语链接的链接结构中，阿拉伯语则没有这种要求。本章第二部分把研究视角转向左向外置成分，并提出了动态句法对于主题和焦点这两个概念的理解。动态句法认为主题是一种语境，主题后句子成分的解析是对这种语境的更新。焦点则是对某个语境的更新。动态句法用待定节点和链接结构的概念来分析主题和焦点效应。

第五章以右向外置 (right-periphery) 为例，进一步考察照应与语义结构构建过程之间的相互作用。在解释右向外置结构时，所使用的形式化工具依然是*加接规则引入的待定节点和链接规则所构建的链接结构。从这个意义上说，动态句法对左向和右向外置结构作出了一致的解释。该章关注的语料都与代词性成分有关，如代词复现 (pronoun doubling)、整句外置 (sentential extraposition)、主语倒装 (subject inversion) 以及右向节点提升 (right node raising)。第五章的第六小节对比了动态句法与其他理论框架的异同。首先，动态句法中只有语义表征，只有构建逻辑式一个层面。其次，动态句法是以限制 (constraint) 为基础的，对于语料相对宽松，依靠其他限制，比如语用的限制，来决定语料是否可接受。最后，动态句法最大的特点是其内在的动态性，它反映了解析的动态过程。

第六章和第七章把视角转向了英语之外的语言。第六章从动态解析的角度解释日语的一些句法难题，如关系从句、左向及右向外置结构、词序变化。第七章研究的是斯瓦希里语的一致 (agreement) 和并联 (conjunction)。与英语不同的是，日语是中心语在后的语言。日语句子是一种“平铺”结构，名词组的位置相当灵活。日语关系从句的中心语在后。斯瓦希里语最为显著的特点在于其名词类系统和形态复杂的动词形式，名词组与动态之间在形态上存在关联。由于存在这些差异，日语和斯瓦希里语词语的词项行为、计算规则的具体形式，都与英语有所不同。但是，词项行为或计算规则形式的变化是动态句法系统内部的自然推导，而且尽管形式上存在差异，在解释日语和斯瓦希里语的句法结构时，保持不变的是渐进地按时间顺序线性地投射语义结构。第六章和第七章体现了动态句法的语言共性观，即所有自然语言释义的过程都是目标驱动的。自然语言语串释义的目标是构建语义类型为 t 的命题逻辑式，语义结构的构建过程是动态的。此外，这两章的内容也说明，动态句法兼顾句法、语义和语用。在解释复杂的语料时，动态句法允许在构建语义表征的句法过程中融入推理 (inference)、溯因 (abduction) 和替代 (substitution) 这样的语用过程。

第八章进一步考察句法、语义和语用之间的相互作用，所研究的语料是英语的系动词结构。英语系动词“be”有多种释义，如表示等同、传达时态和一致信息、表示存在等。该章对“be”的语义内容进行了定义，把它统一地处理为一阶谓词，其语义内容是一个元变量，元变量的值从语境中通过替代等语用方法获得。

第九章初步探讨了动态句法需要回答的一些理论问题，如句法与语义接口问题、解析与语言产出之间的关系问题、语言知识与通用认知系统之间的关系问题。

动态句法把语义表征看成自然语言句法理论的基础，试图把语言处理的动态性应用于解释句法现象，通过在语境中构建语串内容表征的动态过程解释语言的句法特征。动态句法认为，从语音序列按线性时间顺序解析出内容表征的动态过程决定了自然语言语法的形式特征。如果把自然语言的句法定义为构建表示语境中意义的结构的过程，则自然语言并非如 Chomsky (1995) 所说是不完美的；相反，自然语言让人类从部分信息开始，实时地、渐进地构建信息，直到构建出完整的信息内容。从这个意义上说，自然语言是完美的。

动态句法认为，在解析与产出中，解析是更基本的活动，语言产出是以解析来定义的。解析是在一定语境中进行的。因此，语境在动态句法中有重要的意义。第九章第二节把语境定义为一种心智状态，其信息来源于交际行为发生的物理语境、任何先前的话语，也包括关于交际参与者的知识。第三节以会话为例，说明动态句法如何把话语产出解释为与解析模式相似的渐进过程。第四节从语境更新的角度来定义合式性，认为合乎语法的句子情况有所不同。有些句子在所有语境中都合乎语法，而另一些句子只在某些语境中合乎语法，如各类省略性话语。

第九章的最后一节就理论语言学所关注的语言习得、语言变化和语言进化提出了看法。关于语言习得，动态句法认为语言系统不是封闭的。语言结构上的机制与通用认知机制之间相互作用，共同解释解析装置的内在特征。在语言习得过程中，首先出现的是语言处理，然后是话语输出。当解析装置足够丰富，可以从语音序列构建结构表征时，在理论上就可以期待话语输出的发生。

语言变化涉及语言系统内及系统外的因素，如语用因素。动态句法从构建语义结构的角度解释语言现象，对语言变化的解释与心理语言学相似。一方面，从语言系统内部看，动态句法允许任何个别语言内部存在多种解析策略，这种灵活性在解释语言变化方面存在优势，因为这样交际双方可用不同的方式提取同样的内容，不会削弱个别语言系统的有效性。这是语言变化渐进发生的基础。

动态句法把句法定义为按时间顺序渐进地构建语义表征的过程，认为语言产出的机制也是如此。这样，关于语言进化机制的一些问题就不再存在，如为什么句法和语义机制的属性相互分离而且互不匹配，构成语言官能的句法的词汇如何在语言出现前就存在，或者句法的专业词汇是怎样从通用推理机制推导出来的。总之，动态句法可能为语言进化提供新的解释。

参考文献

Kempson, R., Meyer-Viol, W., & Gabbay, D. (2001). *Dynamic syntax: The flow of language understanding*. Oxford: Blackwell Publishers.

Cann, R, Kemspon, R., & Marten, L. (2005). *The dynamics of language*. London: Elesvier Academic Press.

由接纳在先设投射中的作用看语义-语用接口

王广成

1. 关于接纳

Lewis (1979：172) 注意到，说话人若要说出一句让别人不能理解的话，并非像人们想象的那么容易。通常的情况是，即便说话人的话缺少了某些必要的背景信息，但听话人还是会很快地把所缺信息弥补出来，以最终理解说话人的相关意旨。如：

(1) a. My dog is at the door.

  b. I have a dog.

(2) a. I just stopped smoking.

  b. I used to smoke.

(1a)、(2a) 说出时，即便听话人事先对于说话人有没有狗、吸不吸烟等背景一无所知，但他还是会很容易理解并接受这两句话，因为在此之前，他已经把 (1b)、(2b) 这种相关背景信息补充到背景中去了。

语言学上把 (1b)、(2b) 代表的这种“说话人说某一句子时持有的假设”称作先设 (presupposition，又译预设、前提) (沈家煊，2000：283)。把诱发先设的有

定描述语 (如 "my dog")、事实性动词 (factive verb, 如 "stop") 等称作先设触发语 (presupposition trigger)。当然，本文关心的并不是先设如何产生，而是在 (1)、(2) 那种语境中，先设是如何被接纳 (accommodate) 进背景中的。

接纳理论最早为 Lewis 提出，他把接纳定义为：如果在时间t说某话要求先设 P，而 P 并没有在 t 之前被先设，则在其他情况相同、一定的限制内，接纳先设 P (Lewis, 1979：172)。换言之，任何言语形式都有其出现的适切性条件或者是用法限制，接纳理论的作用就在于把表面上违背了这种限制的言语进行修复，是会话过程中的一个修复过程 (Levinson, 2000: 60；Jaszczolt, 2004: 180)。显然，接纳理论是为了考察先设而提出的。为了更好地认识它们之间的关系，我们看一看 Heim是怎样定义的：

> 句子 Σ 先设 ϕ 当且仅当所有允准 Σ 的语境都蕴涵 ϕ 。如果语境 c 为真，允准 Σ，并且添加了 Σ 的 c 亦为真，那么 Σ 对于 c 为真。但如果 Σ 在不允准它的语境 c 说出，则受话人要把 c 调整为 c'，c' 和 c 相近，且和 Σ 相容。(转引自 Horn & Ward, 1999: 663))

这种调整就是我们说的接纳。值得注意的是，先设接纳须服从一定的限制。Kadmon (2001：20) 把这种限制概括为一致性 (consistency) 和相关性[1]。一致性要求所接纳的先设不能同背景中已有的信息发生矛盾；相关性要求所接纳的信息必须是和背景信息相关。违反了限制，先设则不能被接纳，最终导致话语不可接受。试对比：

(3) When the beggars came to town, the rich folk went to the shore. But soon the beggars came after them, so they went home.

(4) You know what, next year my uncle will come to Mars!

根据 "come" 和 "go" 的用法规则，听话人会得出这样的判断：(3) 中第一句的空间参照点是 "town"，第二句的参照点是 "the shore"。听话人这种对说话参照点的转移，就是进行适当的先设接纳的结果。相反，对于句 (4)，由于听话人很难或无法作出参照点是火星的先设假设，最终这句话变得很难接受。

总之，正如 Kadmon (2001：78) 指出的那样，先设接纳是一种语用过程，是为了弥补语义理论描写某些现象的不足而不得已采取的一种策略。因此，尽管

1 Kadmon 的原话是："There are constraints on accommodation which require that new material added to the common ground be related to material which is already in it." Kadmon 用的是心理学概念 bridging，根据意思，笔者译为"相关性"。

不同理论对可以进行接纳分析的程度分歧很大，但大都承认接纳的作用，主张应严格限制接纳的运用，否则语义理论就会失去其应有的解释作用 (Chierchia，1995：193)。本文的目的就是通过考察接纳策略的应用，以说明语义和语用之间的关系，最终为语义－语用接口研究带来某种启示。

2. 先设投射问题：几种解决方案及问题

逻辑语义学的一个基本观点是，某个大的语言单位可以看作是构成它的子单位的函数。那么子单位的先设能否以及如何通过组合性原则 (compositionality) 投射到大单位上去呢？这就是文献中常提到的先设投射问题。总的看来，对于先设投射问题大体上有三种观点：一是以Stalnaker (1974)、Kattunen (1974)、Karttunen & Peters (1979) 以及 Heim (1983) 等为代表的渗透说 (filtering approach)，一种是以 Gazdar (1979) 为代表的取消说 (cancellation approach)，还有一种是 Soames (1982) 提出的合成说 (synthesis approach)。然而，照 Kadmon (2001) 看来，无论单纯是哪一种方法，在处理语言事实或理论自身上都存在着种种缺陷。在详细讨论了以上各种方法之后，她倾向于渗透说。但也同时指出，语用因素，如元语言算子和接纳，都在先设投射中发挥了重要的作用，应设法把它们纳入渗透说的框架之内。

2.1 渗透说

Stalnaker 和 Karttunen 均把先设看作是对语境的一种要求。他们对先设的定义是：B 是句子 S 的先设当且仅当 S 只能在蕴涵 B 的语境中适切地说出。当然，根据这样一种定义，他们都认为先设是不可取消的。但认为先设不可取消，并不等于说子句的先设一定要投射到整个句子上去。渗透指的正是这样一种现象：由于子句的先设已经在局部满足，而不必再投射到整句中去(Kadmon，2001：132)。如：(p、q 分别代表复合句中的先后两个子句，ps (q) 表示 q 的先设，下同)

(5) a. Somebody has solved the problem and it is Lauri who solved it.

b. If the problem has been solved, then it is Lauri who solved it.

c. ps (q): Somebody has solved the problem

(5a, b) 中的 q 子句都先设 c，可它并没有投射到 a、b 两个整句中去，原因就在于 c 已经为两句的子句 p 所蕴涵。

虽然渗透说可以对大多数子句先设没有被投射为整句先设的现象进行预测，但对于子句先设没有被渗透却仍然没有投射到整句中的大量语言事实仍无法进行解释。如：

(6) a. It is possible that John has children and it is possible that his children are away.

b. ps (q): John has children.

(6a) 中，由于 p 并没有蕴涵 ps (q)，按照渗透说的预测，ps (q) 理应投射到整句中，然而事实却恰恰相反。

2.2 取消说

和渗透说的观点相反，Gazdar (1979) 提出的取消说认为先设是可以取消的。其基本假设是：先设触发语激发的只是可能的先设，如果该先设同语境中已有的信息，或者是与包含触发语的整个句子的会话含义相矛盾，则该先设将会被取消 (转引自Kadmon, 2001：133)。取消说优于渗透说的原因之一，在于它能很好地解决对渗透说构成威胁的例 (6)：根据取消说，先设 (6b) 只是 his children 诱发的一种可能性先设，而 possibly S 的会话含义是 S 不一定为真，这显然产生矛盾，最终导致先设被取消。当然，取消说也并非没有问题，请看下句：

(7) a. If John has twins, Mary will not like his children.

b. ps (q): John has children.

因为 p 蕴涵 ps(q)，所以过滤说可以很容易地准确预测到 ps (q) 并没有投射到整句中去。而照取消说，if S 的会话含义是 S 不一定为真，即 John 不一定有双胞胎，但这并不同 ps (q) 相矛盾 (因为 John 完全可以有不止一个孩子，但不是双胞胎)，无法准确预测到 ps (q) 被取消。

事实表明，取消说只适用于 p 是 ps (q) 的必要条件时的情况，对于其他情况却无能为力。除此之外，Kadmon (2001：136-137) 还从语言直觉、理论基础等多方面对取消说提出了批评。

2.3 合成说

基于渗透说和合成说各自面临的尴尬，Soames (1982) 提出了一种把两种策略联合起来的方法，即合成说。那么，究竟应该是先渗透后取消，还是先取消后渗透？Soames主张是后者，而照Kadmon看来，由于取消说存在的多方面的问题，不可能成为解决先设问题的办法，因而也就不存在合成说[2]。

2 甚至在基本的语言事实方面，Kadmon 也不同意 Soames 的看法。有兴趣的读者可参阅 Kadmon (2001: 140-142)。

3. 接纳在先设投射解释中的作用

如前面一节所示，无论单纯哪一种方法，在解决先设投射问题上都存在着缺陷。普遍认同的观点是，先设既不单纯是语义的，也不是语用的，任何语义或语用孤立、静止的研究都是徒劳的。在当前的形式语言学理论中，对此有两种不同的动态方法。一种是以 Karttunen、Heim、Beaver、Chierchia、Van Eijck 等为代表的语境满足法 (contextual satisfaction approach)。该方法是在一个动态的语义框架内引入某种偏序形式 (a form of partiality)，在语用因素 (如接纳) 的介入下，解决先设投射问题 (Krahmer, 1998：149)。另一种以 Van der Sandt (1992) 为代表，其基本思路是把先设看作照应语，在话语表达理论 (Discourse Representation Theory：DRT) 框架内，用处理照应语的办法来解决先设投射问题。在本节中，先介绍两种不同的接纳处理，然后再介绍这两种方法是如何解决先设投射问题的。

3.1 全面接纳(global accommodation)与局部接纳 (local accommodation)

在介绍两种接纳之前，我们有必要简单介绍一下 Heim 的语境变化函数 (context change potentials: CCP)。Heim (1981；1982) 文档变化语义学 (file change semantics) 的一个基本假设是：一个句子的语义值并非其真值条件内容，而是它在扩展一个现存语篇中所发挥的作用。因为当我们把一个句子加入进某个语篇中时，得到的是另一个语篇。因此，动态地看，一个句子的语义值是从文档到文档的函数，即语境变化函数。用形式化的语言表达就是: 设文档 F，逻辑表达式 p，则 F+p 代表在文档 F 中添加了 p 的结果 (Kadmon，2001：43)。

Horn (1985：132) 区分了两种不同的否定，逻辑否定 (8a) 和元语言否定 (8b) (logical negation vs. metalinguistic negation)：

(8) a. The king of France isn’t bald.
  b. The king of France isn’t bald—there is no king of France!
  c. There is a king of France.

(8b) 中的否定词 not 并不是否定 The king of France is bald 这样一个命题，而是说这句话是不合适的[3]。元语言否定的这种不同还表现在先设投射上：a 先设c，但 b 并不先设 c。为何如此？Karttunen & Peters (1979：47) 把它归结为否定的歧义性：逻辑否定只否定命题内容，维持先设，得出通行 (hole) 解读; 元语言否定是

3 举一个汉语的元语言否定例子：
——你看，那个人长得真像赵本山。
——他哪是像赵本山——他就是赵本山！

把命题内容和先设一起否定，得出先设堵塞 (plug) 解读。但把否定看作歧义性的，仍无法预测在哪种语境中应该得出哪种解读。为此，Heim (1988：401)通过区分全面接纳和局部接纳，并把全面接纳看作是常规解读[4]，来解决否定结构中的先设投射问题。否定的 CCP 是：

(9) $c + \text{not } S = c - (c + S)$

设S的先设为p，在计算c + not S时，有两种选择：一是把所有的 c 都调整为 c + p，即全面接纳；一是只在计算 c + S 时把 c 调整为 c + p，即局部接纳。分别把两种情况应用于 (9)，得出 (8a, b) 的语义解读如下：

(10) a. 全面接纳：$c + \text{not } S = c - (c + S) = c + p - (c + p + s)$[5]
　　b. 局部接纳：$c + \text{not } S = c - (c + S) = c - (c + p + s)$

这样，通过运用两种不同的接纳策略，解决了否定结构中的先设投射问题。

3.2 语境满足法

从本质上讲，所谓语境满足法实际上是一种语义的方法，只不过适当地考虑了一些譬如接纳等之类的语用因素。这种方法为大多数语义学家所使用，前面小节介绍的 Heim 对歧义结构的分析就属这样一种方法。本小节我们再介绍 Chierchia (1995：55-57) 利用这种方法对某些语言事实的分析。先看例句：

(11) a. Everyone$_i$ who sees (the man with the red mustache)$_j$ insults him$_j$.
　　b. Everyone$_i$ who sees (the man that betrayed him $_i$)$_j$ insults him$_j$.

按照文档变化语义学的观点，有定描述语在文档中并不引入新的所指对象，而是依赖原有的文档卡片，否则就必须进行接纳。对 (11a) 而言，听话人可以毫不费力地通过全面接纳改变对整个句子进行处理的语境，得出这样的一种语义解释："There is a (unique) man with a red mustache, and everyone who sees him insults him." 对于 (11b)，似乎我们也可以仿照 (11a) 的办法通过全面接纳使 (the man that betrayed him)$_j$ 出现在文档中，得出语义解释 "Everyone who sees this universal traitor insults him"。但问题是，在实际语境中，很难得出这样一种解读，至少大多数人的语感认为 j 在本句中并没有特定的所指。这时，我们只能进行局部接纳。(11b) 经过不同的接纳处理后的结果分别是 (12a 和 12b) (括号

4 对于全面接纳和局部接纳的优先性问题是有争议的。详请参阅 Kadmon (2001：171-174)。
5 (10a) 说的大体是：所有存在着一个法国国王且法国国王不是秃头的可能世界 (语境)；(8b) 说的大体是：除存在着一个法国国王且法国国王是秃头这样的世界外所有的世界。

“[ ]”代表量词的限制语和辖域 (restriction vs. scope）。

(12) a. 全面接纳

(man that betrayed $him_i)_j$

every [one_i (t_i sees x_j)] [t_i insults him_j]

b. 局部接纳

every[one_i (man that betrayed $him_i)_j$ (t_i sees x_j)][t_i insults him_j]

可以看出，(12a) 中，由于全面接纳的作用，j 被置于句子的最高层，没有受到 every 的约束，只能表示 the universal traitor 的含义；相反，(10b) 中，由于 j 受到了every 的约束 (在其限制语内)，具有了全称意义，可以得出所需要的语义解释。

3.3 作为照应语的先设投射

Van der Sandt (1992；转引自 Krahmer，1998：149-155) 解决先设投射问题的基本思路是把先设看作照应语，用 DRT 处理照应代词的方法来分析先设问题。该理论认为，先设投射要么是受约束，要么是进行接纳，利用约束和接纳巧妙的结合来解释先设投射。具体地讲，建立一个先设分解算法 (presupposition resolution algorithm)，可分为依次进行的如下三个步骤：

(13) a. 尽可能从低位来约束先设的 DRS。

b. 如果约束先设的 DRS 失败，则尽可能从高位进行接纳。

c. 如果约束和接纳都失败，最终放弃。

下面我们以实例来解释 (13) 的运用。

(14) a. If France has a king, then the king of France is bald.

b. ps(q): There is a king in France.

DRS (i)：

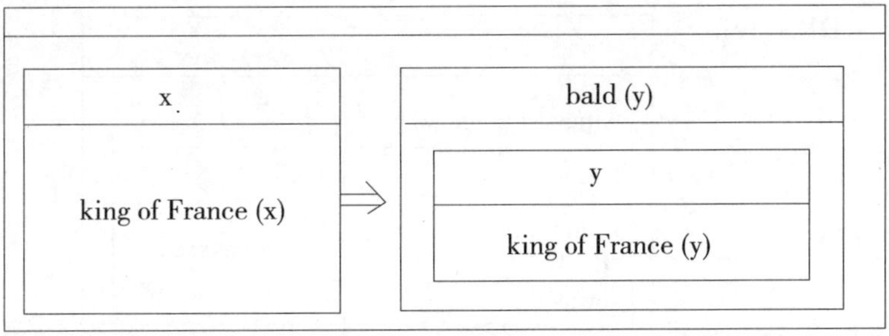

DRS (i) 是句 (14) 的话语表达结构 (discourse representation structure: DRS)。如图所示，根据 (13a)，我们首先要对表达先设 (14b) 的 DRS 进行约束，要为其找到合适的先行语。显然，应是第一个子句中的不定名词组 a king。约束的具体步骤是：把先设的 DRS 从源 DRS (source DRS) 位置移到约束它的目标 DRS (target DRS) 位置，同时，变项 y 被刚找到的先行语 x 替代。结果如 DRS(ii) 所示：

DRS(ii):

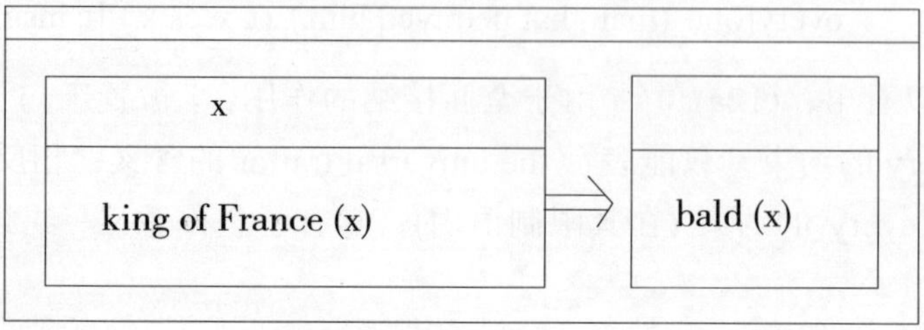

当然，另一种可能的情况是，即使我们核查了所有可及的 DRS，但仍未能为先设的 DRS 找到先行语，此时我们须进行第二步。如：

(15) a. If a farmer owns a donkey, he gives it to the king of France.
b. There is a king of France.

DRS (iii):

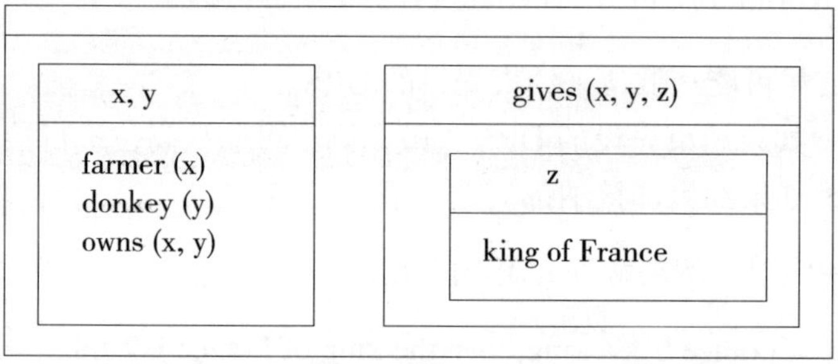

DRS (iii)是 (15a) 的话语表达结构。如图所示，先设 DRS 无从受到约束，根据 (13b)，须在高位上 (matrix clause) 进行接纳处理，得到 DRS (iv)：

DRS (iv):

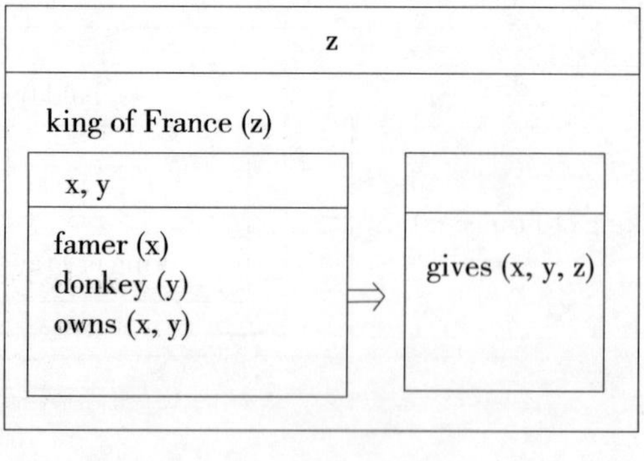

当然，接纳并不是万能灵丹妙药。根据 (13c)，对于下面的句 (16)，先设分解算法的分析结果是放弃，这当然也符合我们认为该句不可接受的语感。

(16) There is no king of France. The king of France is bald.

如同我们在第一小节提到的那样，Van der Sandt 也主张对接纳策略的使用进行严格的限制。首先，接纳后不能再出现未受约束的变项。其次，接纳须满足普遍限制，即要符合信息性和一致性要求。其形式化的表述是：设在 c 中接纳 s，得到 c'，则：1) 如果支持 c' 的模型的集合是支持 c 的模型的集合的真子集，则该接纳是符合信息性的；2) 如果至少有一个集合满足 c'，则该接纳是符合一致性的。

4. 关于语义–语用接口

通过以上的介绍，我们发现，无论是话语表达理论、文档变化语义学，还是把先设作为照应语的理论，都是把先设投射问题放在一个语义－语用联手的层面上来寻求解释。单纯经过句法和逻辑语义处理的语义表征，毕竟不是某一结构要表达的完整命题，它仅是一个模板或假设图式 (assumption schema)，还必须经过语用推理才可能将其扩展为发话人希望表达的命题内容 (冉永平，2004：30-34)。我们认为，这也正是上述理论能够比较成功地解释先设投射问题的关键所在。可以说，我们有充足的理由把语义学和语用学之间的互动关系诠释为两个不同的紧紧锁在一起的过程，而不是传统意义上的输入、输出关系 (Levinson, 2000：242)[6]。我们可以把表达某个命题的表达式比作一块石板，语义和语用都可以在这块石板上写字，尽管所用的颜色并不相同，但它们共同对表达式的解释发挥作用（同上）。

正是由于语义学和语用学之间的这种模糊界限，才有了语用－语义学之称 (pragmantics)。有些语言学派，如生成语义学、认知语言学 (Levinson, 2000：243)，干脆把二者合而为一，认为区分语义学和语用学没有什么作用。但 Levinson 认为，这种看法掩盖了语义蕴涵和语用推理之间的区别。毕竟语用学是建立在非单调性原则 (non-monotonic principle) 基础之上，而语义学是建立在单调性原则基础之上 (monotonic principle)。因此，他主张模块说，认为语义学和语用学分别属于不同的模块，而不同模块之间是互相影响的。

我们认为，对语义－语用接口问题，是采纳模块的观点，还是像本文介绍的动态语义 (形式语用) 等形式理论那样，把语用因素直接纳入其语义研究之

6 ZLevinson (2000：173，188) 用两张图清楚地表示出这两种不同的对待语义-语用关系的观点。篇幅所限，此处从略。

中，这取决于研究者的目标。如果我们要最终得出某个语言形式完整的语义解释，应选择后者。当然，学科划分的依据在于有自己独立的理论基础与研究课题，无论是出于理论建设的需要，还是进行研究的方便，我们也完全有理由采取前者。一种普遍接受的观点是，语义学和语用学是两个相互独立又相互补充的学科，有各自的研究对象与重点，但又相互补充。完整的对意义的研究，需要它们之间的分工与合作 (冉永平，2004：30-34；方立，2000：23-25)。

参考文献

Chierchia, G. (1995). *Dyamics of meaning: Anaphora, presupposition, and the theory of grammar*. University of Chicago Press.

Heim, I. (1988). On the projection problem for presuppositions. In D. Steven (ed.) (1991), *Pragmatics: A reader*. Oxford University Press.

Horn, L. R. (1985). Metalinguistic negation and pragmatic ambiguity. *Language* 61 (1), 121-74.

Horn, L., & Gregory, W. (1999). Pragmatics. In Robert A. Wilson, & Frank C. Keil (eds)., *The MIT encyclopedia of the cognitive sciences*. The MIT Press.

Jaszczolt, K. M (2004). *Semantics and pragmatics: Meaning in language and discourse*. Peking University Press.

Kadmon, N. (2001). *Formal pragmatics*. Blackwell Publishers.

Karttunen, L., & Peters, S. (1979). Conventional implicature. In Ch. Oh, & D. Dinneen (eds.), *Syntax and semantics 11: Presupposition* (pp. 1-56). Academic Press.

Krahmer, E. (1998). *Presupposition and anaphora*. CSLI Publications.

Levinson, S. C. (2000). *Presumptive meanings: The theory of generalized conversational implicature*. The MIT press.

Lewis, D. (1979). Scorekeeping in a language game. In R. Bäuerle, U. Egli, & A. von Stechow (eds.), *Semantics from different points of view*. Springer, 172-87.

方　立 (2000)，《逻辑语义学》，北京：北京语言文化大学出版社。

冉永平 (2004)，《语义学与语用学：语言与话语中的意义》导读，北京：北京大学出版社。

沈家煊 (2000)，《现代语言学词典》，北京：商务印书馆。

合并次序和附加语结构的类型差异[1]

彭家法

1. 附加语的句法分析

Larson (1988) 提出 vP 壳 (vP shell) 假说，并认为时间、方式等介词组并不像传统所认为的那样属于外围"附加语"(adjunct)，而是离动词最近的"补足语"(complement)。由这些理论出发，他将 (1)的结构分析为 (2)：

(1) John wrote a letter to Mary in the morning.

(2)

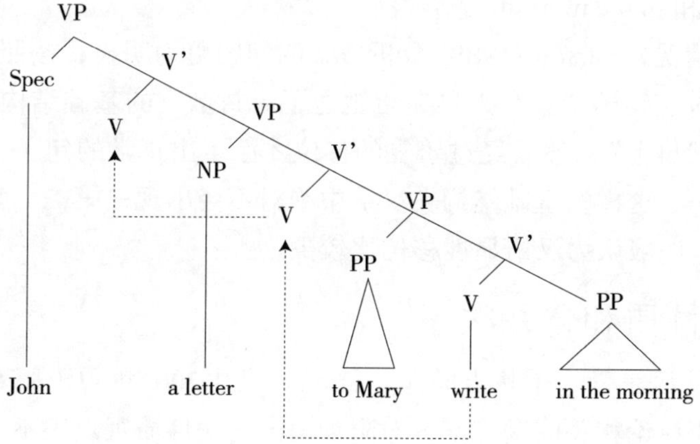

1 本文是根据笔者博士论文的一部分改写而成的。论文写作中得到方老师的悉心指导。现整理此文以纪念敬爱的方老师。

在基础位置，a letter 高于 to Mary，to Mary 高于 in the morning，同时 write 先和 in the morning 合并，write in the morning 再和 to Mary 合并，然后 to Mary write in the morning 再和 a letter 合并。动词 write 从基础位置连续提升到 a letter 前，为a letter指派题元角色并赋予宾格。

三元谓词带附加语的情况都需要补足语多重投射和动词连续提升：

(3) John [$_{V'}$ sent [$_{VP}$ a note [$_{V'}$ t [$_{VP}$ to Max[$_{V'}$ t on Tuesday]]]

与此相似，Larson (1988) 认为所有三元动词都按此方式派生，如 put 和 talk：

(4) John [$_{V'}$ put [$_{VP}$ a fly [$_{V'}$ t in the soup]]]

(5) John [$_{V'}$ talk [$_{VP}$ to Felix [$_{V'}$ t about Mary]]]

二元动词带修饰语的情况相同，也是修饰语投射在离动词最近的补足语位置，并要求派生出 vP 壳，并作动词提升：

(6) John [$_{V'}$ saw [$_{VP}$ Mary [$_{V'}$ t recently]]]

在句子“I saw at the conference yesterday [everyone who believes in UFOs]”的生成过程中，复合的谓词成分 see-at-the-conference-yesterday 一起提升。这就意味着 at the conference 和 yesterday 不是外围附加语，而是离动词最近的补足语。

Jackendoff (1990) 指出论元和附加语存在结构的差异，这种派生方式必须回答的问题是：(1) 中 write 和 a letter 具有密切的题元指派关系，为什么不先合并？为什么要让 write 和 in the morning 先合并？

联系汉语的情况，Larson (1988) 分析方案的问题更为明显，按照 Larson 的合并次序，汉语对应句子“我今天早上给她送了一封信”的基础结构将是“*我一封信给他送今天早上”，然后经过繁复的移位才派生出正常的句子。这种方案有两个问题：第一，这样的基础结构在汉语中绝对不会出现；第二，为什么需要这么复杂的移位，一般认为汉语显性移位比较少。

2. 附加语性质和合并次序

附加语是当代语言学一个热点问题，*Lingua* 杂志2004年曾出版专辑，邀请多位知名语言学家讨论相关问题。学界对附加语的句法性质观点很不一致，具代表性的有三种：第一，附加语是按传统“附接”(adjoin) 操作生成的，这种观点可称为“附接语论”(Ernst, 2002)；第二，附加语就是“限定语”(specifier)，这种观点可称为“限定语论”(Cinque, 1999)；第三，附加语是一种特殊的补足语，这种观点可称为“补足语论”(McConnell-Ginet, 1982)。上文提到的 Larson (1988) 对附加语的分析是众多观点中的一种，认为附加语和补足语没有本质区别。

本文认为从 Chomsky“语言理论的最小方案”(the Minimalist Program) 的精神来看，X 标杆结构也是派生的，句法的基本操作就是合并，**补足语、限定语、附加语可以统一处理**，**三者差异实质在于合并次序不同**。补足语最先和核心动词合并，然后是限定语合并，最后才是附加语合并，一个附加语合并之后还可以递归地跟若干个附加语合并，最终是限定语从 [Spec,VP] 提升到 [Spec, IP] 出现在句首。这样我们就可以较合理地分析跟附加语相关的结构。先看汉语的句子：

(7) 我今天早上给她送了一封信。

按照我们的假设，“我今天早上给她送了一封信”一句较自然的生成方式应该为 (8) 所示，“送”和“一封信”先合并，因此“一封信”是补足语；其次合并的是“我”，为限定语；然后是“给她”和“今天早上”，它们是附加语；最后限定语“我”提升至TP限定语位置。

(8)

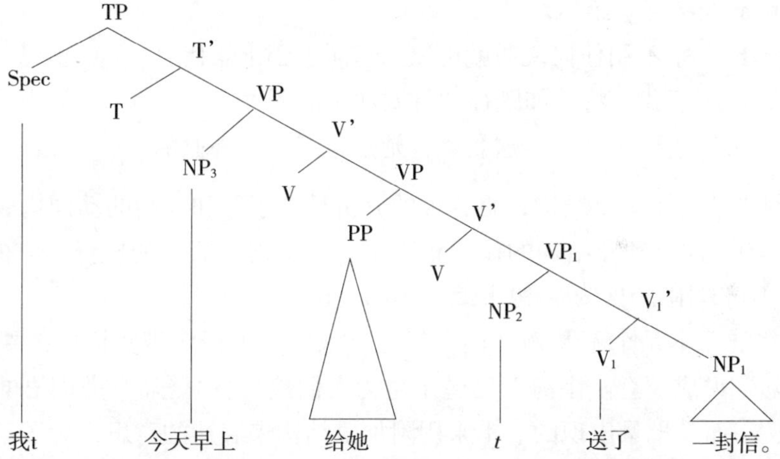

根据补足语、限定语、附加语的统一解释，所谓“限定语”、“补足语”、“附加语”完全是派生的概念，句法合并的顺序决定它们的身份和句法表现。合并操作简单统一，从语言可学性 (learnability) 角度来看，理论上具有更强的解释力。

另一方面，语言事实也为补足语、限定语、附加语的统一解释提供了经验上的证据。三者表面看来差异很大，但事实上也有许多共性。Dowty (2003) 提出“补足语、附加语双重分析”(dual analysis of adjuncts/complements)，其证据是很多补足语结构有平行的附加语结构，如表方向的介词组既可以做动词的附加语 (Mary walked to the park.) 也可以做动词的补足语 (John sang to Mary.)；带 with 的成分既可以是附加语 (John swept the floor with a broom.) 也可以是补足语 (John loaded the truck with hay.)；带 from 的成分也是既可以做附加语 (I took it from the box.) 也可以做补足语 (I learned it from a doctor.)。

古汉语中，“于”是附加语的标志，但这个“于”常常是可有可无的。孙良明 (2005) 的研究显示，古书注释中经常会出现原文不用“于”而注文中加“于”的情况：

(9) a. 贪夫殉财，夸者死权。[言夸华者必死于权势也。]（《后汉书注·蔡邕传》）
b. 东以强齐燕，[言以强于齐燕也。]中陵三晋。（《战国策注·秦一》）

没有“于”是补足语结构，加“于”就是附加语结构了。

现代汉语“习惯于玩弄权术”、“无愧于党和人民”中的“于”字结构似乎可以分析为介词结构做附加语（汉语学界习惯上称为“补语”）。

但是，另一方面，请看下面这些语料：

(10) a. 经济濒于绝境。
b. 几乎不用任何说明就可以知道属于哪个年代。
c. 至于我，将一如既往地真诚地生活下去。
d. 对于取‘江青’这名字，她是花了一番心血的。

这些语料中的“于”字结构，更合理的分析是“于”和前面的动词构成一个整体 (动介结构)，这个动介结构的作用相当于一个动词，后面的成分是它的补足语 (宾语)，不再是附加语 (胡裕树主编，1995：18)。

“登陆”本是个不及物动词，但近年来出现了很多带宾语的新用法。“从上海登陆”说成“登陆上海”已越来越为人们接受。“登陆”类词语的新用法并不是孤例，而是批量出现的。本来用附加语结构来表达的意思，为了某种风格的需要，现在用补足语结构表达了。

附加语和限定语之间也存在一定共性。“台上坐着主席团”的句首处所成分“台上”一般分析为主语 (限定语)；但是这种类型的句子, 如果头上的名词性成分较长, 通常是要用介词的，如“在大礼堂前边的主席台上坐着五六个人”，这时句首处所成分就是附加语 (状语) 了 (胡裕树，1982)。

以上这些事实显示，附加语、补足语、限定语的区别不是绝对的，三者虽有差异，同时又存在很多共性。这一方面可以解释为什么学界有人把附加语分析为附接语，有人分析为限定语，有人分析为补足语，不同语言学家对同一语言现象的分析却如此分歧；另一方面也进一步证明用合并操作统一处理附加语、补足语、限定语，并用合并次序来反映三者差异的合理性。

3. 汉语附加语结构和特征渗透

(8) 的处理需要回答下面一个问题：汉语动词“送”不存在位置的移动，那么动词“送”如何在原位和 T 相关联？我们的回答是动词在列举 (Numeration) 时就携带的时体特征从基础位置 (V_1) 向 T 渗透 (percolation) [2]。

T 和主动词以什么方式结合到一起，当代生成语言学有过较充分的研究。先后提出了多种解释方案，各种方案的解释力也各不相同。汉语的事实有助于我们作出较为合理的判断。

早期生成语法认为原则上可以有两种方式把 T 和主动词结合起来：或者 T 下移 (Affix-hopping) 或者 V 提升 (Pollock，1997)。但是无论 V 提升还是 T 下移都只能解释一部分语言事实，不能完全令人满意。Chomsky (1995) 提出另一种可能的解决方案：特征渗透 (percolate) 理论[3]。看下面的例子：

(11) She mistrusts him.

(12)

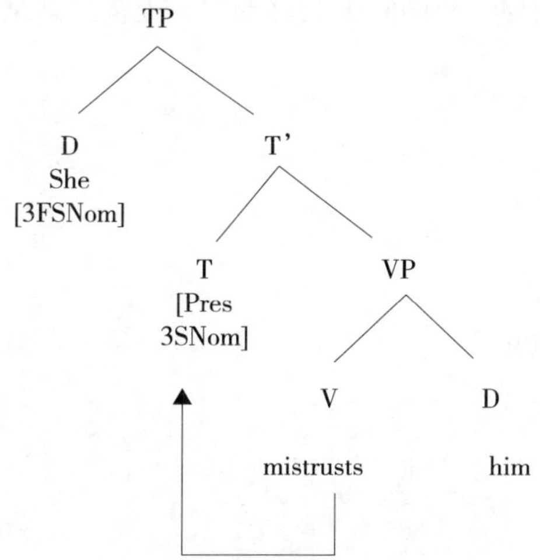

2 词在列举时就带有时态特征，有人担心会以扩大词库为代价。董秀芳 (2004) 认为词汇知识分为词库和词法两个部分。词库是一个语言中具有特异性的词汇单位的总体，词库中的项目都是语言中意义不可预测的成分，需要以清单方式一个一个存储。词法是关于一个语言中可以接受或可能出现的词的结构规则。所以被列举进入句法的词已经是词法的“输出”了。词库本身可能并不需要扩大。

3 广义短语结构语法 (GPSG) 首先提出渗透 (percolation) 理论，Chomsky (1995) 以此为基础作了扩展和发挥。参见方立 (1993)。

动词 mistrust 本身带有相关特征进入结构，为了和主语 she 所带的特征相核查，英语中相关特征须从V“渗透”(percolation) 到 T，Chomsky (1995) 假设是 T 吸引 V 的特征进行渗透的，所以又称这一过程为“吸引”(attraction)。

从 V 到 T 的过程，是采用渗透还是移动，不同语言运用不同的方式。英语采用渗透的办法，所以 I often eat apples 中，动词 eat 不提升到 often 的前面；法语采用移动的方式，Je mange souvent des pommes 才是合法的句子，mange (吃) 在 souvent (经常) 的前面。汉语跟英语相同，采用渗透的办法，没有 V 到 T 的移动，所以汉语的语序是“我经常吃苹果”，附加语在动词前面，其他句子都不合法：

(13) 我经常吃苹果。/ *我吃经常苹果。/ *我吃苹果经常。

Radford (1997：116) 报道莎士比亚时代的早期现代英语采用移动方式进行特征核查，和当代标准英语不同 (下列例句全来自莎士比亚戏剧)：

(14) a. He heard not that. / b. I care not for her.

c. My master seeks not me. / d. I know not where to hide my head.

为什么早期现代英语中否定词 not 会位于动词的后面呢？Radford 的解释是 T 位置没有助动词，是个空位置，动词从 V 移到 T，越过 not，从而得到动词位于 not 之前的结构。Radford 称这种移动为“动词向 T 的移动”，他描述其结构为：

(15)

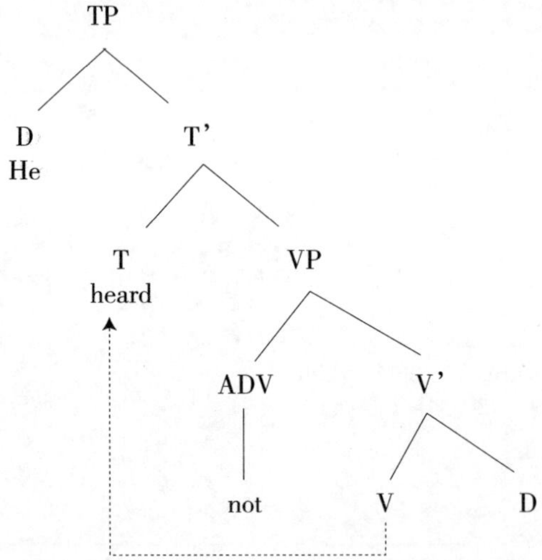

与此相关的是早期现代英语的疑问句也和当代标准英语不同，Radford 称为“T 向 C 的移动”：

(16) a. Saw you my master? / b. Heard you this, Gonzalo?

c. Speakest thou in sober meanings? / d. Call you this gamut?

这样早期现代英语疑问句实际上经过了从 V 向 T，再从 T 向 C 连续移动的过程。为什么当代标准英语没有这种移动了呢？Radford 假设早期现代英语动词带有强特征，当代标准英语动词所带的特征较弱。所谓特征的强弱和动词所带的屈折语素是否丰富相一致，屈折语素丰富则特征强，屈折语素贫乏特征就弱。强特征必须通过移动动词的方式来进行核查，弱特征只要用特征渗透的方式就可以进行核查。这样特征的相对强弱就决定动词是否需要向 T 移动。

以上研究的结构只出现简单附加语 (如“经常”)，没有出现时间、处所、对象等复杂附加语 (如“今天早上”、“给她”等)，我们称这种附加语结构为“简单附加语结构”。简单附加语结构中，在 V 和 T 的联系方式上，当代标准英语和现代汉语相同，采用特征渗透的方式；莎士比亚时代的早期现代英语和现代法语相同，存在 V 到 T 的提升，即移动，可以概括为下表。从表中可以观察到 V 和 T 联系手段上的互补性，就是说各种语言要么用特征渗透，要么用移动的手段，这是语言参数；V 和 T 相关联手段的可选性是有限的，这是语言普遍共性决定的。

(17) 简单附加语结构中，V 和 T 联系方式的语言参数

	现代汉语	当代标准英语	早期现代英语	现代法语
特征渗透	+	+	–	–
移动	–	–	+	+

上文 (8) 显示，除了简单附加语结构外，汉语含时间、处所、对象等附加语的结构 (如“我今天早上给她送了一封信”) 中动词同样采用特征渗透的方式和 T 相关联，因此没有位置的移动。

4. 英语附加语结构和“谓词提升”

英语例句“John wrote a letter to Mary in the morning.”怎么生成呢？这里的问题是，英语的词序跟汉语很不相同，附加语处于中心动词之后；而且附加语之间的顺序正好和汉语的顺序构成“镜像”关系，两种语言正好倒过来。

根据可学性原则和语言普遍性考虑，不同语言在基础部分应该是一致的。我们认为英语附加语基础位置应该和汉语相对应。其基础结构可以表达为下图，不相关细节从略：

(18)

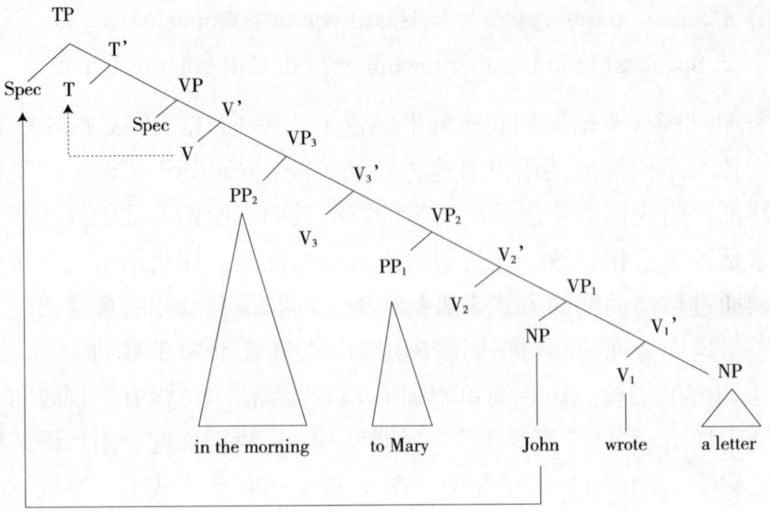

在限定语 John 提升到 TP 限定语位置之后，动词携带相关成分经过了一些显性位置的移动，第一步wrote a letter越过 NP 移动到 V_2。第二步，越过 to Mary 移到V_3。第三步 wrote a letter to Mary 一起越过 in the morning，构成 wrote a letter to Mary in the morning。其后，动词 wrote 列举时就携带的时态特征从 V 向 T 渗透。

要解释汉英附加语词序方面的镜像关系，我们假设经过了“谓词提升”，即谓词组的整体移动，而一般的动词提升是动词中心词单独移动 (Kayne，2000)。最后还有个特征渗透阶段，wrote a letter to Mary in the morning 中动词 wrote 所带的特征渗透到 T，主语 John 提升到 [Spec, T]，从而实现特征核查。

谓词提升与一般的动词提升不同，一般动词提升只是动词自身提升，其他成分不动。谓词提升携带与自己关系密切的成分一起移动，上例的谓词提升过程有以下几个步骤：

(19) a. in the morning to Mary [wrote a letter]

b. in the morning [[wrote a letter]$_j$ to Mary t_j]$_i$

c. [[wrote a letter]$_j$ to Mary t_j]$_i$ in the morning t_i

谓词提升可以直接解释许多语言现象。请看下面英语句子附加语的辖域关系：

(20) a. Carol willingly has frequently made extra trips.

b. Carol has made extra trips frequently willingly.

c. Carol has made extra trips willingly frequently.

d. Carol frequently has willingly made extra trips.

a 和 b 意义相同，willingly 的辖域大于 frequently，Carol 愿意做的事为经常旅行。c 和 d 意义相同，frequently 的辖域大于 willingly，经常发生的事为 Carol 愿意去旅行 (Ernst，2002：155-156)。谓词提升可以较好地解释这种辖域关系，位置前后不同但辖域关系相同的附加语在基础位置由相同的成分统制关系来表达。如 (20b) 附加语的基础位置和 (20a) 相同，从 (20a) 派生出 (20b) 经过了 (21a-d) 所示的谓词提升过程：

(21) a. Carol willingly [has frequently made extra trips]

b. Carol [has frequently made extra trips]$_j$ willingly t$_j$

c. Carol [has frequently [made extra trips]$_i$]$_j$ willingly t$_j$

d. Carol [has [made extra trips]$_i$ frequently t$_i$]$_j$ willingly t$_j$

谓词提升能较好地克服 Larson 方案中的问题，动词首先和关系最近的补足语合并，再和关系较近的附加语合并，然后和关系较远的附加语合并，能较好地解释普通人的语感。而 Larson 的方案很难解释语感。

我们看到汉语结构的生成过程 (8) 和英语结构的生成过程 (18) 既有共同点也有不同点。共同点在于都需要 V_1 和 T 关联过程。不同点在于汉语整个过程都通过特征渗透完成；英语经过了两个不同的过程：第一个过程是 V_1 到 V 的显性位移过程，第二个过程是 V 到 T 的特征渗透过程。两种语言操作过程之间的异同点可以用 (22) 的等式表示：

(22) $V_1 \rightarrow T = (V_1 \rightarrow V) + (V \rightarrow T)$

左式为汉语的特征渗透过程，右式为英语的位移过程 ($V_1 \rightarrow V$) 和特征渗透过程 ($V \rightarrow T$)。

5. 附加语结构的类型差异

合并次序、特征渗透、谓词提升等机制可以让不同语言之间附加语位置的参数差异得到一定程度的解释。我们先回顾一下生成语法对汉语词序问题的讨论。

黄正德 (1982) 提出汉语除了动词“子语类” (subcategorized) 补足语外，中心语必须居后。

(23) 汉语 X’ 的结构形式为：

a. $[_{X^n} X^{n-1} YP^*]$ iff n=1, X≠N

b. 否则 $[_{X^n} YP^* X^{n-1}]$

YP* 意思是可以出现一个以上的 YP。黄正德 (1982) 的概括就是说当且仅当中心语是动词时，补足语居后；其他所有情况下都是中心语居后。

李艳惠 (1990) 在以上研究的基础上提出以下的汉语词序限制：

(24) 汉语词序限制：

除赋格要求之外，汉语是中心语居后语言。

汉语中赋格从左到右。

一个赋格者至多只能赋一个格。

李艳惠主张在描述词序普遍性时需要考虑结构的层次，认为这样可以解决长期以来关于汉语基本词序的激烈争论。如果在表层赋予的格能引起从一般的中心语居后模式的变化，那么可以承认有两个层次的成分结构：深层结构中汉语是严格中心语居后语言；表层结构中汉语是 SVO、使用前置词 (介词)、名词居后的语言。

英语基本上是中心语居前的语言；汉语基本上是中心语居后的语言。这已经成为当代语言学界的共识[4]。这种语言之间的参数差异可以用合并次序、特征渗透、谓词提升等机制给予较好的解释，其具体表现就是汉语的词序基本反映动词中心词和补足语、附加语之间关系的远近，关系近的先合并，关系远的后合并，V 和 T用特征渗透的方式相关联。英语的底层结构与汉语词序大体相似，表层的词序是经过谓词提升操作之后派生出来的。两种语言的词序参数差异 (镜像关系) 来源于是否存在谓词提升操作。

为什么英语有谓词提升而汉语没有呢？一般认为英语是形态较为丰富的语言，汉语形态贫乏，这方面的差异很可能是有无谓词提升的原因。Radford (1997) 假设所谓特征的强弱和动词所带的屈折语素是否丰富相一致，虽然文献中对这一假说还有争议 (White，2003)，汉语的事实似乎支持这一假说。

我们可以观察到早期现代英语和法语相似，存在动词中心语向 T 的提升，不用渗透的方式进行核查。当代标准英语没有动词中心语提升，采用特征渗透方式进行核查；但是有谓词提升现象，动词组提升之后可以出现在附加语的前面。现代汉语完全采用特征渗透的方式将动词特征和 T 联系起来，实现核查，没有动词向 T 的移动，也没有谓词提升，附加语必须在动词组之前。(25) 可以表达不同语言屈折变化的语法等级及其与有没有显性位移 (特征渗透) 之间的关联：

4 孙朝奋、Givon (1985) 通过书面语和口语的定量研究，发现：(1) 在共时平面上，从“动宾”和“宾动”两种词序的语篇分布情形看，普通话是典型的“动宾”型语言。(2) 语篇数据和儿童习得资料相比较，表明向“主宾动”词序的历时演变并不存在。

(25) 屈折变化

形态丰富 ←———————————— 形态贫乏

早期现代英语 法语 当代标准英语 现代汉语

显性位移 ←———————————— 特征渗透

从右到左，屈折变化越来越丰富，相应的左侧的语言倾向运用显性移动的方式，右侧的语言倾向运用隐性特征渗透的方式。相关参数可以概括为：

(26) V 和 T 联系方式与屈折变化的关联

	动词向 T 的提升	谓词提升	特征渗透	屈折变化
早期现代英语	+	+	−	+
法语	+	+	−	+
当代标准英语	−	+	+	+/−
现代汉语	−	−	+	−

参考文献

Cinque, G. (1999). *Adverbs and functional heads*. Oxford University Press.

Dowty, D. (2003). *Adjunct-to-argument reanalysis*, 北京语言大学系列讲座。

Ernst, T. (2002). *The syntax of adjuncts*. Cambridge University Press.

Higginbotham (1985). On Semantics. *Linguistic Inquiry* 16.

Huang, C.-T. J. (黄正德) (1982). *Logical relations in Chinese and theory of grammar.* Unpublished doctoral dissertation, MIT.

Jackendoff, R. (1990). On Larson's treatment of the double object construction. *Linguistic Inquiry* 21.

Kayne, R. (2000). On the left edge in UG. *Syntax* 1.

Larson, R. K. (1988). On the double object construction. *Linguistic Inquiry* 19.

Li, A. (李艳惠) (1990). *Order and constituency in Mandarin Chinese*. Kluwer.

McConnell-Ginet, S. (1982). Adverbs and logical form: A linguistically realistic theory. *Language* 58.

Pollock, J. Y. (1997). Notes on clause structure. In L. Haegeman (ed.), *Elements of grammar*. Kluwer.

Radford, A. (1997). *Syntax: A minimalist introduction*. Cambridge University Press.

White, L. (2003). *Second language acquisition and universal grammar.* Cambridge University Press.

董秀芳 (2004)，《汉语词库与词法》，北京大学出版社。

方　立 (1993)，《美国理论语言学研究》，北京语言学院出版社。

胡裕树 (1982)，试论汉语句首的名词性成分，《语言教学与研究》04期。

胡裕树主编 (1995)，《〈现代汉语〉使用说明》，上海教育出版社。

孙朝奋、Givon (1994)，《论汉语普通话的所谓"主宾动"词序》，戴浩一、薛凤生主编《功能主义与汉语语法》，北京语言学院出版社。原文 On the so-called SOV word order in Mandarin Chinese. *Language*, 1985 (2).

孙良明 (2005)，当今古汉语语法分析质疑，《山东师范大学学报 (人文社科版)》第4期。

“Every+名词”和“每+名词”的句法语义研究

王城镇、文卫平

0 引言

以往关于“every”的研究中最有争议的问题是“every + 名词”如何从其句法结构中取得语义解读以及在什么情况下“every”占其他量词或算子的宽域。对“每”的研究则集中在它的语义性质——“每”是否为分配算子，以及“每 + 名词”与“都”的共现问题。

Frege (1952) 在他的一阶谓词逻辑中提出了存在量词∃和全称量词∀两个标准量词。一阶谓词逻辑在20世纪50年代受到了挑战，因为自然语言中很多句子不能被一阶量词翻译，此外自然语言中量词会进行隐性移位，量词辖域不是由量词的表层位置决定。为了解决这些问题，Mostowski (1957) 提出了广义量词的概念：语义上“every”作为一个限定性全称量词可以接一个谓词产生一个广义量词。在Barwise & Cooper (1981) 发展的广义量词理论中，“every”的逻辑类为 <<e, t>, <<e, t>, t>>，其后接一个逻辑类为 <e, t> 的名词，生成逻辑类为 <<e, t>, t> 的广义量词。根据 Kamp (1981) 和 Heim (1982) 的三分结构——[量化词] [限制域] [核域]，作为全称量词的“every”具有内在量化力量，并能够约束核域中的变量。

随着管约论的诞生，全称量词被纳入句法研究的范畴。为了解决量词辖域歧义这一问题，May (1977；1985) 提出量词提升理论，如果在逻辑式上 A 成分统制 B，那么算子 A 就可以占 B 的宽域。Aoun & Li (1993) 对此进行了修正，并提出了辖域原则和最简约束原则。随着最简方案的诞生，量词提升受到了挑战，因为在最简方案中所有的移位都是为了核查特征而不是指派辖域。然而，Hornstein (1995) 在最简方案框架下提出的格核查理论也存在问题，因为主语内部假说和语迹删除分析不能解释"every + 名词"做主语时宾语占宽域这一现象。

关于"每"的性质的研究有四种观点：全称量词、加合算子、变量、二重功能算子。作为全称限定量词，"每"和"every"一样可以投射为一个三分结构，但是当"每 + 名词"出现在动词前并且句中有算子"都"时，这种投射就遇到了问题。因为"都"可以触发副词性全称量化，这和"每"所触发的限定性全称量化是相冲突的。对此，Huang (2005) 提出了不同于 Kamp (1981) 和 Heim (1982) 的三分结构来解释"每" 和"都"的共现问题。与"every"相同的是，"每"的量化也涉及一个斯科林函数，这个函数的功能是连接两个变量，并且其中一个变量的值取决于另一个变量的值，也就是说在"每"的辖域范围内必须有一个变量，这个变量的值由"每"后的名词决定。它的出现可以有三种方式：由无定名词引出；由反身代词引出；或是由隐性的事件论元引出。英语中的时态算子能引出事件论元，但是汉语中没有时态标记，"都"的出现也就顺理成章了。

Lin (1998)、Pan (2000)、Tomioka & Tsai (2005)、Cheng (2009) 把"每"看作一个加合算子，后面接一个语义类 <e, t> 生成语义类 <e>，表示符合谓词性质的最大集合。Cheng (2009) 支持 Lin (1998) 的分析，即"每"是一个触发最大集合的加合算子，但他认为这个最大集合不是由"每 + 名词"而是由"每"和"都"所引出的。在他看来，算子"都"限制了"每"的辖域。然而把"每"当作加合算子的分析也遇到了挑战，因为"每 + 名词"和某些分配性动词共现时产生了分配性意义。Yang (2002) 认为汉语中没有真正的量词，所以 "每"只是一个变量，因为它在句子中需要其他算子如"都"、"个"、"全都"的允准。

Pan (2005b) 则认为"每"具有双重语义功能：既可以充当全称量词也可以看作加合算子。当"每"充当全称量词时，"都"起的是匹配作用，即把动词 VP 的性质和"每"量化域中的个体进行匹配；"每"作为加合算子时，"都"可以被看作副词性全称量词；"每"充当全称量词时，其后的名词投射到量化域中，剩下的部分投射到核域；作为加合算子时，"每 + 名词"被视为一个整体。Pan 的研究是一个很大的成功，因为他把"每 + 名词"句法分布和语义性质结合起来了，然而他所考察的范围只涉及到主语和简单宾语位置的"每+名词"，此外数词大于1时"每+数词+CL+名词"的情况也没有得到探究。

总之，以往研究只是从单一的句法或语义角度来考察全称量词，没有对"every+名词"和"每+名词"展开系统的比较。本文通过考察两类名词短语的内部结构、句法分布，尤其是数词大于1时"每+数词+CL+名词"的句法分布，以及它和"都"的共现问题、辖域解读、允准条件以及语义性质，来揭示它们的相同和相异之处。

1. Every 作为一个限定性全称量词

1.1 "Every+名词"的句法分布

尽管"every+名词"有不同的句法分布：既可以出现在动词前也可以出现在动词后，充当主语、宾语、定语从句的先行词等，它们的内部结构以及句法分布却存在限制。首先，紧跟"every"的名词必须是单数可数名词，这是因为全称量词"every"在语义上是单数的；其次，"every"不同于"all"和"most"，后面不能接光杆复数名词、部分结构或DP。根据Matthewson (2001)，广义量词的形成有两个步骤：D和Q。D的功能是把量词的辖域从名词所代表的集合缩小到对应的个体子集；Q的功能是对缩小的辖域内的元素进行量化。"All"/"most"后面不能接谓词性名词但是能接论元名词如光杆复数名词或不可数名词，在树形图上占Q位置。"every"虽然处于D位置，却具有量化意义。这里我们把"every"看成一个具有双重功能的特殊量词，对名词的辖域限制后，紧接着又对其进行量化。此外，强名词"every+名词"不能出现在存现结构中。最后，"every+名词"不能和集体性谓词共现，原因在于像"包围"、"聚集"等集体性谓词要求事件的参与者在语义上必须为复数，这和分配性量词"every"是相冲突的。

1.2 "Every+名词"的辖域和虚幻辖域

在解释量词辖域问题上，由于量词提升理论过于强大，本文认为应结合语义因素对其加以限制。本节主要讨论双宾语结构、与格结构和复杂名词短语中"every+名词"的辖域情况。在与格结构中，尽管"every+名词"和其他名词共现时可以产生辖域歧义，但双宾结构中的间接宾语"every+名词"却不能占直接宾语的宽域。因为量词移位的原因是受到中心词的特征吸引，在此过程中要遵守最近原则——最近吸引、最短移位。特征吸引使得被吸引的部分移动到中心词的指示语位置进行特征核查。最近吸引确保最高位置的元素会比其他低位置的元素提前受到吸引。(Chomsky，1993) 在 (1) 中尽管两个宾语都可以移动，但是它们的等级关系不会改变，所以 a student 还是占 every kite 的宽域。

(1) The teacher gave a student *every* kite.

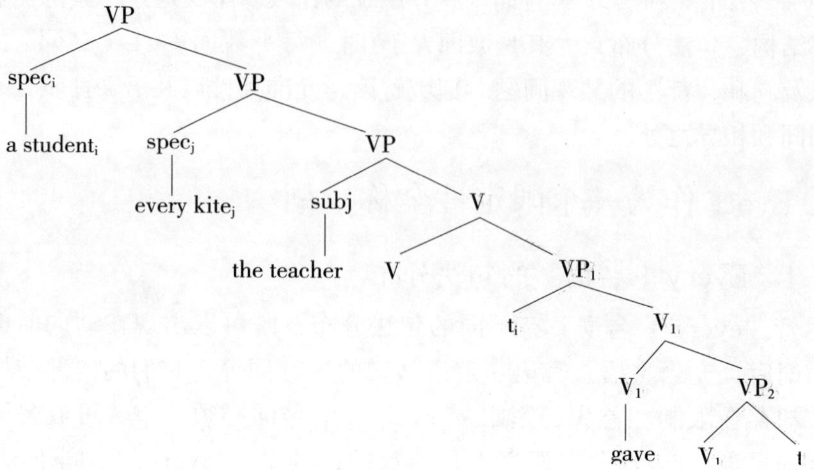

关于复杂名词短语中的“every + 名词”，我们考察的是类似“one book by every writer”、“someone from every city”的情况。本文支持 May (1977), 认为在复杂名词短语中，DP 不会产生孤岛效应，所以“every + 名词”可以移出 DP 占主语或其他名词短语的宽域。(2) 中 every writer 占 one book 的宽域。

(2) Miss Gao read one book by *every* writer.

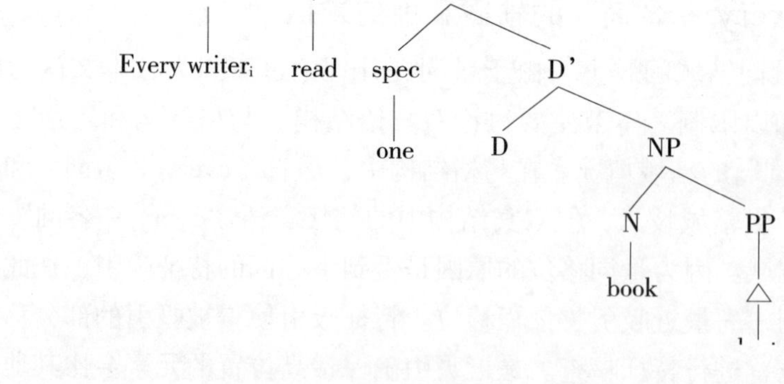

除了句法因素，辖域也会受到语义因素如量词类型、类指算子等影响。Beghelli & Stowell (1977) 把量词短语分为五类：疑问量词短语、否定量词短语、分配性全称量词短语、数量量词短语、集体性量词短语。每一种量词短语通过移位到某种功能语类的指示语位置以核查其语义/形态特征从而获得自己的辖域。

类指算子对辖域的影响在双宾语结构中尤为明显，在 (1) (改写成如下 (3a)) 中，直接宾语 every kite 不能占 a student 的宽域；然而在类指语境 (3b) 中，间接宾语 every kite 既可以占 a student 的宽域也可以占窄域。

(3) a. The teacher gave a student *every* kite. (*a* >*every,* * *every* >*a*)
　　b. Generally, the teacher gives a student *every* kite. (*a* >*every, every* > *a*)

对此我们的解释是类指算子使间接宾语产生了虚幻的宽域。因为类指算子允许人们把世界分为更小画面，所以它也允许存在量词在某个相关的部分世界/时空情景中选择一个不同的个体。这个相关的时空情景可以由显性算子 (例如副词短语) 或隐性算子 (如焦点) 引出。通过改变焦点，我们能区分什么是虚幻辖域，因为全称量词充当焦点时，虚幻辖域会消失。

(4) a. 每个情境 s, s.t. [在 s 中老师给了某个人每个风筝。] 限制域
　　　是一个情境在这个情境中[老师给了一个学生每个风筝。] 辖域
　　b. 每个情境 s, s.t. [在 s 中老师给了一个学生风筝的某一部分。] 限制域
　　　是一个情境在这个情境中[老师给了一个学生每个风筝。] 辖域

1.3 "Every＋名词"的语义解读

语义上，如果一个量词短语占另外一个量词短语的宽域，前者对后者有分配作用。占宽域的量词短语称为分配主体，另一个量词短语则为分配份额。与全称量词all不同的是, every在句中通常会触发逐指解读，所以语义上是一个具有分配性的强分配量词。根据 Beghelli (1997) 的分析，强分配量词"every"可以在逻辑式上移位到 [Spec, DistP] 去核查其分配性特征，存在量化的无定名词可以从宾语位置上升或从主语位置下降到 [Spec, ShareP] 位置来核查其指称特征。如果没有无定名词短语，则假设 VP 内部的 θ 位置自动生成了一个受存在算子约束的隐性事件论元，该论元提升到 [Spec, ShareP] 来核查其指称特征。

在 (5a) 中 every boy 从 [Spec, AgrS-P] 移位到 [Spec, DistP] 去核查其分配性特征，无定名词短语 two books 从 [Spec, AgrO-P] 上升到 [Spec, ShareP] 位置来核查其指称特征，语义上得到逐指解读"每一个人都读了两本书。" (5b) 中 every student 从 [Spec, AgrS-P] 下降到 [Spec, DistP]，约束 visited the teacher 的隐性存在

算子则移位到 [Spec, ShareP]。

(5) a. *Every* boy read two books about India.

b. *Every* student visited the teacher last weekend.

它们在逻辑式上的投射如下：

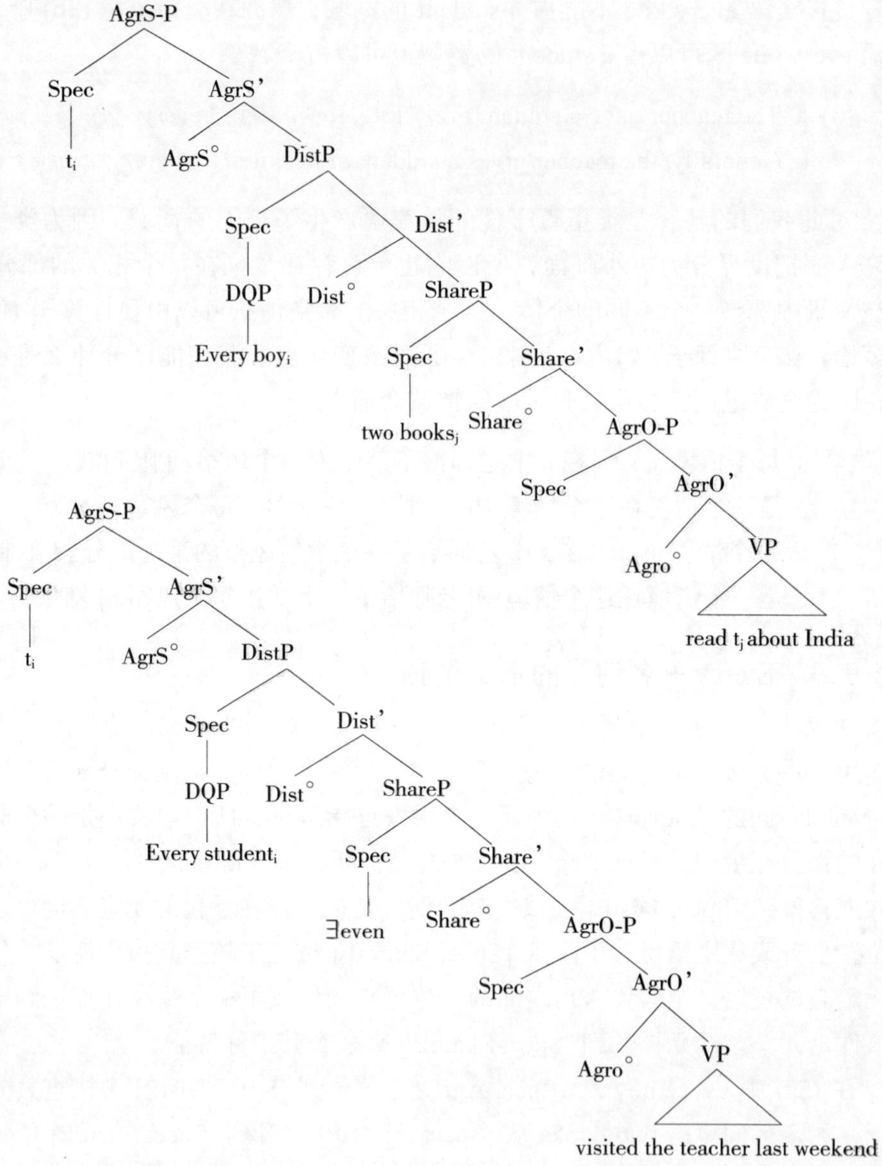

值得注意的是，虽然"each"和"every"都为分配量词，但两者却存在差异。"each"在任何情况下都具有强分配性，简单宾语位置的"every + 名词"却产生了统指解读。此外"every"和具有再生 [+reproductive] 或统指 [+collective] 性质的谓词共现时会触发统指解读。所以全称量词"every"不具有内在分配性。

2. "每 + 名词"的句法语义分析

2.1"每 ＋ 名词"的分类以及句法分布

"每 + 名词"的句法分布和它的内部结构有着密切的关系。"每"后面不能直接加名词，在"每"和名词之间必须插入数词和量词。根据数词是否大于1，"每 + 名词"可分为"每 + (一) + CL + 名词"和"每 + 数词 + CL + 名词"。在这两类名词中量词都是必须的，因为汉语中名词只能充当论元而不能充当谓词，所有的名词在某种程度上都是不可数的，当它们和数词共现时，必须插入量词来计数。在"每 + (一) + CL + 名词"中，"一"和名词可以省略，所以"每 + (一) + CL + 名词"有"每 + (一) + CL + 名词"、"每 + CL + 名词"、"每 + (一) + CL"、"每 + CL"四种形式。此外，由于没有论元来定义功能 PL，所以"每 + 数词 + CL + 名词"中缺失复数标记。

关于"每 + 名词"的句法分布，Pan (2005b) 探讨了主宾不对称现象，然而根据数词是否大于 1，"每 + 名词"在句法分布中受到的限制是不一样的。"每 + (一) + CL + 名词"四种变体的句法分布中，"每 + CL"是最受限的，其他三种则有着同样的分布。"每 + CL"可以单独出现在主语位置和话题位置，但不能出现在宾语位置和"的"字结构中。其他三种形式在这几个位置都可以出现，动词前的"每 + (一) + CL + 名词"要求宾语位置必须有一个无定名词短语、反身代词、或者算子"都"。如果其中的量词为个体量词，谓语动词必须是分配性谓词。

尽管以往研究认为"每 + (一) + CL + 名词"不能出现在宾语位置，本文发现在特定语境中"每 + (一) + CL + 名词"、"每 + CL + 名词"、"每 + (一) + CL"可以用作简单句宾语，如 (6a)。此外，他们还可以作为间接宾语出现在双宾语结构或与格结构中，前提是斯科林函数得到满足，见 (6b) 和 (6d)。但是与"every + 名词"不同的是，"每 + (一) + CL + 名词"不能充当直接宾语。这是因为英语中充当间接宾语的无定名词短语或反身代词能够在逻辑式上被直接宾语"every + 名词"成分统制。在汉语中因为直接宾语"每 + (一) + CL + 名词"不能在逻辑式上成分统制间接宾语，斯科林函数得不到满足，见 (6c)。

(6) a. 他表扬了*(班上的) 每一位同学。
b. 经理送了每个客人一个礼物。
*c. 经理送了每个礼物一个客人。
d. 经理送了一个礼物给每个客人。

关于“每 + 数词 + CL + 名词”的分布，会受到以下限制：首先，主语位置的“每+数词 + CL + 名词”要求宾语中必须含有一个无定名词短语；其次，“每+数词 + CL + 名词”不能出现在与格结构或简单宾语句中；“每 + 数词 + CL + 名词”不能和体算子“了”和“都”共现；最后，句中的谓词不能是分配性谓词。

(7) a. 每三个人一组。 b. 老师送了一个礼物给每三个人。
*c. 每三个人写了一封信。 *d. 每两个客人都喝了一杯橙汁。

2.2“每 + 名词”和“都”的共现

一般认为在“每”作为限定词的句子中，必须出现“都”。但有时候“都”的出现是有选择性的。本文基本上支持 Huang (2005) 的观点，“每 + 名词”会涉及一个斯科林函数，该函数连接两个相互关联的变量，如果在“每”的统制范围内没有无定名词或反身代词，“都”的出现就能在形态上允准隐性事件论元变量。本文作出的补充是，如果有了无定名词和反身代词，算子“都”则可以选择性出现，其作用是改变句中量词的辖域关系，使原本占窄域的量词短语取得宽域。

(8) a. 每个小孩喜欢一种糖果。
“Every child likes one kind of candy.”
“Every({(x|child (x))}, {y|AT(like (y, f (x)) ∩ one kind of candy (f (x))})
“对每个 x 来说，如果 x 是小孩这个集合的一个元素并且 x 是一个小孩，就存在一种糖果 y, 使得 x 喜欢 y。”
b. 每个小孩都喜欢一种糖果。
“Every child all likes one kind of candy.”
Every ({(x|child (x))}, {y|AT (like (y, f (x)) ∩ one kind of candy (f (x))})
解读一：对每个 x 来说，如果 x 是小孩这个集合的一个元素并且 x 是一个小孩，就存在一种糖果 y, 使得 x 喜欢 y。
(∃z) (Every ({x child (x))},{y|AT(like (y, z, f (x)) ∩ one kind of candy(z) ∩ dou (f (x), like)}))

解读二：有一种糖果 y，对于每一个 x，如果 x 是小孩这个集合的一个元素并且 x 是一个小孩，那么 x 喜欢 y。

当“每 + (一) + CL + 名词”充当复杂名词短语的主语时，“都”的作用就更加明显了。(9) 中在“每”的统治范围内需要一个变量来满足斯科林函数，它们以空宾语的形式出现，和中心词“电影”同标。(9b) 的不合法性来源于动词，此句的意思是“同一部电影被不同的导演一遍又一遍地创作”。所以如果句中含有创造性动词“创作”、“发明”等，无定名词短语就不能占“每 + (一) + CL + 名词”的宽域。(9d) 中，“都”的出现则会改变句子的语义解读。

(9) a. 我喜欢 [NP[CP 每个导演创作 e_i] 的电影$_i$]。

*b. 我喜欢 [NP[CP 每个导演都创作 e_i] 的电影$_i$]。

c. 我喜欢 [NP[CP 每个导演推荐 e_i] 的电影$_i$]。

d. 我喜欢 [NP[CP 每个导演都推荐 e_i] 的电影$_i$]。

“每 + 数词 + CL + 名词”结构所包含的元素是不确定的。如 (7d) 中“每两个客人”是不确定的，因为集合所含原子是不确定的。此句的意思是原子的结构必须是由两个个体所组成，所以就出现了很多种组合方式。假如有5个客人，那么我们能得到10种组合的可能。“都”的功能是把动词的性质和“每”量化范围内的个体进行匹配，但是在这种情况下匹配会失败。

2.3“每+名词”的允准条件

从以上讨论可以看出，“每 + 名词”的允准是一个比较复杂的问题，“每 + 名词”的内部结构、它的句法位置、算子“都”、体算子、动词类型都会影响到它在句中的合法性。

本文基本支持 Pan (2005b) 把“每”看成二重算子的观点：“每”既可以视为全称分配算子，也可以看成加合算子。

“每 + (一) + CL + 名词”的允准条件是：(1) 作为主语或主语的同位语时，必须满足斯科林函数,即宾语位置必须有一个无定名词短语或反身代词，这时“都”可以隐现，否则“都” 必须强制性出现来引出事件论元；(2) 做简单句宾语或其同位语时，加合算子“每”必须找到加合对象，在这种情况下“都”的出现是不必要的，因为除“每 + CL”外“每”都能找到其加合对象；(3) 在双宾结构或与格结构中，“每 + (一) + CL + 名词”被排除在间接宾语的位置，因为不管“都” 是否出现，“每”的统治范围内都没有变量。

对“每 + 数词 + CL + 名词”来说，因为它的量化域是不确定的，涉及特定事件的体算子“了”，挑选出集合中最大元素的算子“都”都不能和其共现。此外，它也不能充当简单句宾语。总之“每 + 名词”的允准条件是，当它作为全称量词时必须找到量化域，作为加合算子时必须有加合对象。

3. Every + 名词”和“每 + 名词”的句法语义比较

通过对“every + 名词”和“每 + 名词”展开比较，我们得出的结论如下：

一方面这两类名词存在相同点。首先，“every”和“每”不同于其他全称量词 (如“all/所有”)，后面不能直接接论元 (如不可数名词或光杆复数名词)。其次，它们都不能出现在存现句中，因为强名词不能接受存在量化。此外，在主语位置、宾语位置或复杂名词短语中，虽然算子“every”和“每”可以触发逐指解读，但是作为简单句宾语的“every + 名词”和“每 + 名词”也可以表达统指概念。另外，作为全称分配量词，“every + 名词”和“每 + 名词”会涉及到一个斯科林函数。该函数要求在“every”或“每”的统制范围内存在一个词汇或形态上受允准的变量，这个变量可以由三种方式引出：无定名词、反身代词、英语时态算子或算子“都”。

另一方面它们也呈现出不同特征。第一，它们的内部结构存在差异。对于“every + 名词”，“every”后面可以直接跟单数可数名词或数词；但是在“每 + 名词”中，“每”和名词之间必须插入量词。这是因为英语中的“every + 名词”能充当谓词，所以能被计算，而汉语中名词只能充当论元而不能做谓词，量词的作用是计数或统计最小单元。第二，因为汉语遵循同构原则，“每+名词”通常不会产生辖域歧义，但它和再生性 [+reproductive] 或者分配性 [+distributive] 谓词共现时，句中的分配解读源自“每 + 名词”的窄域解读。此外，算子“都”可以改变句子的辖域，从而促使宾语占主语“每+名词”的宽域。“every+名词”的辖域解读相对复杂，除了前人研究中提到的辖域歧义，本文发现充当间接宾语的“every + 名词”相对直接宾语来说会占窄域，但是在类指算子出现的情况下会产生虚幻的宽域 。总之，除了句法因素，“every + 名词”的辖域还会受到量词类型\类指算子的影响。第三，英语中“every”和“all”不能共现，但汉语中算子“都”却被用来允准“每 + 名词”，尤其是当句中缺少无定名词短语或反身代词时。值得注意的是，本文发现，尽管算子“都”可以通过引出隐性事件论元来允准“每 + (一) + CL + 名词”或改变句子中“每 + (一) + CL + 名词”的辖域关系，但它却不能和“每+数词 + CL + 名词”相容，因为当数词大于 1 时，此结构的量化域是不确定的。

4. 结语

本文通过考察全称量词"every"和"每"的句法分布、辖域解读以及允准条件系统，比较了二者的相同点和不同点。两者都为全称量词，可以投射到三分结构中；语义上涉及斯科林函数；作为强分配量词也可以在句中触发逐指解读。由于汉语遵循同构原则，"每 + 名词"不能充当直接宾语，也不能占直接宾语的宽域。其次"每"的语义性质比"every"更加复杂，它既可以作为全称分配量词，也可以看作加合算子，这就导致它在句中的语义解读非常灵活。此外，"每 + 名词"的内部结构、数词是否大于1都会影响到它的句法分布以及和"都"的共现。对"每 + (一) + CL + 名词"来说，"每 + CL"在句中的分布最受限制，因为"每"既不能找到量化域也不能找到其加合对象。对"每 + (一) + CL + 名词"来说，当句中没有其他无定名词短语或反身代词时，"都"可以允准隐性事态论元，出现其他量词短语时则改变量词短语的辖域关系，但当数词大于 1 时，它却不能和量化域不确定的"每 + 数词 + CL + 名词"共现。

总之，全称量词的辖域关系、句法分布遵循辖域原则，受到成分统制限制。此外，量词类型、类指算子、算子"都"、体算子、谓词类型以及量词短语本身的结构也会影响它在句中的合法性。从这两类全称量词短语的对比研究中，我们看到句法和语义是相互作用的。单一的句法或语义途径都不能解释"every + 名词"和"每 + 名词"的允准语境和允准条件。

参考文献

Aoun, J., & Y.-H. A. Li. (1993). *Syntax of scope*. Cambridge: MIT Press.

Barwise, J., & Cooper, R. (1981). Generalized quantifiers and natural language. *Linguistics and Philosophy* 4, 159-219.

Beghelli, F., & Tim S. (1997). Distributivity and negation: The syntax of *each* and *every*. In Anna Szabolcsi (ed.), *Ways of scope taking*. Dordrecht: Kluwer Publications, 71-107.

Cheng, Lisa Lai-Shen. (2009). On every type of quantificational expression in Chinese. In Anastasia Giannakidou, & Rathert Monika (eds.), *Quantification, definiteness, and nominalization* (pp. 53-75). Oxford: Oxford University Press.

Chomsky, N. (1993). In the view from building 20: Essays in linguistics in honor of Sylvain Bromberger. In Kenneth Hale, & Jay Keyser Samuel (eds.), *A minimalist program for linguistic theory* (pp. 1-52). Cambridge: MIT Press.

Chomsky, N. (1995). *The minimalist program*. Cambridge: MIT Press.

Diesing, M., & Jelinek, E. (1995). Distributing arguments. *Natural Language Semantic*s 3, 123-176.

Frege, G. (1952). Uben sinn und bedeutung. In Geach P., & M. Black (trs. and eds.), *Translations from the philosophical writings of Gottolob Frege*. (56-78). Oxford: Blackwell.

Fox, D., & Sauerland, U. (1996). Illusive scope of universal quantifiers. Retrieved 5 June 2010, from < http://web.mit.edu/sauerlan/www/home.html>.

Gil, D. (1982). Quantifier scope, linguistic variation, and natural language semantics. *Linguistic and Philosophy* 5, 421-72.

Heim, I. (1982). *The semantics of definite and indefinite noun phrases*. Unpublished dissertation, University of Massachusetts, Amherst. Retrieved June 2010, from <http://scholarworks.umass.edu/dissertations/AAI8229562>

Hornstein, N. (1995). *Logical form: From GB to minimalism*. Cambridge: Blackwell.

Huang, Shi-Zhe. (1996). Quantification and predication in Mandarin Chinese: A case study of *dou*. Unpublished dissertation, University of Pennsylvania.

Huang, Shi-Zhe. (2005). *Universal quantification with skolemization as evidenced in Chinese and English*. New York: The Edwin Mellen Press.

Kamp, H. (1981). A theory of truth and semantic representation. In Groendijk J. A. G., T. M. V. Janssen, & M. B. J. Stokhof (eds.), *Formal methods in the study of language*. (pp. 253-257). Amsterdam: Mathematical Centre.

Lei Zhang. (2007). A semantic study of quantification in Chinese. Unpublished MA thesis, City University of Hong Kong.

Lin, Jo-Wang. (1998). Distributivity in Chinese and its implications. *Natural Language Semantics* 6, 201-243.

Matthewson, L. (2001). Quantification and the nature of crosslinguistic variation. *Natural Language Semantics* 9, 145-189.

May, Robert. (1990). *The grammar of quantification*. Dissertation, MIT, 1977. New York: Garland Publishing.

May, Robert. (1985). *Logical form: Its structure and derivation*. Cambridge: The MIT Press.

Mostowski, A. (1957). On a generalization of quantifiers. *Fundamenta mathematicae*. Retrieved 7 August 2010, from <http://pldml.icm.edu.pl>.

Pan, Haihua. (2005). On *mei* and *dou*. Paper presented at 2005 Annual Research Forum of Linguistic Society of Hong Kong.

Pan, Haihua，& Lee, Peppina. (2000). Focus, modals, and scope interaction in Chinese. Presented at the International Symposium on Topic and Focus, Hong Kong.

Tomioka S., & Tsai, Y. (2005). Domain restriction for distributive quantification in Mandarin Chinese. *Journal of East Asian Linguistics* 14, 89-120.

Yang，Barry Chung-Yu. (2002). Quantification and its scope interpretation in Mandarin Chinese. Unpublished master thesis, Tsinghua University.

方　立 (2000)，《逻辑语义学》，北京: 北京语言文化大学出版社。

蒋　严，潘海华 (1998)，《形式语义学导论》，北京：中国社会科学出版社.

文卫平、方　立 (2008)，《动态意义理论》，北京：中国社会科学出版社。

伍雅清 (2000)，英汉语量词辖域的歧义研究综述，《当代语言学》第3期，168-182。

熊建国 (2008)，《英汉名词短语最简方案研究》，上海：上海交通大学出版社。

双宾句中的题元角色

刘馨茜

1. 动词和题元角色

动词可以根据其所能带的论元数目而分为一元动词、二元动词和三元动词。在 Larson (1988) 对于双宾句中的题元角色的分析中，确定一个动词是几价动词的过程叫作论元增值 (argument augmentation)，这个过程为动词增加一个新的论元，或者说是增加了动词的“价”。Larson 讨论了两种类型的论元增值，受益增值 (benefactive augmentation) 和目标增值 (goal augmentation)。受益增值是指增加了一个受益论元的现象，目标增值是指增加了一个目标论元的现象。例如“烤”这个动词就可以出现收益增值的现象，“我烤了面包”这个句子中，有两个题元角色，其中一个是施事者 (agent)“我”，另一个是主题 (theme)“面包”。在“我给你烤了一个面包”这个句子中，增加了一个受益论元“你”，所谓受益，粗略地说来就是得到了好处。我们可以用动词“踢”来说明什么是目标增值，例如，在“我踢球”这个句子中，有两个论元角色：施事者“我”和主题“球”；然而，在“我踢球给你”这个句子中，增加了另外一个论元角色“你”，这个角色就是目标角色。这两种论元增值在本质上来说是一样的，只是在有些情况下由不同的介词来赋予题元角色而已。

2. UTAH 和题元层阶

Larson (1988) 对于双宾句的分析中引用了由 Baker (1988) 提出来的题元分配假设的一致性 (Uniformity of Theta Assignment Hypothesis，以下简称“UTAH”) 的理论。根据这个理论，相同的题元关系被影射 (map) 到相同的句法位置，例如，动词的补语是和“受事”这个题元角色相关联的。由于在双补语结构和双宾语结构中题元角色的分配是一样的，所以 Larson 认为其中一个结构是基础结构，另外一个是在这个基础的结构之上派生出来的，否则题元分配假设的一致性的理论就是不合理的。句子表层的结构是通过论元的移动 (movement) 来实现的。Larson (1990) 提出了一个关系化的题元分配假设的一致性 (Relativized UTAH) 的理论：

相同的题元关系可以由深层结构 (D-structure) 中相同的相关的层阶关系来体现。

Larson 采用了这样一种题元层阶 (thematic hierarchy)：Agent>Theme>Goal>Oblique，在这个题元层阶的基础上，Relativized UTAH 蕴涵着：如果一个论元的题元角色高于另外一个论元的题元角色，那么在深层结构中，前者必须成分统治 (c-command) 后者。与 Larson 不同，Jackendoff (1972) 提出的题元层阶是：Agent>Theme>Source。

3. 对于“取得”义双宾句中的题元角色的分析

3.1 两种题元层阶同时存在

一种分析认为两种不同的题元层阶可以在同一种语言中同时存在。例如，在汉语中，“我送给他一本书”这个句子也可以说成“我送一本书给他”，意思并没有改变。古代汉语中的“青取之于蓝”用现代汉语来表达，可以说成“青色是从蓝色中得来的”，然而，“我从他那拿了一本书”这个句子并不能转换成“我拿了一本书从他那”。通过对语料的观察，我们可以假设，在现代汉语中被赋予“来源”这个题元角色的间接宾语直接存在于直接宾语的后面，但是介词“给”可以用在句尾表示“给予”的意思。相应地，现代汉语似乎缺少一个可以在句尾表示“取得”意义的介词。邓思颖 (2003) 指出这一现象可能与现代汉语介词的本质特征相关。

我们再来看古代汉语的例子，在古代汉语中，表示“来源”意义的介词可以出现在句尾，比如说“于”这个介词，这个词是古代汉语中的重要介词。它主要用来表示动作和物体之间的关系，或者性质和物体的关系。王力 (2003) 将它的用法详细地分成了七类，在这七类用法中,我们发现“于”可以用来表示动作的来源，例如：

(1) 奚取于三家之堂？(《论语》)

(2) 子之不得受燕于哙。(《孟子》)

为什么现代汉语中没有可以在句尾表示来源的介词是个很重要的问题，不过目前学界并没有论证充分的解释。我们现在只能假设这个问题与介词发展的大环境相关。历史方面的因素是很关键的，满在江 (2004) 描述过一个与这个问题相关的现象，例如“他从飞机上下来了”这个句子可以表示成：

(3) 他下了飞机。

然而，下面这个句子是不可接受的句子：

(4) *他下了从飞机。

可见，现代汉语中表示处所的介词应该处于主要动词之前。当介词短语出现在主要动词之后的时候，这个介词短语中的介词必须去掉，否则这个句子就会变得不可接受，除非在一种特殊的情况下。例如：我们可以讲：“我拿了一本书，从他那”。这个例子中，介词短语前有一个逗号，这个逗号的作用是强调“一本书”的来源，不过这样的句子经常是在非正式的场合中讲出来的。

以上这种对双宾句中的题元角色的分析并不符合 Baker 提出的题元分配假设的一致性理论，因为题元角色和句法位置并没有对应得十分整齐。

3.2 只有一种题元层阶

另一种分析方法假设在一种语言中只能存在一种题元层阶，并且“来源”和“目标”这两个题元角色在题元层阶中处于相同的位置。这就意味着，在一种语言中，题元层阶或者是 Theme>Goal 或者是 Goal>Theme，只能是二者其一。在现代汉语的例子中，当“来源”和“目标”同时在句子中出现的时候，题元层阶可能是 Agent>Goal>Theme>Source，也可能是 Agent>Source>Goal>Theme，“目标”总是高于“主题”的。Agent>Theme>Source 这样的题元层阶是不被允许的。从下面的例子我们可以看出来：

(5) 我从他那拿了本书给你。

(6) 我从他那给你拿了一本书。

(7) *我拿了一本书从他那。

(8) *我拿了一本书从他那给你。

可见，在现代汉语中，目标论元在题元层阶中可以高于也可以低于主题论元。但是，来源论元必须要高于主题论元。那么，我们不得不质疑 Jackendoff (1972) 和 Larson (1988) 提出来的题元层阶了，他们提出来题元层阶对人类语言来说是否具有普遍性。

虽然说“从……那”这个介词短语可以引入“来源”角色，本文假设在“取得”义双宾句中并没有“来源”这个角色。例如，在单宾结构“他从银行抢了一麻袋钱”中，“银行”是“一麻袋钱”的来源。但是在“他抢了银行一麻袋钱”这个双宾结构中，“银行”是一个“经历者”(experiencer) 的角色。在语言学文献中，经历者角色通常被认为是从某个动作中获益的角色，不过本文使用它用来表示参与了某个动作的角色，忽略它究竟是个受益者还是个受害者。“取得” 义动词可以指派三个题元角色：实施、经历者和主题。我们也可以进一步假设“给予” 义也可以指派三个同样的题元角色。根据Chomsky (1986a) 和 Manrantz (1984) 的分析，在上面的例子中，动词“抢”直接指派主题角色给“一麻袋钱”，之后，“抢”和“一麻袋钱”共同指派经历者角色给“银行”，这是一种间接指派。

4. 结语

相比较而言，以上两种分析中第二种分析更有说服力，它遵守了 Baker 提出的题元分配假设的一致性理论，可以将题元角色和句法位置对应起来。另外，句法结构是语义解释的基础，文中提到的两个句子“我送给他一本书”和“我送一本书给他”还是有细微的语义差别的。 前者是一个“给予”义双宾句，后者是一个单宾句，二者在句法结构上有本质的区别。那么，根据我们最基本的假设，即句法结构是语义解释的基础，二者在语义上应该是有差别。前者实际上表达了两个事件，粗略地来说，包括“我给他书”和“他得到了一本书”。而后者表达了一个事件，只是表达了“我给了他一本书”，并没有“他得到了书”这样的事件意义。 其次，第二种分析也可以将“取得”义双宾句和“给予”义双宾句中的题元角色的分配统一起来，二者有着共同的句法肌理，在题元分配上也是相同的。这种分析在给两种最主要的双宾句提供统一解释的同时，也印证了我们最基本的假设。

参考文献

Baker, M. (1988). *Incorporation*. Chicago: University of Chicago Press.

Chomsky, N. (1986). *Knowladge of language: Its nature, origin and use*. New York: Praeger.

Jackendoff, R. S. (1972). *Semantic interpretation in generative grammar*. Cambridge: MIT Press.

Larson, R. K. (1990). Double objects revisited: Reply to Jackendoff. *Linguistic Inquiry* 21 (4).

Larson, R. K. (1988). On the double object construction. *Linguistic Inquiry* 19 (3).

Marantz, A. (1984). *On the nature of grammatical relations*. Cambridge: MIT Press.

邓思颖 (2003)，《汉语方言语法的参数理论》，北京大学出版社。

满在江 (2004)，与双宾结构形同质异的两类结构，《语言科学》第5期。

王　力 (2003)，《汉语语法史》，商务印书馆。